새만금도시

군산의 역사와 삶

새만금도시
군산의 역사와 삶

초판 1쇄 발행 2012년 12월 14일

지은이 김종수 · 김민영 외
펴낸이 윤관백
펴낸곳 

등 록 제5-77호(1998. 11. 4)
주 소 서울시 마포구 마포동 324-1 곳마루B/D 1층
전 화 02) 718-6252
팩 스 02) 718-6253
E-mail sunin72@chol.com

정가 · 20,000원
ISBN 978-89-5933-584-8 93300

· 저자와의 협의에 의해 인지 생략.
· 잘못된 책은 바꾸어 드립니다.

군산대학교 새만금종합개발연구원
환황해새만금연구총서 **14**

새만금도시
군산의 역사와 삶

김종수 · 김민영 외 공저

　세계에서 가장 긴 방조제인 새만금 방조제를 가지고 있는 군산은 오늘날 첨단 산업 도시, 국제 무역항으로 발전을 거듭하고 있다. 이러한 군산의 발전은 군산 주민들의 땀과 눈물, 좌절과 희망 속에서 일구어 낸 것이다. 그런데 한 송이 국화꽃을 피우기 위해서도 봄부터 소쩍새가 그리 울어댔다고 하는데, 군산 발전이라는 거대한 꽃이 어떻게 하루아침에 갑자기 피어났겠는가? 과거 군산에 살았던 수많은 사람들의 삶과 역사, 이들이 이룩한 문화가 오늘날 군산 발전의 밑거름이 되었을 것이다.

　옥구와 임피가 하나로 합쳐져 만들어진 군산은 곳곳에 구석기·신석기 시대의 유물이 출토되고 있고, 마한·백제의 유물이 발굴되고 있는 유서 깊은 역사의 고장이다. 백제 말기에 13만의 당나라 침략군에 맞서 싸운 오성인의 전설이 서려있고, 고려 말에는 최무선 장군이 수만 명의 왜구를 격퇴한 진포대첩의 현장이다. 조선시대에는 당시 최대의 조운 관할 관청인 군산진이 있었고, 또 최대의 수군 부대인 고군산진이 있었다. 조선시대의 경제와 국방에서 군산은 그 어느 곳보다 중요한 위치를 차지하고 있었던 것이다. 그런데 지금까지 군산이 일본에 의해서 만들어진 근대 도시라는 오해가 널리 퍼져있었다. 식민지 근대화론이라는 식민사관이 이러한 오해를 더욱 불러일으켰다. 필자들은 이러한 오해를 불식시키기 위해 2009년, 군산 개항 110년을 맞이하여 『해륙의 도시, 군산의 과거와 미래』라는 논문 모음집을 출간한 바 있다. 이 책은 그와 같은 군산 알리기의 일환으로서, 이후 군산에 관해 쓰인 논문을 모아『새만금도시 군산의 역사와 삶』이라는 제목으로 출간하게 되었다.

이 책에서는 과거 군산 사람들의 역사와 삶을 '제1부 바다와 문화', '제2부 역사와 사람들', '제3부 장소성과 문화'로 나누어 8편의 논문을 수록하고 있다. 제1부 바다와 문화에서는 '새만금해역의 문물교류와 해양문화'(곽장근), '조선후기 고군산의 유배 문화'(김종수)가 수록되어 있고, 제2부 역사와 사람들에서는 '군산부 주민의 이동사정과 계층분화'(김태웅), '일본인의 생활세계와 식민지인식'(김민영), '군산화교소학교와 화교문화'(김중규)가 수록되어 있으며, 제3부 장소성과 문화에서는 '군산 동국사 창립의 건축 요건'(송석기), '식민지시기 군산의 극장 문화와 장소성'(위경혜), '이즈모야 제과점: 빵의 유입과 수용'(오세미나)이 수록되어 있다. 각 장별 내용을 요약하면 다음과 같다.

「새만금 해역의 문물교류와 해양문화」(곽장근)에서는 새만금 해역은 내륙 수로와 해상 교통로가 교차하는 곳으로서 선사시대부터 교통망의 중심지 역할을 담당했다고 주장하고 있다. 백제의 웅진 천도 이후에는 해양 교류의 관문이자 거점 포구로 발전하였고, 고려 시대 때 군산도의 선유도 망주봉 주변에는 숭산행궁을 비롯하여 사신을 맞이하던 군산정, 바다신에게 제사를 드리는 오룡묘와 사찰인 자복사, 객관인 관아 등 많은 건물이 있었음을 밝히고 있다.

「조선후기 고군산의 유배 문화」(김종수)에서는 조선후기에 선유도 등 고군산 여러 섬에는 많은 유배인들이 정치적인 이유로 유배 왔고, 고군산은 이들을 먹여 살릴 수 있을 만큼 경제적으로 넉넉한 곳이었음을 밝히고 있다. 이 글에서는『조선왕조실록』,『승정원일기』,『일성록』등 각종 자료를 분석하여 고군산 유배인으로 확인되는 인물은 100여 명에 달하였는데, 이들 유배인들은 주로 왕족이나 양반층이었고, 5살 먹은 어린아이부터 85세의 노인에 이르기까지 다양한 연령층으로 구성되었다고 한다. 그리고 근대시기에는 당대 최고의 문장가 이건창(李建昌)이 유배 와서 주옥같은 문학 작품을 남겼다고 하면서, 이건창의 고군산에 관한 시를 소개하였다. 이 글은 고군산의 유배 문화를 살펴본 첫 번째 글로서 고군산의 유배지 형성 배경, 고군산 유배인들과 그들이 남긴 문화유산 등을 살펴보았다.

「군산부 주민의 이동사정과 계층분화」(김태웅)에서는 군산부가 개항 이후 일제의 강점 아래 미곡 생산 지대를 배후지로 삼아 급속하게 성장한 도시로서, 이 과정에서 많은 조선인들과 일본인들이 생계를 위해 전입하거나 이주해 왔음을 실증적으로 살피고 있다. 또한 1920년대에 들어와 군산의 미곡 이출량이 급증하면서 일본인 지주는 물론 일본인 소상공인들도 상류층으로 상승할 수 있었지만, 조선인 대다수는 일용직, 하급노동자, 부두하역 노동자 등 사회하류층으로서 생계를 이어나갔음을 밝히고 있다. 특히 군산부 계층의 이러한 민족별 양극화는 1930년대 미곡통제법의 시행에서 볼 수 있듯이 일제하 지주제의 모순과 연계되면서 극에 달했다고 한다. 요컨대 배후지 농촌에서 전입하는 조선인 소작농과 부랑 세대는 군산부 조선인 노동시장을 위축시키는 동시에 실업률의 증가를 비롯한 각종 도시 문제를 야기했다는 것이다. 그 가운데 토막민이 급속하게 증가함으로써 도시 총인구 대비 토막민의 비율이 전국에서 최고였다고 한다. 이에 군산부와 일본인 유력자들은 군산 지역의 불황에서 그 이유를 구한 가운데 군산의 공업화 전략이라든가 미곡통제법의 완화를 통해 이 문제를 해소하고자 하였지만, 일제하 지주제와 농공분업체제가 조정되지 않는 한 이러한 방책들은 임시고육책에 지나지 않았고, 일제는 군산부의 조선인 노동력을 여타 공업 지대로 송출시킴으로써 실업 문제를 완화하는 동시에 병참기지화에 필요한 노동력을 공급하고자 하였다고 한다. 여기에서는 이것이 '강요된 이동'이었고 궁극적으로는 일제의 침략전쟁에 동원되는 형태로 이어졌다고 주장하고 있다.

「일본인의 생활세계와 식민지인식」(김민영)에서는 식민지시대 개항장

도시 일본인사회의 미시구조를 파악하기 위한 일환으로, 1930년대 전후 군산지역 일본인사회 존립의 사회경제적 여건 파악에 기초하여 그들이 일본으로 귀환한 후 자생적으로 만든 동창회이자 향우회인 '월명회(月明會)'의 명부 검토와 1965년 이후 과거를 회상하며 만든 일련의 자료들을 분석함으로써 '일본인 공동체사회의 아이덴티티(정체성, identity)와 식민지 인식'에 대하여 실증적으로 검토하고 있다.

「군산화교소학교와 화교문화」(김중규)에서는 군산 지역의 화교들이 학교 교육을 통하여 자신들만의 정체성을 유지하고 재생산하였음을 밝히고 있다. 군산 지역의 화교 학교는 지속적인 기부금 지원, 학교공간을 통한 공동체강화, 교육내용을 통하여 모국 및 거주국 정부와 지속적인 관계 유지 창구로서의 정치적 역할 등을 통해 화교 문화 형성에 광범위하게 영향을 끼치고 있었다고 한다. 특히 학교를 일종의 정치기구인 중화상회 군산분회에서 운영함으로써 국내외 정치적 상황변화에 따라 교육내용을 민족, 친일, 반공 등으로 바꾸는 과정은 화교들이 거주국에서 살아남기 위한 최소한의 정치적 선택이라고 판단하고 있다. 하지만 이러한 선택이 결국에는 한·중·대만의 냉전체제 과정에서 한국정부의 화교정책과 맞물려 한국의 화교들을 극단적인 비정치 집단으로 변화시킴으로써 결국 화교의 재이주 및 쇠퇴의 길로 들어서게 하는 또 하나의 요인이 되었음을 밝히고 있다.

「군산 동국사 창립의 건축 요건」(송석기)에서는 1916년에 작성된 금강사의 허가 관련 문서를 통하여 일제강점기 조선총독부의 종교 통제 정책에서 어떤 건축 조건이 통제 수단으로 활용되었는지 살피고, 그 구체적인 사례로서 금강사에서 나타나는 건축 조건에 대한 보완 및 허가의 행정 절차를 분석하였다. 또한 허가 관련 문서를 통해 추정할 수 있는 당시 금강사 본당 및 요사의 건축 특성을 현존 건축물에 대비시킴으로써 창건 당시 금강사가 현재의 동국사와 사찰 전체의 면적, 앞마당의 높이, 진입 방식 등에서 차이가 있었고, 개별 건축물의 형태와 공간 구성 등에서도 많은 차이가 있었던 완전히 다른 건축 특성을 갖는 사찰이었음을 주장하고 있다.

「식민지시기 군산의 극장 문화와 장소성」(위경혜)에서는 도시 지리 공간 특성에 따른 극장의 변별성을 알아보기 위해 식민지 개항도시 군산 지역 극장의 장소성을 밝히고 있다. 군산은 일본 제국의 미곡 생산과 수탈을 위해 일본인 이주 및 정착을 위한 도시를 기획하면서 조선인을 도시 주변으로 축출한 지역으로서, 군산의 양대 극장 희소관(喜笑館)과 군산좌(群山座/군산극장)는 조선인과 일본인 종족 간 경계의 접점 또는 조선인 거주지 중심에 등장했다고 한다. 따라서 이 글에서는 지역 극장의 성격을 분석하기 위한 전제 조건으로 종족별 도시 공간의 이중성과 극장이 자리한 장소의 성격을 밝히고 있다. 다음으로 극장 프로그램 구성의 시대별 특징을 살펴 식민지 조선인에게 극장의 기능과 역할 및 그 의미를 구명하고, 마지막으로 극장 흥행과 관객 구성 등을 살피고 있다.

「이즈모야 제과점: 빵의 유입과 수용」(오세미나)에서는 일제시기 군산에 등장한 제과점 이즈모야의 사례를 바탕으로 지역사회에 빵이 유입되는 과정을 살피고 있다. 그리고 조선인들에게 빵과 과자의 문화가 어떻게 근대적이고 이국적으로 다가왔는지에 대해 검토하고 있다. 빵의 전래와 수용이 일제시기를 거치면서 복잡하게 전개되었음에도 불구하고 한국 사람들은 빵을 단순히 서구의 문화로 인식하고 있다는 점에서 이 연구는 출발한다. 특히 여기에서 중시하고 있는 것은 근대 문화의 수용에 있어서 다양한 양상과 행위 주체들이다. 즉 현재 운영되고 있는 군산 지역의 제과점의 역사를 거슬러 올라가 근대적 공간인 제과점을 둘러싸고 일어난 행위 주체들의 역동적인 움직임을 구체적으로 다룬 미시적인 연구 사례라는 의의가 있다.

이 책은 위와 같이 전근대와 근대 시기 군산에 관한 8편의 논문을 모아 엮은 것이다. 군산의 과거를 제대로 보아야만 군산의 현재를 정확히 파악할 수 있고, 미래를 올바르게 전망할 수 있다. 현재란 과거의 연속이며 과거 없는 현재는 있을 수 없기 때문이다. 이 책이 군산의 현재를 올바르게 자리매김하고, 군산의 미래를 아름답게 가꾸기 위한 초석이 되길 바라며, 앞으로도 군산의 역사에 관한 연구가 더욱더 많이 나오길 기대한다.

2012년 11월 22일

필자들을 대표하여
김종수 · 김민영 씀

제3부 장소성과 문화

제1부
바다와 문화

/제1장/ 새만금해역의 문물교류와 해양문화*

곽 장 근 군산대학교 사학과

I. 들어가는 글

흔히 고고학에서는 강과 바다를 '옛날고속도로'라고 부른다. 고군산군도[1]는 금강과 만경강, 동진강 물줄기가 바다에서 하나로 합쳐지는 곳으로 선사시대부터 해상교통의 중심지이자 전략상 요충지를 이루었다. 조선 인조 2년(1624) 군산도에 수군 진을 설치하면서 옥구현 북쪽 진포에 이미 설치된 군산진과 구분하려고 고군산진이라고 이름 붙였다. 이때부터 군산도를 고군산도라고 부른 것으로 보인다. 지금까지는 큰 주목을 받지 못하다가 세계 최장의 새만금방조제가 개통되면서 전국적인 명소로 떠오르고 있다.

전북의 최대 화두인 새만금[2]사업은, 전북 군산시 비응도에서 야미도

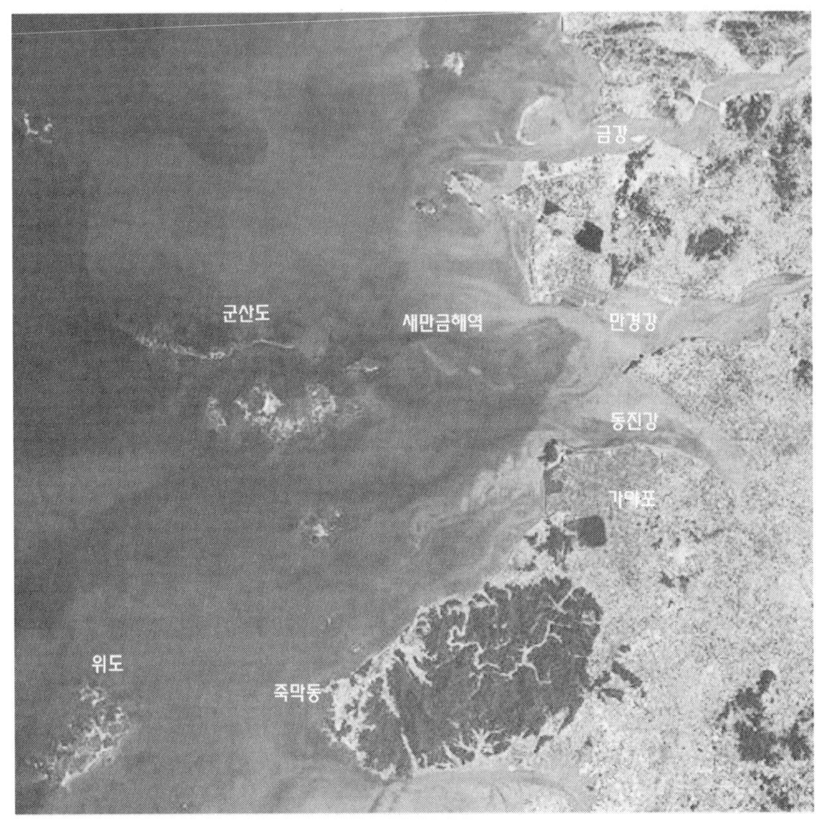

새만금해역과 군산도 일대 위성사진

와 신시도를 거쳐 부안군 변산면 대항리까지 33km로 방조제를 쌓아 갯벌
과 바다를 땅으로 전환하는 간척사업을 말한다.[3] 이 사업을 위해 1991
년 착공된 새만금방조제가 통과하는 금강과 만경강, 동진강하구와 고군
산군도 일대를 새만금해역으로 설정했는데,[4] 그 중심부에 고군산군도

일구어내겠다는 의미가 그 속에 담겨있다.

3) 송화섭, 2009, 「전북 해양문화와 새만금」, 『전북의 역사와 문화유산』, 전라북도·전주
   대학교산학협력단, 296-298쪽.

4) 곽장근, 2010, 「고고학으로 본 새만금해역」, 『서해안의 전통문화와 교류』, 한국대학박

가 있다. 종래에 당설화와 조간대 어업권이라는 지역문화권 특징을 근거로 새만금만으로도 설정됐다.[5]

현재와 같은 새만금해역의 내륙해안선은 일제강점기부터 시작된 대규모 간척사업으로 형성됐다. 예컨대 1915년 진봉방조제와 1920~1922년 군산불이농장간척사업, 1923년 광활방조제, 1938년 회현간척제방, 1963년 계화지구농업종합개발사업, 1988년 시작된 군장국가산업단지조성이 가장 대표적이다. 2010년 4월 마침내 새만금방조제가 개통되면서 고군산군도의 야미도와 신시도가 육지와 연결됐다. 2014년 개통 예정으로 전북 군산시 옥도면 신시도와 무녀도, 선유도, 장자도를 잇는 고군산군도 연결도로 건설공사가 한창 진행 중이다.

송나라 서긍이 편찬한 『선화봉사고려도경』에 고군산군도(이하 군산도)가 군산도[6]로 표기되어 있다. 군산도는 선유도를 중심으로 무녀도와 장자도, 신시도 등 63개의 크고 작은 섬으로 구성된[7] 소규모 군도로, 현재 유인도는 16개[8]에 이른다. 1967년 선유도 패총[9]이 학계에 처음 보고된 이후 오랜 기간 동안 주목을 받지 못했다. 그러다가 군산대학교 박물관에서 80년대 후반부터 문화재 지표조사를 꾸준히 실시함으로써 군산도 문화유적 분포양상[10]이 상당부분 파악됐다.

최근에 군산도 중앙부에 위치한 선유도 망주봉 주변에서 최상급 청

물관협회 · 군산대학교박물관, 7-8쪽.

5) 이윤선, 2007, 「개야도 '도서문화'의 전통과 활용전략 – 새만금의 안섬 · 바깥섬 설정을 중심으로 –」, 『도서문화』 제33집, 목포대 도서문화연구소.

6) 군산도의 지명에는 "섬이 많이 모여 마치 산이 무리지어 있는 것처럼 보인다"라는 뜻이 담겨있다. 군산도는 1896년 전남 지도군에 속했다가 1914년 행정구역 통합과정 때 전북 옥구군 미면에 편입됐고, 현재는 전북 군산시 옥도면에 속한다.

7) 군산시사편찬위원회, 2000, 『군산시사』, 군산시 ; 국립문화재연구소, 2000, 『고군산군도』.

8) 선유도와 신시도 등 군산도에 속한 12개와 개야도 · 죽도 · 연도 · 어청도가 여기에 속한다.

9) 崔夢龍, 1967, 「全羅北道 海岸 一帶의 先史遺蹟」, 『考古美術』 8-5, 韓國美術史學會.

10) 群山大學校 博物館, 2001, 『全北 群山市 文化遺蹟 分布地圖』, 群山市.

자편과 기와편, 중국제 자기편과 함께 많은 건물지가 있었던 것으로 밝혀지면서 비상한 관심을 모으고 있다. 군산도 분묘유적과 통신유적을 비롯하여 청자운반선에 대한 수중발굴에서 값진 고고학 자료도 축적됐다. 그리고 군산도 연결도로 건설공사 구역 내 구제발굴에서 선사시대부터 역사시대까지의 다양한 문화유적이 조사됐다. 이 글에서는 고고학 자료를 고문헌 및 고지도에 접목시켜 군산도를 중심으로 새만금해역의 해양문화에 대해 살펴보려고 한다.

II. 군산도 국제외교 및 국제교역의 중심

군산도 한가운데 선유도가 있다. 선유도는 경치가 무척 아름다워 신선들이 놀았다고 해서 붙여진 지명이라고 한다. 고문헌 및 고지도에는 선유도라는 지명은 확인되지 않고, 조선 철종 8년(1857)에 제작된 『동여도』[11]에 군산도 서남쪽에 선유봉으로만 표기되어 있다. 선유도는 망주봉으로 유명한 북섬과 고군산진터 및 선유봉이 자리한 남섬으로 구성되어 있다. 본래 남섬과 북섬은 바닷물이 들어오는 만조 때 두 개 섬으로 분리됐는데, 60년대 선유도해수욕장이 개장되면서 개설된 시멘트도로로 서로 연결되어 있다. 이 섬을 중심으로 동쪽에 신시도와 야미도, 서쪽에 장자도·대장도·관리도, 남쪽에 무녀도와 비안도, 북쪽에 무산십이봉으로 알려진 말도·명도·방축도·횡경도가 있다. 군산도에서 문화유적의 밀집도가 가장 높은 곳으로, 선사시대부터 역사시대까지의 유물이 수습된 선유도 패총이 북섬에 자리한다. 선유도 북섬 동남쪽 복주머니처럼 들어간 곳에 천혜의 항구조건을 갖춘 전원마을이 있는데, 그 남쪽

---

11) 김정호가 '대동여지도'를 판각하기 위해 먼저 만든 필사본 전국지도이다. 우리나라 고지도 중 가장 많은 인문지리의 정보를 담고 있다. 이 지도에 수록된 지명은 18,740여 개로 '대동여지도'에 수록된 13,188개보다 5,550여 개가 더 많다.

에 망주봉이 있다.

2009년 5월 선유도 북섬 전월마을 김성곤 씨가 군산대학교 박물관을 찾았다.[12] 아침 첫배를 타고 나와 군산시청에 들러 문화재 담당자로부터 군산대학교 박물관으로 가서 자문을 받으라는 안내를 받고 박물관을 방문하게 됐다고 말문을 열었다. 그는 자기 소유의 밭이 선유도 망주봉 동쪽에 있는데, 해마다 밭을 갈기 어려울 정도로 많은 기와편이 땅속에서 나온다고 설명해 주었다.

올해도 이른 봄에 밭을 일구는 과정에 다량의 기와편이 출토됐는데, 그냥 버리지 않고 그 일부를 집에 보관해 두었다고 말했다. 누가 언제 만든 기와인지 너무 궁금해 기와편을 가지고 오늘 박물관을 찾게 됐다고 주민들의 이야기가 계속됐다. 당시 주민들이 들고 온 기와편은 그 외면에 수지문과 격자문이 선명하게 시문되어, 그 시기가 일단 고려시대로 추정된다고 설명을 드렸다. 그렇다면 오늘 가지고 온 모든 기와편을 군산대학교 박물관에 기증할 테니, 지금부터라도 망주봉 주변 유적지에 큰 관심을 가져 달라고 거듭 당부하고 박물관을 떠났다.

이를 계기로 선유도 망주봉 일대에 대한 문화재 지표조사가 기획됐다. 사실 군산대학교 박물관에서는 90년대 중반부터 군산도의 왕릉을 찾기 위한 문화재 지표조사를 꾸준히 실시해 오고 있었다. 군산도 모든 지역을 대상으로 추진해 온 지표조사를 잠시 중단하고 망주봉 일대 정밀 지표조사로 연중 계획을 바꾸었다. 2009년 10월 군산대학교 박물관이 신축 이전 개관된 이후 곧바로 20여 명으로 지표조사단이 구성됐다. 그해 12월 중순경 실시된 정밀 지표조사에서 기대 이상으로 큰 성과를 거두었다.[13]

군산도의 선유도 북섬 망주봉 일대 매장문화재가 천년 동안의 긴 잠

---

12) 선유도 최고의 고고학자로 망주봉 일대 문화유적을 세상에 알리는 데 결정적으로 공헌했다.

13) 군산대학교 박물관, 2009, 『고군산군도 선유도 일대 문화재 지표조사 결과보고』 참조.

군산도 선유도 망주봉 주변 건물지 위치도

에서 깨어났다. 선유도 전월마을 주민들이 기와편을 수습했다고 제보해
준 선유도 망주봉 동쪽 밭에 기와편과 청자편이 폭넓게 산재된 사실을
확인했다. 그런데 망주봉 일대는 밭으로 개간된 일부 지역을 제외하면
대부분 임야지대를 이루고 있거나 잡목과 잡초가 무성하게 우거진 상태
였다. 그리하여 당시 바닷가와 이미 밭으로 개간된 지역을 대상으로 정
밀 지표조사를 실시했다.

현재 선유도 망주봉 동쪽 산봉우리 중단부 숲 속에 오룡묘가 있는데,
그 동쪽에 비교적 넓은 구릉지와 북쪽에 계단식 석축이 양호하게 보존
되어 있었다. 샛터마을 입구 밭둑에는 건물지의 기단석 및 초석으로 보
이는 크고 작은 석재와 함께 기와편이 다량으로 쌓여 있었다. 그리고
동쪽으로 100m가량 떨어진 해안가까지 토기편과 자기편, 기와편 등의
유물이 흩어져 있었다. 유물 중에는 기벽이 비교적 얇고 외면에 격자문
이 시문된 고려시대 토기편도 적지 않게 포함되어 있었다.

오래전 민가를 신축하는 과정에 상당한 깊이로 제토작업이 이루어져 유구가 얼마간 유실된 사실을 확인했다. 이 마을에서 북쪽으로 300m가량 떨어진 곳에 전원마을이 있는데, 이 마을들은 시멘트로 포장된 도로로 연결되어 있다. 이 도로를 중심으로 동쪽 구역은 완만한 지형을 이루어 대부분 농경지로 개간됐으며, 서쪽 구역은 계단식 지형으로 육송이 자생하고 있다. 이 일대에는 계단식 지형과 유물이 광범위하게 산재되어 건물지가 곳곳에 자리하고 있을 것으로 여겨진다.

한편 선유도 망주봉은 두 개의 산봉우리를 거느린다. 망주봉의 동쪽과 서쪽 산봉우리 중간지점 남쪽에는 완만한 지형을 이루고 있는데, 현재 육송과 해송이 무성하게 우거진 임야지대를 이룬다. 망주봉 주봉인 서쪽 산봉우리 남쪽 기슭은 비교적 넓은 구릉지가 펼쳐져 있는데, 오래전 밭으로 개간된 일부 지역을 제외하면 대부분 계단식 지형을 이룬다. 아마도 망주봉 남쪽 기슭에 건물이 들어설 수 있는 공간을 확보하기 위해 쌓은 석축으로 추정된다.

몇년 전 선유도해수욕장 동쪽 경계에서부터 해안가를 따라 샛터마을로 이어지는 시멘트 포장도로가 개설됐다. 현지조사 때 밭과 해안가에서 순청자편과 상감청자편, 분청사기편, 기와편 등이 서로 혼재된 상태로 수습됐는데, 청자류와 기와류가 유물의 절대량을 차지한다. 망주봉 남쪽 해안가에 폭넓게 흩어진 유물은 산비탈을 따라 그 위쪽에서 흘러내린 것[14]으로 추정된다. 특히 오룡묘 남쪽 기슭과 해안가에는 청자편부터 옹기편까지 유물의 종류가 매우 다양하고 유물 중에는 백자 제기편도 일부 포함되어 있다.

망주봉 북쪽 기슭 하단부에서도 자기편과 기와편이 수습됐는데, 유물의 종류가 다양하지 않고 그 양도 많지 않았다. 그런가 하면 전원마을

---

14) 이곳의 자연지형과 유물의 조합상을 근거로 망주봉 남쪽 기슭에는 고려시대 건물지가 자리하고 있을 가능성이 높다.

과 그 주변지역에서도 상당량의 유물이 수습됐다. 이 마을 중앙부 민가의 뒤쪽에는 60년대 빗살무늬토기편이 수습된 선유도 패총이 있는데, 최근 민가를 신축하는 과정에 패각층이 상당부분 교란 내지 유실됐다. 이곳에서 무문토기편과 표면에 격자문이 시문된 적갈색 연질토기편, 기벽이 비교적 두꺼운 삼국시대 회청색 경질토기편, 고려시대 토기편, 청자편, 기와편 등의 유물이 수습됐다.

전월마을 서북쪽 완만한 지형을 이루는 밭에도 유물이 광범위하게 흩어져 있는데, 유물은 청자편과 기와편이 대부분을 차지한다. 현지조사 때 유물과 관련된 유구의 흔적을 확인하지 못했지만, 본래 건물지가 있었을 것으로 추정된다. 망주봉과 전월마을 사이에 갈대가 무성한 물웅덩이가 있는데, 이 마을 주민들이 "70년대까지만 해도 물웅덩이가 논으로 경작됐다"고 제보해 주었다.

그런데 『선화봉사고려도경』 군산도에는

> 6일 정해에 아침 밀물을 타고 운항하여 진각(오전 7~9시)에 군산도에 이르러 정박하였다. 그 산은 열두 봉우리가 잇달아 연결되어 있는데, 둥그렇게 둘러쳐져 있는 것이 성과 같다. 여섯 척의 고려 배가 와서 맞아 주었는데… 배가 섬으로 들어가자 해안에서 깃발을 잡고 늘어서 있는 자들이 1백여 명이나 되었다. 동접반이 서신과 함께 정사, 부사 및 삼절의 조반을 보내왔다. 정사와 부사가 접반에게 이첩하여 국왕에게 그들의 도착을 만나기 전에 먼저 알리는 서장을 보내니, 접반이 채색 배를 보내어 정사와 부사에게 군산정으로 올라와 만나주기를 청했다. 그 정자는 바닷가에 있고 뒤에는 두 봉우리가 받쳐주고 있는데, 그 두 봉우리는 나란히 우뚝 서 있고 높은 절벽을 이루어 수백 길이나 치솟아 있다. 문 밖에는 10여 칸의 관아가 있고, 서쪽의 가까운 작은 산 위에는 오룡묘와 자복사가 있다. 또 서쪽에 숭산행궁이 있고, 좌우 전후에는 민가 10여 호가 있다. 오시 후에 정사와 부사는 송방을 타고 해안에 이르렀고, 삼절은 수종 인원을 이끌고 관사로 들어갔는데, 접반과 군수가 달려와 맞이하였다.(『선화봉사고려도경』 권36 해도 3 군산도)

라고 기록되어 있다. 이를 통해 송나라 사절단이 900년 전 군산도에 도착했을 때 사절단의 환영연과 그 진행과정을 엿볼 수 있다. 아침 일찍 부안 위도를 출발한 사절단은 선유도 전월마을로 입항했고, 그곳에서 김부식이 주관한 영접을 받았다. 군산정[15]은 바닷가에 있으며, 그 뒤쪽에는 두 산봉우리가 받쳐주고 있는 곳에 자리한다. 이때 두 산봉우리는 나란히 우뚝 서 있고 높은 절벽을 이루어 수백 길이나 치솟았다는 점에서 선유도 망주봉을 가리킨다.

군산도 관문 밖에는 10여 칸의 관아가 있고, 그 관아를 중심으로 가까운 작은 산 위에 오룡묘와 자복사[16]가 있었다. 현재 선유도 망주봉 동쪽 산봉우리 중단부에 오룡묘가 있는데, 당시의 오룡묘가 옮겨지지 않았다고 가정[17]한다면, 망주봉 동쪽 기슭에는 오룡묘와 자복사, 객관인 관아가 있었을 가능성이 높다. 그리고 망주봉 서쪽 산봉우리 남쪽에는 숭산행궁[18]과 그 부근 바닷가에는 군산정이 있었던 것이 아닌가 싶다. 또한 군산도에서는 선박을 건조한 것으로 보인다.

> 송방은 군산도의 배이다. 선수와 선미가 다 곧고 가운데에 선실 5칸이 마련되어 있고, 위는 띠로 덮었다. 앞뒤에 작은 방 둘이 마련되어 있는데, 평상이 놓이고 발이 드리워져 있다. 중간에 트여 있는 두 칸에는 비단 보료가 깔려 있는데 가장 찬란하다. 오직 정사·부사 및 상절만이 거기에 탄다.(『선화봉사고려도경』 권33 순선)

---

15) 고려시대 때 김부식이 송나라 사절단 일행을 초청하여 영접행사가 개최된 곳으로 대청과 행랑, 대문, 부속 건물로 구성되어 있다.

16) 중국 영파에도 자복사와 오룡묘가 있는 점에서 중국 상인들이 군산도를 중간 기항지로 활용했음을 알 수 있다. 군산도의 자복사가 중국 상인들에게 재물을 얻을 수 있도록 복을 비는 기도도량이었다면, 오룡묘는 항해의 안전을 기원하는 묘당이다(송화섭, 2009, 앞의 논문, 301쪽).

17) 오룡묘 남쪽 기슭과 바닷가에 청자편과 백자편, 옹기편 등 고려시대부터 조선시대까지 유물이 섞여있는 점에서 오룡묘가 고려시대에 만들어졌을 개연성이 높다.

18) 숭산행궁 주변에 있었던 10여 호의 민가는 그 성격이 숭산행궁의 부속건물로 추정된다.

선유도 망주봉 남쪽 해안가 지표수습 상감청자편

고려시대 때 군산도에서 건조된 배를 松舫이라 부른다. 이 배는 앞쪽과 뒤쪽이 모두 곧게 올라가고 배의 중앙에는 5칸의 선실이 마련됐고, 지붕은 띠로 덮었다. 배의 내부에는 평상을 놓고 발을 드리우고 비단을 깔아 화려하게 장식했다. 송나라 사절단이 군산도에 도착해 환영연이 열린 군산정으로 이동[19]할 때 사절단 중 정사와 부사, 상절만 이용할 수 있었던 최상급 배였다. 동시에 고려시대 선박의 외형과 그 내부구조를 파악할 수 있는 귀중한 자료이다.

그런데 군산도 십이동파도에서 청자를 가득 실고 개경으로 가다가 침몰된 고려시대 청자운반선이 발견되었다.[20] 2004년 인양된 십이동파도선은 현재 국립해양문화재연구소에서 염분을 제거하는 탈염처리작업이 진행 중이다. 군산도 송방[21]과 함께 고려시대 선박을 복원하는 데 값진 학술자료를 제공해 줄 것으로 큰 기대를 모으고 있다. 2010년부터 현대중공업 군산조선소가 군장국가산업단지에서 대형선박을 건조함으로써 군산이 조선산업의 메카로 급부상하고 있다.

이상의 내용을 고고학 자료에 접목시켜 추론한다면, 본래 선유도 망주봉 주변에는 많은 건물이 있었을 것으로 추정된다. 현재 망주봉 동쪽 산봉우리 동쪽 기슭 중단부에 오룡묘가 있는데, 그 북쪽에는 자복사와

---

19) 송나라 사절단이 타고 온 8척의 배가 정박했던 전월마을 항구에서 망주봉 남쪽 기슭 군산정까지의 구간이다.

20) 國立海洋遺物展示館, 2005, 『群山 十二東波島 海底遺物』.

21) 이 배를 건조했던 조선소가 어디에 있었는지 알 수 없지만, 70년대까지만 해도 군산도에서 배를 만들던 조선소는 선유도 남섬 통계마을에 있었다고 한다.

샛터마을 일대에는 관아인 객관, 망주봉 서쪽 산봉우리 남쪽 기슭에는 군산정과 숭산행궁이 있었을 것으로 짐작된다. 이 건물지들이 있었을 것으로 추정되는 곳에는 계단식 석축과 함께 청자편과 기와편이 폭넓게 흩어져 있다. 고려시대 때 유행했던 풍수사상에 의거, 망주봉 남쪽에는 숭산행궁[22]과 군산정, 동쪽에는 자복사와 오룡묘, 객관인 관아는 항구와 인접된 샛터마을에 있었던 것이 아닌가 싶다. 종래에 새만금해역의 계화도에서 빗살무늬토기편과 석기류,[23] 내초도에서 갈판과 어망추, 야미도에서 홍도, 선유도에서 최고의 쌍용문경과 선경문경 등이 발견매장문화재로 신고되었다. 이를 근거로 한국 고중세 국제교류 거점이자 무역항으로 고려의 국가적 통치시스템과 종교 문화적 특성이 담긴 곳[24]으로 커다란 주목을 받고 있다.

III. 군산도의 왕릉 및 해양문화유산 보고

조선 숙종 8년(1682)에 제작된 『동여비고』는 32여 종의 지도를 60면으로 나누어 한 책에 수록한 지도책이다.[25] 함경도부터 제주도까지 우리나라의 전국을 포괄하고 있으며, 앞부분에는 삼한시대부터 삼국시대, 고려시대까지의 영토와 지역별 통치 단위를 구분했다. 이 책의 제목은 성종 때 간행된 지리서인 『동국여지승람』에서 따온 것으로 추측된다.

---

22) 망주봉은 두 개의 산봉우리로 구성되어 있는데, 풍수지리설에 의거 산봉우리가 높고 그 폭이 넓은 서쪽 산봉우리를 주봉으로 인식하고 그 남쪽에 숭산행궁을 배치한 것이 아닌가 싶다.

23) 全榮來, 1979, 「扶安, 界火島 山上遺蹟 新石器時代 遺物」, 『全北遺蹟調查報告』 第10輯, 全州市立博物館, 3-24쪽.

24) 조법종, 『전북일보』 2011년 3월 21일, 「문화마주보기」, 새만금의 새로운 비전, '동아시아적 가치' 참조.

25) 이 책의 역사적·학술적 가치를 인정받아 2008년 12월 22일 보물 제1596호로 지정되었다.

동국의 '동'자와 여지승람의 '여'자를 취했고, '비고'라는 명칭은 『동국여지승람』을 이용하는 데 참고가 되는 지도라는 뜻이 담겨 있다.[26]

군산도는 옥구의 서남쪽과 만경의 서쪽, 부안의 서북쪽 바다에 표기되어 있는데, 섬의 둘레가 60리로 바람의 힘으로 움직이는 배로 왕래했다. 이 섬을 중심으로 동쪽에는 구도, 남쪽에는 위도, 북쪽에는 허내도가 있다. 그리고 군산도와 옥구 사이에는 궁지도·망지도·와보도·횡건도·가외도 등 크고 작은 섬들이 많았다. 이 책의 군산도에 무덤을 상징하는 표시와 함께 왕릉이 한자로 표기되어 있다. 군산도 왕릉은 아래의 사료에서도 등장한다.

> 군산도는 현의 서쪽 바다 가운데 있는데, 둘레가 60리이다. 벼랑에 배를 감출 만한 곳이 있어서 모든 조운(배로 물건을 운반하는 것)하는 자는 모두 여기에서 순풍을 기다린다. 섬 가운데 마치 임금의 왕릉 같은 큰 묘가 있었는데, 근세에 이웃 고을 수령이 그 묘를 파내어 금은기명을 많이 얻었는데, 사람들에게 고발되어 도망하였다.(『신증동국여지승람』 망경현 산천조)

위의 사료에 의하면, 군산도에는 16세기 전반기까지만 해도 왕릉으로 추정되는 대형무덤이 남아있었다. 『동여비고』에는 익산 서북쪽 마룡지 주변에 무왕과 선화공주의 무덤으로 알려진 쌍릉이 군산도 왕릉과 동일한 방식으로 표기되어 있다. 이를 근거로 17세기 말엽까지도 군산도의 중앙부에는 왕릉으로 추정되는 대형무덤이 잘 보존되어 있었음을 짐작할 수 있다. 아무튼 군산도의 왕릉은 그 자체만으로도 군산도의 역사적인 위상을 최고로 높였다.

90년대 중반부터 군산대학교 박물관에서는 왕릉을 찾는 지표조사를 꾸준히 실시해 오고 있지만, 아직도 그 흔적을 찾지 못하고 있다. 조선시대 때 왕릉이 도굴의 피해를 입어 그 외형이 심하게 훼손됐지만, 군

---

26) 경북대학교출판부, 1998, 『동여비고』, 경북대출판부고전총서 3.

산도 한가운데 있었다는 문헌의 내용이 왕릉을 찾는데 결정적인 실마리
가 될 것이다. 그리고 왕릉에서 금과 은으로 만든 부장유물이 출토됐다
는 문헌의 내용도 중요한 의미가 담겨있다. 군산도 중앙부에 자리하고
있는 섬이 선유도이다. 현재까지의 지표조사를 통해 군산도에서 문화유
적의 밀집도가 가장 높은 곳으로 왕릉이 자리하고 있을 가능성이 가장
높다.

그런데 고려의 왕도였던 개경을 중심으로 개풍, 판문, 장풍 및 강화
도[27] 일대에 석실분이 집중적으로 분포되어 있다.[28] 당시 무덤의 입지
선정은 매우 신중했는데, 그 배경에는 풍수지리설에 바탕을 두었다. 이

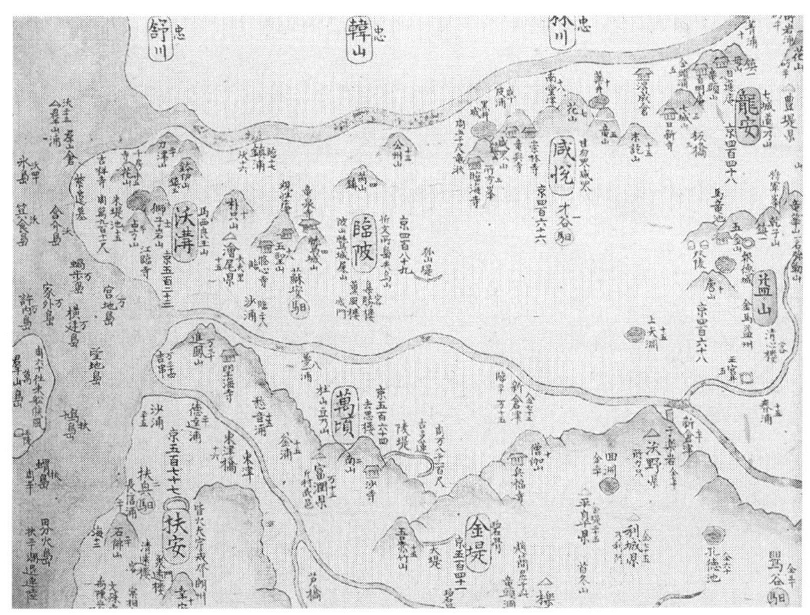

동여비고의 군산도 왕릉으로 지도 좌측 하단부에 표기

---

27) 이희인, 2007, 「경기지역 고려고분의 구조와 특징」, 『고고학지』 제6권 1호, 서울·경기
    고고학회.
28) 國立文化財硏究所, 2007, 「고려왕릉의 일반적 특징」, 『江華 高麗王陵』, 457-459쪽.

를테면 고려왕릉은 대체로 남쪽으로 뻗은 양지바른 남쪽 기슭에 자리하고 있으며, 그 좌우에는 산줄기가 뻗어 내리고 우측 골짜기에서 흘러내린 소하천을 거느리고 있다.[29] 고려왕릉의 가장 큰 특징은 왕릉의 입지 선정에 풍수지리설이 절대적인 영향을 주었다[30]는 점이다.

우리나라의 풍수사상을 근거로 선유도 망주봉에서 서북쪽으로 1km가량 떨어진 상봉 서쪽 기슭 하단부가 왕릉의 가장 유력한 후보지로 꼽힌다. 이 일대는 전월마을과 남악마을 중간지점 남쪽 기슭으로, 80년대까지만 해도 도굴로 고분의 내부가 그 모습을 드러냈었는데, 벽석은 인위적으로 다듬은 판석형 석재를 이용했다고 선유도 주민들이 제보해 주었다. 군산도 왕릉을 도굴하는 과정에 무덤에서 출토된 금과 은으로 만든 그릇과 관련된 것은 아래의 기록에서도 등장한다.

> 사자가 경내로 들어가면, 군산도의 자연주 등 세 주에서 모두 사람을 보내어 식사를 제공한다. 서찰을 가진 관리자는 자주색 옷에 복두 차림이고, 그 다음 관리는 검정색 모자 차림이다. 식품은 10여 종인데 국수가 먼저이고, 해물은 더욱 진기하다. 그릇은 금·은을 많이 쓰는데, 청색 도기도 섞여있다. 쟁반과 소반은 모두 나무로 만들었고 옻칠을 했다. 신주가 정박하고 섬에 가까이 가지 않으면, 반드시 개(介)를 보내어 배를 타고 사자에게 음식을 드리게 한다. 종전 관례로는 3일 동안 보내며, 만약에 기간이 지나도 바람에 막혀 떠나지 못하게 되면, 식사의 공급이 더 이상 오지 않는다.(『선화봉사고려도경』 권34 해도 1 궤식)

위의 내용은 송나라 사절단인 서긍 일행에 대한 영접행사의 모습이다. 당시 사절단이 군산도에 들어가자 자연주 등 세 주에서 사람을 보내 사절단 일행에게 음식을 제공했는데, 그때 제공된 음식과 사용된 그릇의 종류를 알 수 있다. 음식은 국수와 해물 등 10여 가지가 제공됐고,

---

29) 고유섭, 1946, 『송도고적』, 박문출판사.
30) 리창언, 2002, 『고려유적연구』, 백산자료원.

그릇은 금과 은으로 만든 용기를 중심으로 옻칠을 한 쟁반과 소반, 고려청자 등이 사용됐다. 이때 가장 관심을 끈 것은, 송나라 사절단 일행에게 음식을 제공할 때 금과 은으로 만든 그릇이 널리 사용됐다는 점이다. 군산도 군산정에서 사절단 일행에게 주로 금과 은으로 만든 그릇으로 음식이 제공됐음을 알 수 있다. 선유도 망주봉 일대에서 수습된 다양한 기종의 청자편과 최상급의 상감청자편이 군산도에서 열린 영접행사와 관련된 문헌의 내용을 방증해 준다.

고려시대는 신분상의 우열관계가 사용된 무덤의 구조와 형태를 달리했다.[31] 이 시기에 널리 유행했던 무덤으로는 석실분과 석곽묘, 토광묘, 화장묘 등이 있다. 석실분은 왕과 특수 귀족층에 의해 조성된 무덤으로 그 구조상으로는 통일신라시대 때 성행된 석실분을 그대로 답습했다. 귀족층이 주로 선호했던 석곽묘는 그 이전 시기의 무덤과 흡사한 구조를 띠고 있지만, 석곽의 폭이 넓어지고 그 높이가 현저하게 낮은 점에서 큰 차이를 보인다.

일반사람들 사이에서 널리 성행된 토광묘는 흔히 '민묘'라고 불리는 것으로, 지하에 구덩이를 파고 그 안에 목관과 약간의 부장품을 넣은 다음 봉분을 만들었다. 통일신라시대 때 불교의 발전에 따른 영향으로 시신을 화장하고 나서 남은 유골을 골호에 넣어서 묻어주는 화장묘도 크게 유행했다. 고려시대의 분묘유적은 풍수사상의 영향을 받아 그 위치가 대체로 산중턱으로 이동한다. 군산도 분묘유적은 대부분 산중턱에 그 입지를 두어 강한 공통성을 보였다.

군산도에서는 선유도를 비롯하여 대장도, 방축도, 무녀도, 비안도에서 분묘유적이 조사됐다. 선유도에는 남악마을 동남쪽, 남악마을과 전월마을 중간지점 남쪽 기슭에 분묘유적이 자리하고 있다. 대장도에는 장자봉 남쪽 기슭 중단부인 대장마을에서 서북쪽으로 200m가량 떨어진

---

31) 이동희·유철·곽장근, 2005, 『역사유물의 이해』, 신아출판사, 156-158쪽.

곳에 천장과 석실 벽면에 석회를 바른 고분이 있다. 방축도에는 소망교회를 중심으로 그 양쪽에 고분이 폭넓게 산재해 있는데, 90년대 폐교된 방축도 분교 뒤쪽에 횡혈식 석실분과 서남쪽으로 300m쯤 떨어진 곳에 3기의 횡구식 석곽묘[32]가 노출되어 있다.

선유도 동남쪽 무녀도에서는 큰무녀봉 동남쪽과 무녀이구마을 북쪽에 분묘유적이 분포되어 있다. 군산도 가장 남쪽에 위치한 비안도에는 노비봉 남쪽 기슭에 동서길이 200m 구역 내에 고분이 광범위하게 산재해 있다. 아직까지 군산도 분묘유적을 대상으로 한 차례의 발굴조사도 이루어지지 않았지만, 그 입지와 수습유물을 근거로 백제부터 고려까지 골고루 포함되어 있을 것으로 추정된다.

다른 한편으로 새만금해역은 청자운반선의 보고이다. 2000년대 초반부터 군산 비안도를 시작으로 십이동파도 · 야미도 해저유물의 수중발굴[33]에서 대략 1만 6천여 점의 청자가 인양됐다. 군산 비안도에서는 새만금방조제공사로 빠른 조류가 바다 속 갯벌을 쓸어감에 따라 800여 년 동안 잠들었던 청자들이 그 모습을 드러냈다.[34] 군산 십이동파도에서는 긴 나무 막대를 이용하여 청자를 묶은 후 묶음 사이사이에 짚이나 갈대를 끼워 청자가 깨지지 않도록 포장된 청자운반선이 조사됐다.[35] 새만금해역 내 군산 야미도에서는 일반 서민용 도자기와 당시 도자기의 운송로를 규명하는 데 필요한 값진 해저유물이 인양됐다.[36]

종래에 새만금해역에서 그 모습을 드러낸 청자운반선들은, 우리나라의 도자문화와 함께 도자기의 운송로, 도자기의 선적방법 등 고려시대

---

32) 석곽의 개석이 상당히 큰 괴석형 할석을 전혀 다듬지 않고 그대로 사용하여 안내판 및 유람선 안내방송에 지석묘로 소개되고 있다.

33) 신종국, 2011, 「새만금권역의 수중발굴 성과와 전망」, 『새만금권역의 고고학』, 호남고고학회, 173-179쪽.

34) 國立海洋遺物展示館, 2004, 『群山 飛雁島 海底遺物』.

35) 國立海洋遺物展示館, 2005, 위의 책.

36) 國立海洋遺物展示館, 2007, 『群山 夜味島』, 群山市.

생활사를 복원하는 데 크게 기여하고 있다. 따라서 새만금해역에서 인양된 창자의 생산지와 함께 청자운반선의 출발지 및 도자기 운송로에 대한 종합적인 연구가 이루어졌으면 한다. 앞으로 더 많은 청자운반선이 새만금해역에서 추가로

군산도 북서쪽에 자리한 어청도봉수 모습

발견될 것으로 큰 기대를 모으고 있다.

군산도의 해양문화를 이해하는 데 봉수도 빼놓을 수 없다. 봉수란 낮에는 횃불과 밤에는 연기로 변방의 급박한 소식을 중앙에 알리던 통신제도이다. 1894년 갑오개혁 때 근대적인 통신제도가 도입되기 이전까지 개인정보를 다루지 않고, 오직 국가의 정치·군사적인 전보기능만을 전달했다. 『선화봉사고려도경』에는 "언제나 중국 사신의 배가 이르렀을 때 밤이 되면 산마루에서 봉화 불을 밝히고 여러 산들이 차례로 서로 호응하여서 왕성에까지 가는데, 그 일이 흑산에서부터 시작된다"라고 기록되어 있다.[37] 900년 전 '서긍항로'의 주요 길목인 군산도와 위도에는 그 조영시기가 고려시대로 올라갈 봉수가 자리하고 있을 개연성이 높다.

선유도 상봉·대장도·방축도·연도·어청도 봉수 등이 여기에 해당된다. 위도는 사절단이 죽도를 출발 군산도를 향해 운항하던 중 갑자기 돌풍이 크게 불어 하룻밤 정박했던 곳으로, 그 동북쪽에 도제봉 봉수가 있다. 연안항로의 주요 길목인 부안 하왕등도에도 봉수가 있다. 이 봉수들은 송나라 사절단과 함께 연안항로를 따라 운항하던 선박의 길 안내 및 해상의 감시역할을 담당했을 것으로 추정된다.[38] 향후 군산도 봉

---

37) 徐兢, 『宣和奉使高麗圖經』 권35 海道2 참조.

38) 조명일, 2010, 「전북 서해안지역의 봉수와 서해 연안항로」, 『서해안의 전통문화와 교류』, 한국대학박물관협회·군산대학교 박물관, 73-74쪽.

수의 분포양상과 그 조영시기를 밝히기 위한 지표조사 및 발굴조사가 실시됐으면 한다.

이상에서 살펴보았듯이, 조선시대까지 군산도에는 왕릉으로 추정되는 대형무덤이 남아있었다. 아직도 왕릉의 단서를 찾지 못하고 있는 상황에서 그 피장자가 삼별초군에 가담한 고려 왕족[39]이라는 주장[40]이 널리 통용되고 있다. 조선시대 때 왕릉을 도굴하는 과정에 금과 은으로 만든 그릇이 다량으로 출토됐기 때문에 고려시대 이전에 만들어졌을 가능성도 배제할 수 없다. 그렇다고 하더라도 왕릉의 주인공과 그 조영시기를 밝히려는 관심 못지않게 더 중요한 것은, 역시 왕릉의 흔적을 찾는 노력일 것이다. 종래의 지표조사에서 축적된 고고학 자료를 풍수사상에 접목시켜 추정한다면, 선유도 상봉 서쪽 하단부 남쪽 기슭이 왕릉의 제일 후보지로 꼽힌다. 새만금해역의 봉수와 청자운반선은 전략상 요충지로서 군산도의 역사성과 함께 사절단 및 무역선, 조운선 등이 군산도를 경유했음을 증명해 주었다. 향후 군산도 통신유적 및 분묘유적의 축조시기와 그 성격을 밝히기 위한 체계적인 학술조사가 추진됐으면 한다.

Ⅳ. 환황해권 문물교류와 해양문화의 메카

우리나라와 중국을 이어주던 해상교통로는 세 갈래가 있다.[41] 하나는 황해북부 연안항로[42]이고, 다른 하나는 황해중부 횡단항로이며, 또

---

39) 조선 후기의 실학자 성해응은 『연경재전집속집』에서 대형무덤의 주인공을 貴人으로 추정했다. 그는 국내의 전승과 지리, 조선과 중국의 관계, 풍속과 법제, 중국의 제왕과 왕실 및 유민 등을 연구했다.
40) 김중규, 2009, 『군산역사 이야기』, 도서출판 안과밖, 70-76쪽.
41) 정진술, 2009, 『한국의 고대 해상교통로』, 한국해양전략연구소.
42) 중국의 동해안과 한국의 서해와 남해안을 거치고 대한해협을 건너 일본 큐슈로 이어

다른 하나는 황해남부 사단항로이다. 연안항로는 한반도의 서북쪽 연안과 중국의 동북쪽 연안을 따라 항해하기 때문에 우리나라와 중국 사이의 해상교통로로 일찍부터 이용됐다. 군산 가도·노래섬·띠섬·비응도·오식도 패총에서 서해안과 남해안의 해양문화요소가 모두 확인[43]됨으로써 신석기시대부터 연안항로를 통한 문물교류가 이루어졌음을 암시해 주었다.

기원전 5세기 전후에 '동아지중해권'이 발아[44]하여 점차 해양활동이 활발함에 따라 군산지역에서도 지석묘와 석관묘, 옹관묘 등 다양한 묘제가 공존[45]한다. 최근 중국 화남지방과 관련된 銅戈를 비롯하여 통나무관, 도씨검 등은 육로보다 해로를 통해 우리나라에 유입됐을 가능성도 제기됐다.[46] 특히 진시황의 중국 통일로 연·제·조나라 사람들이 대거 황해를 건넜을 것으로 추정된다. 군산 어청도로 탈출한 제나라 전횡[47]과 완주 상림리 중국식 동검[48]이 그 가능성을 입증해 주었다. 기원전 219년 진시황이 제나라 방사 서복의 파견으로 중국의 선진문물이 한

지기 때문에 이를 '동아시아 연안항로'라고 불러야 한다는 주장도 있다(강봉룡, 2009, 「한국해양사 연구의 몇 가지 논점」, 『島嶼文化』 제33집, 목포대 도서문화연구소, 10-11쪽).

43) 이영덕, 2010, 「錦江 汽水域의 新石器文化」, 『서해안의 전통문화와 교류』, 한국대학박물관협회·군산대학교 박물관, 34-36쪽.

44) 尹明喆, 1998, 「黃海文化圈의 形成과 海洋活動에 대한 연구」, 『先史와 古代』 11호, 한국고대학회.

45) 지석묘에 비해 석관묘와 옹관묘의 밀집도가 현저하게 높은 점에서 이곳의 강한 지역성을 보인다.

46) 윤태영, 2010, 「한반도 사의 출현과 전개양상에 대한 연구」, 경북대학교 대학원 석사학위논문.

47) 제나라의 제상으로 왕까지 오른 사람이다. 유방이 중국을 통일하고 초패왕 항우가 자결하자 의지할 곳이 없게 되어, 두 명의 형제 및 측근과 병사 500여 명을 거느리고 황해로 탈출한 지 3개월 만에 어청도에 도착했다고 한다. 그를 모신 사당인 치동묘가 어청도에 있다.

48) 全榮來, 1976, 「完州 上林里 出土 中國式 銅劍에 關하여」, 『全北遺蹟調査報告』 第6輯, 全州市立博物館, 2-26쪽.

국과 일본으로 전파되는 결과를 가져왔다.

고조선 멸망 이후 준왕의 남천으로 만경강유역이 거점지역으로 급부상한다. 익산 신동, 완주 갈동·신풍유적 등 초기철기시대의 분묘유적[49]이 대규모로 조영된다. 만경강유역인 익산과 완주가 당시 테크노벨리로 급성장한 것은 해상교통로를 통한 선진문물의 유입과 관련이 깊다. 무엇보다도 전북 해안지역을 무대로 발전했던 몇 개의 소국은 해양세력이거나 혹은 해상교역을 주로 하는 특수한 성격의 정치집단[50]으로 추정된다. 이를 반영해 주는 마한의 지배층 무덤으로 추정되는 말무덤[51]이 군산지역과 동진반도 일대에 집중적으로 산재해 있다.

현재까지의 지표조사를 통해, 군산 신관동[52]·관원리 등 군산지역에서만 발견된 말무덤은 그 수가 30여 기에 달한다.[53] 지난해 남원 입암리 말무덤이 학술발굴을 통해 마한의 분구묘로 밝혀졌다. 더욱이 군산 축동유적[54]에서는 마한의 전통적인 묘제인 분구묘에서 최고위층 무덤과 관련된 가장 이른 시기의 원통형토기가 출토됐다. 이를 근거로 금강과 만경강 사이의 군산지역에는 해양경제를 발판으로 발전했던 두세 개의 마한의 소국이 있었을 것으로 추정된다.

한편 군산지역에는 해양경제의 상징인 100여 개소의 패총이 밀집 분

---

49) 한수영, 2011, 「만경강유역의 점토대토기문화기 목관묘 연구」, 『호남고고학보』 39, 호남고고학회.

50) 윤명철, 2010, 「동아지중해 문명과 변산반도의 해양적 위상」, 『동아시아 해양실크로드와 부안』, 부안군·전주대학교 산학협력단, 25쪽.

51) 말무덤은 '말'을 馬의 뜻으로 보고, '말'은 '머리' 혹은 '크다'의 뜻으로 우두머리에게 붙여진 관형사로 파악하여 그 피장자는 지배층으로 추정하고 있다. 흔히 왕사슴을 말사슴, 왕고추잠자리를 말고추잠자리라고 부르는 것과 같다. 아직은 군산 및 부안에서 말무덤에 대한 발굴조사가 이루어지지 않았기 때문에 현지 주민들이 부르고 있는 이름을 그대로 사용했음을 밝혀둔다.

52) 군산대 캠퍼스 내로 분구의 평면형태가 방형 혹은 장방형으로 5기 내외의 말무덤이 산줄기 정상부에 무리지어 있다.

53) 곽장근, 『전라일보』 2011년 9월 5일, 「전라포럼」, '군산, 말무덤과 패총의 왕국' 참조.

54) 湖南文化財研究院, 2006, 『群山 築洞遺蹟』, 韓國土地公社.

포된 것으로 밝혀졌다.[55] 우리나라에서 단일지역 내 패총의 밀집도가 가장 높다. 청동기시대 후기를 지나면서 새로운 철기제조기술이 유입되는 과정에 해로가 발달함에 따라 패총이 대규모로 형성된 견해[56]와 그 맥락을 같이 한다. 군산 남전패총에서 일본계 토기가 출토되어,[57] 당시 일본까지 이어진 동아시아 연안항로가 군산을 경유했음을 입증해 주었다.

그런데 군산도를 경유했는지, 군산과 군산도 사이의 연안항로를 이용했는지, 아직은 그 항로가 구체적으로 파악되지 않고 있다. 이처럼 군산을 중심으로 새만금해역이 해양경제의 메카[58]로 급성장한 것은, 금강·만경강·동진강의 내륙수로와 연안항로가 교차하는 그물조직처럼 잘 갖춰진 천혜의 교통망과 관련이 깊다. 그러다가 낙랑·대방군이 400년 동안 해상교역을 주도하다가 4세기 초에 축출됨으로써 동아시아 해상교역은 위축됐고, 4세기 후반에 백제가 서·남해 연안항로를 주도하는 새로운 세력으로 부상했다.[59]

삼국시대 해양문화를 일목요연하게 보여준 곳이 부안 죽막동[60]이다. 영산강유역의 마한과 백제, 가야, 왜 등이 연안항로를 따라 항해하다가 잠시 들러 무사항해를 기원하며 해신에게 제사를 지내던 곳이다.[61] 또한 한·중·일을 잇는 서해안 해로상 요충지로 먼 외지로 출항하거나

---

55) 한국문화재조사연구기관협회, 2010, 『한국의 조개더미(貝塚) 유적』.

56) 최성락·김건수, 2002, 「철기시대 패총의 형성 배경」, 『호남고고학보』 15, 호남고고학회, 57-82쪽.

57) 국립전주박물관, 2004, 『전라북도 역사문물전 Ⅴ 군산』, 88-91쪽.

58) 아직은 패총을 대상으로 발굴조사가 거의 이루어지지 않아 그 실체가 잘 드러나지 않고 있지만, 우리나라에서 소금을 생산하던 제염유적이 발견될 가능성도 높다.

59) 강봉룡, 2010, 「고대 동아시아 연안항로와 영산강 낙동강유역의 동향」, 『島嶼文化』 제36집, 목포대 도서문화연구소, 10-18쪽.

60) 國立全州博物館, 1994, 『扶安 竹幕洞 祭祀遺蹟』.

61) 俞炳夏, 1998, 「扶安 竹幕洞遺蹟에서 進行된 三國時代의 海神祭祀」, 『扶安 竹幕洞 祭祀遺蹟 研究』, 國立全州博物館, 227-228쪽.

항해에 불리한 조건으로 조난의 위험이 있을 경우 뱃길의 안전을 위하
여 신에게 안전을 기원하던 곳이다.[62]

어찌 보면 부안 죽막동으로 상징되는 변산반도는 해상교통의 요충지
로서, 우리나라에서 해양문화가 가장 융성했던 곳이다. 특히 백제가 수
도를 공주로 옮긴 이후에는 항해자들에게 기항지이자 피항지, 제사처로
서 매력적인 곳이었다.[63] 그렇지만 내륙교통로와 곧장 연결되지 않은
고립된 지역이므로 국제교역항과 같은 거점포구는 아니었다. 2009년 고
창 봉덕리 1호분에서 중국제 청자와 일본에서 장식호라 불리는 소호장
식유공광구호가 출토됐는데, 이것은 당시 해상교역을 중심으로 전개된
한·중·일 고대문화의 국제교류와 그 단면을 반증해 주었다.

부안 죽막동 못지않게 중요한 곳이 군산 산월리[64]이다. 마한부터 백
제까지 군산의 발전과정을 한눈에 살필 수 있는 곳[65]으로, 한성기 백제
의 중앙을 비롯하여 금강과 만경강유역 내륙지역의 문화요소가 공존한
다. 동시에 군산 산월리 3호분에서는 다양한 구슬류와 3점의 환두대도,
4호분에서는 일본계 토기가 출토됐다. 군산을 중심으로 거미줄처럼 잘
갖춰진 내륙교통망과 해상교역의 의미가 모두 담겨있다.

백제는 일본 및 중국과 국제교류[66]를 배경으로 동성왕 때 해양력을
회복한 다음, 황해 남부의 신항로를 개척하고 6차례에 걸쳐 남제와 외
교관계를 지속한다.[67] 그리고 무령왕 대에 이르러 5세기 때 고구려에게

---

62) 임효재, 2010, 「죽막동 해양제사 유적과 세계문화유산」, 『동아시아 해양실크로드와 부
　　안』, 부안군·전주대학교 산학협력단, 7쪽.

63) 송화섭, 2009, 앞의 논문, 302-303쪽.

64) 군산대학교 박물관, 2004, 『군산 산월리유적』, 군산시·문화재청.

65) 최완규, 2004, 「고고학으로 본 선사·고대의 군산」, 『전라북도 역사문물전 Ⅴ 군산』,
　　176-184쪽.

66) 禹在柄, 2002, 「4-5世紀 倭에서 加耶·百濟로의 交易루트와 古代航路」, 『牛山李殷昌教
　　授八旬紀念論叢』, 湖西考古學會.

67) 곽동석, 2007, 「웅진기 중국과의 문물교류」, 『백제의 문물교류』, 충청남도 역사문화연
　　구원, 229-234쪽.

내준 해상교역의 주도권을 회복함으로써 다시 고구려를 압도했다.[68] 이를 계기로 무령왕은 서해의 제해권을 확보하여 양나라에 두 차례의 사신을 파견함으로써 중국과의 정상적인 국제교류도 추진됐다. 따라서 백제가 웅진으로 수도를 옮긴 이후 금강 및 동진강 하구의 거점포구를 이용하여 국제교류가 이루어졌을 개연성이 높다.

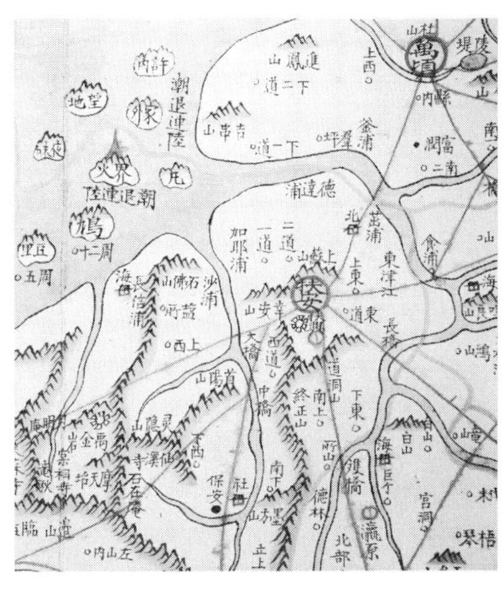

동여도의 가야포로 부안 서북쪽 동진강하구에 위치

동진강하구의 가야포[69]가 그 가능성을 암시해 주었다. 호남평야를 넉넉하게 적셔주는 동진강 본류와 지류를 따라 그물조직처럼 잘 갖춰진 내륙수로와 내륙교통로의 종착지에 가야포가 있다.[70] 전북 부안군 계화면 궁안리·창북리 일대로 동진반도 염창산 부근이 가야포로 추정되는 곳이다. 본래 소금 창고가 있었던 염창산 동쪽에 부안 용화동토성[71]이 있는데, 이곳의 구릉지 정상부에는 5기의 말무덤이 있었다고 한다.

70년대 중반 동진반도에서 밀집파상문이 시문된 가야토기편이 수습됐는데,[72] 이 일대는 가야포가 있었을 것으로 추정되는 곳이다. 이를

---

68) 姜鳳龍, 2006, 「古代 東北亞 沿岸航路와 榮山江·洛東江流域」, 『加耶, 洛東江에서 榮山江으로』, 金海市, 12-15쪽.

69) 조선 철종 13년(1862) 김정호가 펴낸 전국 지리지인 『大東地志』 부안현 산수조에도 "부안현에서 서쪽으로 15리 떨어진 곳에 加耶浦가 있다"라고 기록되어 있다.

70) 곽장근, 2011, 「전북지역 백제와 가야의 교통로 연구」, 『한국고대사연구』 63, 한국고대사학회, 102-109쪽.

71) 이외에도 부안 수문토성·용정리토성·구지리토성·반곡리토성·염창산토성 등이 동진반도 일대에 일정한 거리를 두고 밀집되어 있다(圓光大學校 博物館, 2004, 『扶安郡 文化遺蹟分布地圖』, 扶安郡).

근거로 동진강하구의 거점포구인 가야포는, 대가야를 비롯한 영남 내륙
지역 및 전북 동부지역에 기반을 둔 가야계 소국들이 남제 등 중국과
국제교류를 할 때 주로 이용했던 국제교역항으로 추정된다. 새만금해역
에서 가장 많은 포구를 거느린 동진반도[73]는, 호남평야의 관문이라는
지정학적인 이점과 소금생산 등 왕성한 해양경제를 토대로 일찍부터 거
점지역으로 발돋움했을 것으로 추측된다.

삼국시대 때 해양경제와 해상교역의 중심지였던 새만금해역은 한 동
안 전쟁터로 그 위상이 바뀐다. 당나라 소정방 13만 군대가 상륙한 기
벌포,[74] 백제부흥군과 나당연합군이 결전을 벌인 백촌강·백강, 676년
당나라와 신라수군이 최후의 결전을 벌인 곳도 새만금해역으로 추정된
다.[75] 금강과 만경강, 동진강 물줄기가 바다에서 하나로 합쳐지는 곳으
로 군산도 동쪽 바다가 여기에 해당된다.

고려 우왕 8년(1380) 5백 척의 선단을 이끌고 금강하구의 진포에 쳐들
어 온 왜적을 최무선이 화포로 무찌른 진포해전도 금강하구에서 벌어졌
다. 그런데 서해의 만조 때 금강과 만경강이 서로 연결됐기 때문에 군
산은 본래 섬이었는데, 회현간척제방을 비롯하여 불이농장과 군장국가
공단조성 등 네 차례의 대규모 간척사업을 거쳐 현재의 모습으로 바뀌
었다. 뿐만 아니라 대한제국 때 제작된 「대한전도」에 동진강이 백마강

---

72) 全榮來, 1975, 「扶安地方 古代圍郭遺蹟과 그 遺物」, 『全北遺蹟調査報告』 第4輯, 全羅
北道博物館, 2-63쪽.

73) 조선 철종 8년(1857)에 제작된 『東輿圖』에는, 동진강하구에 가야포를 중심으로 장신
포·사포·덕달포·부포·줄포·식포 등이 있다. 그리고 일제강점기 때 광활방조제와
1963년 계화지구농업종합개발사업이 실시되기 이전까지만 해도 50여 개소의 크고 작
은 포구가 있었다고 한다.

74) 기벌은 부안의 옛 이름으로 皆火, 戒發로도 썼으며, 지금도 界火島의 이름으로 남아있
다. 종래에 기벌포의 위치 비정과 관련하여 금강하구설과 동진강하구설이 가장 대표
적이다(전북향토문화연구회, 2000, 『부안군 역사문헌 자료집』, 전라북도 부안군, 28쪽).

75) 이규홍, 2012, 「백제부흥운동시기의 기벌포 전투와 주류성」, 전북대학교 대학원 석사
학위논문.

으로 표기되어 있는데, 이것도 새만금해역을 이해하는 데 귀중한 대목
이다. 그렇다면 군산도와 새만금해역은 삼국시대 때도 여전히 해양활동
의 중심지와 전략상 요충지로서 큰 역할을 수행한 것이 아닌가 싶다.

통일신라시대 때는 해상교통로가 한층 발달했다. 황해중부의 횡단항
로는 남양만, 즉 경기도 화성시에 있었던 당은포를 출발하여 직선으로
황해를 건너 중국 산동반도의 등주에 도착했다. 삼국시대 때 축적된 항
해술과 조선술을 바탕으로 한반도의 서해안과 중국 동남부 해안을 잇는
황해남부 사단항로도 개척됐다. 이 항로는 주로 영산강하구의 회진포를
출발해 절강성 명주에 곧바로 도달하는 데 장보고 선단이 주로 이용했
다.[76)

장보고 선단은, 중국 명주 동쪽 주산군도에서 출발해 북상하다가 황
해남부를 사단하여 한반도 남부로 상륙하든지,[77)] 흑산도를 중심으로 서
남해지역의 도서·연안지역을 거쳐 혹은 경주로 혹은 개경으로 혹은 일
본으로 항해했다.[78)] 또한 인도 포타락카에서 중국 보타낙가산을 경유하
여 한반도 서해안 해문인 변산반도[79)]와 고군산도, 태안반도, 경기만 강
화도까지 이르는 해상항로를 동아시아 해상관음로라고도 부른다.[80)] 주
산군도 보타산[81)]은 중국 최대 규모의 해양관음성지로서 항해안전의 수
호신으로 백의관음보살이 신봉되고 있다.[82)

---

76) 강봉룡, 2004, 『장보고-한국사의 미아 해상왕 장보고의 진실-』, 한얼미디어.
77) 윤명철, 2006, 「한국의 해양문화와 그 의미」, 『동아시아 해양사』, 해양문화연구소.
78) 강봉룡, 2009, 「고대 한·중항로와 흑산도」, 『동아시아 고대학』 제20집, 동아시아고대
    학회.
79) 송화섭, 2002, 「변산반도의 관음신앙」, 『지방사와 지방문화』 5권 2호, 역사문화학회,
    112-114쪽.
80) 송화섭, 2010, 「고대 동아시아 문화와 한반도 교류-관음의 바닷길을 중심으로-」,
    『다문화콘텐츠연구사업단 전국학술대회 발표문』, 중앙대학교 문화콘텐츠기술연구원,
    12-13쪽.
81) 신라 상인의 전설과 함께 신라초 및 고려도두가 있는 곳으로 고려시대에도 해상교역
    이 활발했다.

새만금해역은 10세기부터 다시 해상교역의 거점지역을 이루었다. 견훤은 892년 무진주에서 나라를 세우고, 900년 완산주로 도읍을 옮겨 나라의 이름을 후백제로 선포했고, 백제의 계승과 신라의 타도를 선언했다. 936년 고려에 멸망될 때까지 전주는 37년 동안 후백제의 도읍이었다. 당시 만경강 및 동진강하구의 거점포구가 빈번하게 활용됐을 것으로 추측된다. 다름 아닌 고창 용계리와 진안 도통리[83] 등 우리나라 초기 청자요지가 새만금해역과 인접된 곳에서 발견되고 있기 때문이다.

후백제는 오월 및 후당 등과 국제교류가 활발하게 진행됐는데, 이는 백제-장보고로 연결되는 해양교류 활동의 연속성을 확보하기 위한 노력의 일환이었다.[84] 중국 절강성 월주요는 해무리굽과 벽돌가마로 상징됐는데, 오월은 월주요의 후원을 기반으로 발전했다. 진안 도통리 초기 청자 가마터에서 해무리굽과 불에 그을린 벽돌이 발견됐기 때문에 월주요의 영향을 받아 후백제 견훤에 의해 처음 개발됐을 가능성도 배제할 수 없다.

고려 전기에는 중국의 정세에 따라 해상항로가 큰 영향을 받았다. 북송 대에는 횡단항로를 주로 이용하다가 거란과 여진 등 북방민족의 압력이 거세지자, 이를 피하기 위해 원풍 연간(1078~1085) 이후부터 남송 대에 걸쳐서는 사단항로가 많이 이용됐다. 당시 군산도는 연안항로와 횡단항로, 사단항로를 이용하여 국내교역 및 국제교역을 할 때 대부분 경유해야 하는 해상교통의 길목이었다.

1122년 3월 송나라 휘종이 고려에 국신사 파견을 결정했다. 그리고

---

82) 송화섭, 2008, 「중국 보타도와 한국 변산반도의 관음신앙 비교」, 『비교민속학』 제35집, 비교민속학회, 291-292쪽.

83) 우리나라에서 가장 내륙에 위치한 초기청자 가마터로 전북 진안군 성수면 도통리 중평마을에 있다. 문양이 시문되지 않고 갑발을 사용해 녹갈색을 띠는 최상급의 순청자만을 만들다가 갑자기 가마터의 문을 닫았다.

84) 조법종, 2006, 「후백제와 태봉관련 연구동향과 전망」, 『신라문화』 제27집, 동국대학교 신라문화연구소, 200-202쪽.

1123년 1년 전 돌아가신 예종의 영전에
제전하고 인종에게 조서를 전달하기 위
해 고려에 국신사를 파견[85]했다. 당시
거란과 여진 등 북방민족의 압력이 거세
지면서 육로가 막혀 바닷길을 이용했는
데, 그 항로가 '서긍항로'이다. 송나라 사
절단이 절강성 명주를 떠나 황해를 건너
예성강 입구 벽란도에 도달하기까지의
항해구간을 '서긍항로'라고 이름 붙였다.

군산도의 선유도 해역에서
인양된 쌍룡문경

『선화봉사고려도경』에 의하면,[86] 사절단은 휘종의 명을 받고 1123년
3월 14일 북송의 수도 개봉을 출발하였다. 5월 16일 절강성 명주를 떠나
연안을 따라 북상하다가 5월 28일 주산군도 정해현 심가문 동쪽 보타산
매잠에서 황해를 비스듬히 가로질러 6월 2일 흑산도를 바라보았다. 이
곳에서부터 항로를 바꿔 연안항로를 따라 북상하면서 마도[87]와 고섬
섬[88]에서 정박한 뒤 6일 군산도에 도착하였다.

이때 김부식이 접반사로 군산도를 방문해 송나라 사절단을 군산정으
로 초대하여 국가차원의 성대한 영접행사가 열렸다. 당시 군산도는 연
안항로와 횡단항로, 사단항로를 이용하여 국내교역 및 국제교역을 할
때 대부분 경유해야 하는 해상교통의 관문이었다.[89] 이를테면 '서긍항
로'를 비롯하여 고려시대의 조운로와 도자기 운송로가 군산도를 경유하
였으며, 부안 죽막동 제사유적도 군산도로 옮겨졌을 것으로 추정된다.

---

85) 사절단은 정사인 노윤적과 부사인 부묵경, 그리고 뱃사람까지 모두 200명 이상으로
　　구성됐다.

86) 조동원 · 김대식 · 이경록 · 이상국 · 홍기표, 2005, 『고려도경』, 황소자리.

87) 전남 영광군 낙월면 안마도 서북쪽 죽도로 추정된다.

88) 전북 부안군 위도면 위도로 섬의 형국이 고슴도치를 닮았다.

89) 곽장근, 2012, 「새만금해역의 해양문화와 문물교류」, 『島嶼文化』 제39집, 22-23쪽.

중국으로 돌아갈 때도 군산도에서 20일가량 머물렀다. 군산도에서의 일정을 정리하면, 7월 24일 군산문으로 들어가 군산도에서 정박하다가 8월 8일까지 14일 동안 바람에 막혀 가지 못했다. 그러다가 동북풍이 일어나 밀물을 타고 큰 바다로 나가 고섬섬과 9일 아침 죽도를 지나 흑산도를 바라보았는데, 갑자기 동남풍이 사나워지고 또 해동을 만났고, 10일에는 바람이 더욱 맹렬해져 군산도로 돌아왔다. 군산도에서 16일까지 머물다가 바람이 가라앉자 다시 군산도를 출발했다. 그만큼 흑산도에서 태풍을 만나 다시 회항할 정도로 군산도는 모든 항만시설이 갖춰진 해상교통의 국제항구였다.

그리하여 선사시대 이래로 줄곧 지정학적인 이점을 살려 연안항로의 기항지이자, 고려시대 때는 '서긍항로'의 국제관문으로서 큰 번영을 누렸다. 당시 김부식 주관으로 국가 차원의 사절단 영접행사가 개최될 정도로 국제외교의 심장부로서 군산도의 해양문화가 가장 융성했다. 선유도 망주봉 주변에서 수습된 최상급 청자편이 이 시기를 대변해 주는 것이 아닌가 싶다.

끝으로, 군산도는 고려가 몽골의 침략을 받게 되면서 피난민의 집결지와 대몽항쟁 세력의 근거지로 기능했다.[90] 그러다가 명나라 등장과 함께 육로가 다시 열렸고, 고려 말부터 조선 초까지 왜구의 극심했던 약탈로 군산도의 해양문화가 쇠퇴기를 맞는다. 조선 건국 이후 해양활동을 금지하는 공도정책 및 해금정책[91]도 적지 않은 영향을 끼쳤다. 이 무렵 군산도는 해상교역의 거점이자 국제외교 관문으로서 막중한 임무를 마감했고, 인조 2년(1624) 군산도에 고군산진이 설치됨으로써 수군기지로 그 역할을 대신했다. 그리고 군산도 행정 및 군사의 중심지도 선유도 북섬에서 남섬으로 옮겨졌다. 서해안의 감시와 방어를 목적으로

---

90) 김종수, 2010, 앞의 논문, 143쪽.

91) 강봉룡, 2002, 「한국 해양사의 전환-'해양의 시대'에서 '해금의 시대'로-」, 『島嶼文化』 제20집, 목포대 도서문화연구소, 38-41쪽.

설치된 고군산진은 현재 선유도 남섬 진리마을에 그 흔적이 남아있다. 동시에 군산도와 위도의 봉수는 왜구와 해적의 감시 및 해안의 방어를 위한 권설봉수[92]로 그 기능이 바뀌었다.[93] 다만 고려 때부터 청자운반선과 조세를 운반하던 조운선들만 여전히 군산도와 새만금해역을 통과하면서 해양문화의 명맥을 이어갔다.

V. 나오는 글

이 글에서는 새만금사업에 포함된 금강·만경강·동진강하구와 군산도 일대를 새만금해역으로 설정했다. 새만금해역은 선사시대부터 줄곧 내륙수로와 해상교통로가 교차함으로써 해양문물교류의 허브역할을 담당했다. 이를 발판으로 금강과 만경강 사이에 위치한 군산지역에는 해양활동 및 해양경제를 웅변해 주는 100여 개소의 패총이 밀집 분포된 곳으로 밝혀져 큰 관심을 모았다.

익산과 완주 등 만경강유역에 초기철기시대의 대규모 목관묘, 군산지역 및 동진반도에서 마한의 지배층 무덤으로 추정되는 말무덤이 집중적으로 산재해 있다. 이를 근거로 군산지역과 동진반도 일대에는 해양경제를 발판으로 발전했던 마한의 소국들이 자리하고 있었을 것으로 보았다. 백제의 웅진 천도 이후에는 해양교류의 관문이자 거점포구로 발전하다가 한 동안 전쟁의 무대로 그 위상이 바뀌었다. 부안 죽막동 제사유적을 비롯하여 동진강하구의 가야포와 주류성, 금강하구의 군산 남전·산월리 등 다양한 문화유적이 이를 뒷받침해 주었다.

삼국시대 이후에는 조선술과 항해술이 발달함에 따라 군산도가 새만

---

92) 군사상 혹은 전략상 요충지에서 그 주변의 상황을 수집하기 위해 자체적으로 설치 운영한 봉수를 말한다.

93) 조명일, 2010, 앞의 논문, 82-83쪽.

금해역의 중심지로 급부상했다. 군산도는 금강·만경강·동진강 물줄기가 바다에서 한데 모이는 곳으로 연안항로와 내륙수로의 연결고리 역할을 하는 해상교통의 중심지를 이루었다. 그리고 후백제가 오월 및 후당, 고려가 남송과 국제교류가 왕성할 때는 국제교역의 거점항구이자 국제외교의 관문으로서 큰 번영을 누렸다.

고려시대 때 군산도의 선유도 망주봉 주변에는 숭산행궁을 비롯하여 사신을 맞이하던 군산정, 바다신에게 제사를 드리는 오룡묘와 사찰인 자복사, 객관인 관아 등 많은 건물이 있었다. 특히 군산도의 왕릉과 숭산행궁은 그 자체만으로도 국가의 왕실에서 지원하는 해상교통의 중심지이자 국제외교의 심장이었음을 추론해 볼 수 있다. 아직까지 청자운반선과 관련된 수중발굴을 제외하면 한 차례의 발굴조사도 추진되지 않았지만, 군산도의 왕릉을 비롯하여 분묘유적과 생활유적, 통신유적 등 다양한 문화유적이 밀집 분포된 것으로 밝혀졌다.

그럼에도 불구하고 군산도의 왕릉과 숭산행궁, 군산정과 자복사, 군산문과 객관, 조선소 등은 그 흔적조차 찾지 못하고 있다. 다행히 선유도 망주봉 주변에는 순청자부터 상감청자에 이르기까지 최상급 청자편, 분청사기편과 백자편, 중국제 자기편, 기와편이 폭넓게 흩어져 있다. 그리고 고려시대 최고의 청동거울과 중국 송·원대 자기류 등이 발견매장문화재로 신고되어, 군산도 해양문화의 우수성을 방증해 주었다.

다행히 현재 군산도에는 고고학에서 '역사의 실체'로까지 평가받고 있는 매장문화재가 잘 보존되어 있기 때문에, 군산도 해양문화의 역사성을 규명하기 위한 학계의 관심과 행정당국의 정책지원도 조속히 모색됐으면 한다. 향후 새만금해역에 밀집 분포된 다양한 문화유적에 대한 발굴조사를 활발하게 실시하여 새만금해역의 해양문화가 심층적으로 재조명됐으면 한다. 아직까지 군산도에서 한 차례의 발굴조사도 이루어지지 않은 상황에서 그다지 풍부하지 못한 고고학 자료를 문헌 및 고지도에 접목시켜 논리의 비약이 적지 않았음을 밝혀둔다.

◆참고문헌◆

1. 자료

『大東地志』,『東輿圖』,『東輿備考』,『宣和奉使高麗圖經』

2. 저서

강봉룡, 2004,『장보고-한국사의 미아 해상왕 장보고의 진실-』, 한얼미디어.

고유섭, 1946,『송도고적』, 박문출판사.

國立全州博物館, 1994,『扶安 竹幕洞 祭祀遺蹟』.

______________, 2004,『전라북도 역사문물전 Ⅴ 군산』, 群山市.

國立海洋遺物展示館, 2004,『群山 飛雁島 海底遺物』.

______________, 2005,『群山 十二東波島 海底遺物』.

______________, 2007,『群山 夜味島』, 群山市.

群山大學校 博物館, 2001,『全北 群山市 文化遺蹟 分布地圖』, 群山市.

______________, 2004,『군산 산월리유적』, 군산시 · 문화재청.

김중규, 2009,『군산역사 이야기』, 도서출판 안과밖.

圓光大學校 博物館, 2004,『扶安郡文化遺蹟分布地圖』, 扶安郡.

이창언, 2002,『고려유적연구』, 백산자료원.

정진술, 2009,『한국의 고대 해상교통로』, 한국해양전략연구소.

조동원 · 김대식 · 이경록 · 이상국 · 홍기표, 2005,『고려도경』, 황소자리.

한국문화재조사연구기관협회, 2010,『한국의 조개더미(貝塚) 유적』.

湖南文化財研究院, 2006,『群山 築洞遺蹟』, 韓國土地公社.

3. 논문

강봉룡, 2002,「한국 해양사의 전환-'해양의 시대'에서 '해금의 시대'로-」,『島
　　　嶼文化』제20집, 목포대 도서문화연구소.

______, 2009, 「고대 한·중항로와 흑산도」, 『동아시아 고대학』 제20집, 동아시아고대학회.

______, 2009, 「한국 해양사 연구의 몇 가지 논점」, 『島嶼文化』 제33집, 목포대 도서문화연구소.

______, 2010, 「고대 동아시아 연안항로와 영산강·낙동강유역의 동향」, 『島嶼文化』 제36집, 목포대 도서문화연구소.

곽동석, 2007, 「웅진기 중국과의 문물교류」, 『백제의 문물교류』, 충청남도 역사문화연구원.

곽장근, 2010, 「고고학으로 본 새만금해역」, 『서해안의 전통문화와 교류』, 한국대학박물관협회·군산대학교박물관.

______, 2011, 「전북지역 백제와 가야의 교통로 연구」, 『한국고대사연구』 63, 한국고대사학회.

國立文化財研究所, 2007, 「고려왕릉의 일반적 특징」, 『江華 高麗王陵』.

김종수, 2010, 「군산도와 고군산진의 역사」, 『전북사학』 제37호, 전북사학회.

송화섭, 2002, 「변산반도의 관음신앙」, 『지방사와 지방문화』 5권 2호, 역사문화학회.

______, 2008, 「중국 보타도와 한국 변산반도의 관음신앙 비교」, 『비교민속학』 제35집, 비교민속학회.

______, 2009, 「전북 해양문화와 새만금」, 『전북의 역사와 문화유산』, 전라북도·전주대학교산학협력단.

신종국, 2011, 「새만금권역의 수중발굴 성과와 전망」, 『새만금권역의 고고학』, 호남고고학회.

禹在柄, 2002, 「4-5世紀 倭에서 加耶·百濟로의 交易루트와 古代航路」, 『牛山 李殷昌教授八旬紀念論叢』, 湖西考古學會.

俞炳夏, 1998, 「扶安 竹幕洞遺蹟에서 進行된 三國時代의 海神祭祀」, 『扶安 竹幕洞 祭祀遺蹟 研究』, 國立全州博物館.

尹明喆, 1998, 「黃海文化圈의 形成과 海洋活動에 대한 연구」, 『先史와 古代』 11호, 한국고대학회.

______, 2006, 「한국의 해양문화와 그 의미」, 『동아시아 해양사』, 해양문화연

구소.

______, 2010, 「동아지중해 문명과 변산반도의 해양적 위상」, 『동아시아 해양 실크로드와 부안』, 부안군 · 전주대학교 산학협력단.

윤태영, 2010, 「한반도 사의 출현과 전개양상에 대한 연구」, 경북대학교 대학 원 석사학위논문.

이규홍, 2012, 「백제부흥운동시기의 기벌포 전투와 주류성」, 전북대학교 대학 원 석사학위논문.

이영덕, 2010, 「錦江 汽水域의 新石器文化」, 『서해안의 전통문화와 교류』, 한 국대학박물관협회 · 군산대학교 박물관.

이윤선, 2007, 「개야도 '도서문화'의 전통과 활용전략—새만금의 안섬 · 바깥섬 설정을 중심으로—」, 『도서문화』 제33집, 목포대 도서문화연구소.

이희인, 2007, 「경기지역 고려고분의 구조와 특징」, 『고고학지』 제6권 1호, 서 울 · 경기고고학회.

임효재, 2010, 「죽막동 해양제사 유적과 세계문화유산」, 『동아시아 해양실크 로드와 부안』, 부안군 · 전주대학교 산학협력단.

全榮來, 1975, 「扶安地方 古代圍郭遺蹟과 그 遺物」, 『全北遺蹟調査報告』 第4 輯, 全羅北道博物館.

______, 1976, 「完州 上林里 出土 中國式 銅劍에 關하여」, 『全北遺蹟調査報告』 第6輯, 全州市立博物館.

______, 1979, 「扶安, 界火島 山上遺蹟 新石器時代 遺物」, 『全北遺蹟調査報告』 第10輯, 全州市立博物館.

조명일, 2010, 「전북 서해안지역의 봉수와 서해 연안항로」, 『서해안의 전통문 화와 교류』, 한국대학박물관협회 · 군산대학교 박물관.

조법종, 2006, 「후백제와 태봉관련 연구동향과 전망」, 『신라문화』 제27집, 동 국대학교 신라문화연구소.

崔夢龍, 1967, 「全羅北道 海岸 一帶의 先史遺蹟」, 『考古美術』 8-5, 韓國美術史 學會.

최성락 · 김건수, 2002, 「철기시대 패총의 형성 배경」, 『호남고고학보』 15, 호 남고고학회.

최완규, 2004,『고고학으로 본 선사·고대의 군산』,『전라북도 역사문물전　Ⅴ
　　　　군산』, 군산시.
한수영, 2011,「만경강유역의 점토대토기문화기 목관묘 연구」,『호남고고학보』
　　　　39, 호남고고학회.

/제2장/ 조선후기 고군산의 유배 문화*

김 종 수 군산대학교 사학과

I. 머리말

고군산군도는 군산 남쪽 약 50㎞ 해상에 위치한 여러 섬들을 총칭하는 용어이다. 오늘날 행정구역상 군산시 옥도면에 속하는 고군산군도는 선유도, 무녀도, 장자도, 야미도, 신시도, 관리도, 대장도, 횡경도, 방축도, 명도, 말도 등 10여 개의 유인도와 20여 개의 무인도로 이루어진 무리 섬이다. 흔히 선유도로도 통칭되는 고군산군도는 고려와 조선전기에는 군산도(群山島)라고 불렸다. 현존하는 군산도가 소개된 최초의 기록은 고려 인종 원년(1123)에 송나라 사신으로 고려에 왔던 서긍(徐兢)이 지은 『선화봉사고려도경(宣和奉使高麗圖經)』인데, 서긍은 이 책에서 '군산도'라는 제목을 특별히 설정하여 이 섬에 대한 자세한 기록을 남기고 있다.

군산도라는 명칭은 이후 『고려사』에서 다수 등장하고 있으며, 『조선왕조실록』 곳곳에서도 나오고 있다. 반면 '고군산(古群山)'이라는 명칭은 조선전기의 『실록』에서는 나오지 않는다. '고군산'이라는 명칭이 최초로

---

* 이 글은 『도서문화』(2012)에 게재된 필자의 논문 「조선후기 고군산진 유배지와 유배인」을 수정·보완한 것임.

사료에 등장하는 것은 이순신 장군의 『난중일기』에서이다. 『난중일기』 정유년(1597) 9월 21일자 일기를 보면 "아침 일찍 출발하여 고군산도에 도착했다"[1]라고 쓰여 있다. 이를 통해 군산도는 조선중기 이후 일반인들 사이에서 간혹 '고군산도'라고도 칭해졌음을 알 수 있다. 그런데 임진왜란 이후에도 『조선왕조실록』과 같은 관찬 사료에서는 한동안 '군산도'라는 명칭만 나오고 있다. 『조선왕조실록』에서 '고군산'이라는 명칭이 최초로 등장하는 것은 인조 5년(1627)의 기사이다.[2] 인조 2년(1624) 군산도에 수군 진(鎭)을 설치하였는데, 이 진을 옥구현 북쪽 진포에 이미 설치되어있던 군산진(群山鎭)[3]과 구별하고자 '고군산진'이라고 부른 것으로 보인다. 동일한 권역에 이렇게 수군 진을 유사한 이름으로 두 개나 설치하는 것은 유례가 없는 일인데, 이것은 군산지역의 경제적, 군사적 중요성을 고려하였기 때문으로 판단된다. 이렇게 고군산진이 설치된 이후 군산도는 『조선왕조실록』뿐만 아니라 기타 여러 사료에서도 주로 '고군산'으로 칭해지게 된다.[4]

고군산의 선유도 북쪽 끝에는 높이 152m의 우뚝 솟은 2개의 바위산이 있는데, 이 산을 망주봉(望主峰)이라 부른다. 이 바위산이 망주봉이라 불리게 된 연유에 대해서는, 옛날 고군산으로 유배 온 한 선비가 이 바위산에 올라가서 한양 쪽을 바라보며 임금을 그리워하여 망주봉이라 칭해졌다는 전설이 선유도에 전해 내려오고 있다. 이 전설에서도 엿볼 수 있듯이 조선시대에 고군산은 유배지로 이용되기도 하였다. 그런데 고군산에 유배 온 사람 중에는 정치적 사건에 연루되어 들어온 경우가 많았다. 이들 대부분은 범죄인이라기보다 실세(失勢)한 학자·정치인이

---

1) 『李忠武公全書』 권8, 난중일기 4, 丁酉(1597) 9月 21日 (한국문집총간 55, 297쪽), '二十一日己酉 晴 早發到古羣山島 湖南巡察 聞吾到來 乘船急向沃溝云'

2) 『仁祖實錄』 권17, 인조 5년 11월 17일(庚辰). '古群山, 亦皆極目膏壤'

3) 『世宗實錄』 卷151, 地理志, 全羅道. '群山 在沃溝縣北鎭浦 (領中船四艘, 別船四艘, 軍四百六十一名, 梢工四名)'

4) 拙稿, 2010, 「군산도와 고군산진의 역사」, 『전북사학』 37호 참조.

며, 중앙의 세련된 문화를 몸에 익힌 양반 가족들이었다. 따라서 유배인들은 고군산 원주민들에게 학문과 사상, 의례와 절차, 생활 개선 등에 이르기까지 다양한 양반 사족 문화를 전수하였을 것으로 생각된다. 또 고군산 유배인 중에서는 이곳에서 가정을 꾸려 후손을 남긴 사람도 많았을 것이다. 제주도의 경우 성씨분포를 볼 때 인구 중 태반이 유배인의 자손이라고 볼 정도라고 한다.5) 따라서 고군산 주민 가운데에도 유배인의 자손이 상당수에 달할 것으로 보인다. '장자도에 가서 인물자랑하지 마라'라는 풍설도 이러한 유배인 자손과 관련되어 나온 말이 아닐까하는 생각도 든다.

최근 들어 역사학계에서는 한국의 도서해양문화에 대한 연구방법으로 섬 주민과 유배인의 교류 문제가 새롭게 주목받고 있다.6) 지방자치단체의 경우도 섬 유배인과 관련된 유적들을 복원하여 지역문화를 홍보하기 위한 문화자원으로 활용하기 시작하는 추세이다. 제주도와 강진에서 추사 김정희와 다산 정약용의 유배지를 문화자원으로 활용한 것은 이미 오래전의 일이지만, 2010년 11월 경남 남해군에서는 국내 최초로 '남해유배문학관'을 개관하였다. 또 전남의 섬 유배지인 신안군의 경우 흑산도 사리마을 정약전 유배지에 유배문화공원을 조성하였고, 임자도에서는 조희룡 유배지에 적거(謫居) 건물 등을 복원하여 공원화하는 사업을 추진하고 있다.7)

---

5) 장선영, 2001, 「조선시기 流刑와 絶島定配의 推移」, 『지방사와 지방문화』 4권 2호, 170쪽.
6) 대표적인 연구 성과는 다음과 같다.
　　장선영, 2001, 「조선시기 流刑과 絶島定配의 推移」, 『지방사와 지방문화』, 4권 2호.
　　고석규, 2004, 「조희룡의 임자도 유배생활에 대하여」, 『도서문화』 24.
　　강봉룡, 2004, 「임자도 又峰 趙熙龍 적거지의 관광자원화 방안」, 『도서문화』 24.
　　이옥희, 2009, 「유배인의 기록을 통해 본 진도 지역의 민속문화」, 『남도민속연구』 19.
　　최성환, 2010, 「유배인 김약행의 〈遊大黑記〉를 통해 본 조선후기 대흑산도」, 『한국민족문화』 36.
　　김경옥, 2011, 「『艱貞日錄』을 통해 본 金櫶(1805~1866)의 임자도 유배생활」, 『도서문화』 37.
　　최성환, 2011, 「조선후기 추자도 유배인의 추이와 생활양상」, 『도서문화』 37.

고군산에도 많은 유배인들이 적거(謫居)하였다. 『조선왕조실록』, 『승정원일기』, 『일성록』 등 각종 사료에서 확인되는 인물만 해도 100여 명에 달하였다. 이외에 확인되지 않는 사람들은 훨씬 더 많았을 것으로 생각된다. 이들 유배인들은 주로 왕족이나 양반층으로 이루어졌고, 5세의 어린아이부터 85세의 노인에 이르기까지 다양한 연령층으로 구성되었다. 근대시기에는 당대 최고의 문장가 이건창(李建昌)이 고군산에 유배 와서 주옥같은 문학 작품을 남기기도 하였다. 본 논문은 이러한 고군산 유배인과 그 문화를 살펴보는 첫 번째 작업으로 고군산의 유배지 지정 배경, 고군산 유배인들과 그들이 남긴 문화유산을 살펴보려 한다.

II. 고군산의 유배지 지정 배경

유배형은 '귀양'이라는 용어로 더 잘 알려진 조선시대 형벌 중의 하나이다. 조선시대 형벌은 대명률(大明律)에 의거하여 집행하였는데,[8] 태(笞)·장(杖)·도(徒)·유(流)·사(死)의 5형(刑)으로 이루어졌다. 이 가운데 태형과 장형은 신체형에 해당하며 비교적 작은 죄를 범한 죄수에게 가하는 형벌이고, 사형은 죄가 매우 무거운 범죄인에게 가하는 극형으로 죄질에 따라 교(絞)와 참(斬)으로 구분하여 집행하였다. 도형과 유형은 모두 자유형으로서 도형은 힘들고 괴로운 일을 시키는 노역형의 성격을 띠고, 유형은 추방형의 성격을 띤다. 유형(流刑), 즉 유배형은 도형보다 무거운 죄를 범한 자에게 차마 사형을 시키지는 못하고 먼 지방에 보내어 죽을 때까지 고향으로 돌아오지 못하게 하는 형벌이다.[9] 원래 유배형은 사형에 버금가는 가혹한 형벌이었다. 그러나 조선후기에 유배

---

7) 최성환, 2011, 위의 논문, 152쪽.

8) 『經國大典』 권5, 刑典, 用律. '用大明律'

9) 『大明律直解』 卷首, 五刑之義. '流者 謂人犯重罪 不忍刑殺 流去遠方 終身不得回鄕

형은 잦은 이배(移配)와 해배(解配) 등으로 형벌성이 약화된 측면도 있었다.

육지와 단절되어 있는 섬은 죄인을 유배보내기에 알맞은 장소였다. 그러나 유배인들이 갈 수 있는 섬은 제한적이었고, 시대적 상황에 따라 많은 변화가 있었다. 조선전기만 하더라도 유배지로 활용되는 섬은 매우 적었다. 1612년(광해군 4)의 『광해군일기』 기사를 보면 "우리나라의 절도(絶島)로 제주·정의·대정·진도·거제·남해 등 6개의 고을이 있다"[10]는 내용이 등장한다. 이를 토대로 광해군 시기까지는 제주도·진도·거제도·남해지역이 주로 섬 유배지로 활용되고 있었음을 알 수 있다. 그런데 1787년(정조 11)에 편찬된 『전률통보(典律通補)』에 기록된 유배지를 보면 『광해군일기』의 기사에서 밝히고 있는 것보다 훨씬 많은 섬이 등장하고 있다. 그 대상지를 보면 다음과 같다.[11]

- 경기 : 자연도(紫燕島), 주문도(注文島), 장봉도(長峯島), 교동(喬桐)
- 해서 : 백령도(白翎島), 추도(楸島)
- 호남 : 고금도(古今島), 신지도(薪智島), 가리포 흑산도(加里浦 黑山島), 지도(知島), 추자도(楸子島), 고군산(古群山), 금갑도(金甲島), 남도포 방답(南桃浦 防踏), 위도(蝟島), 임자도(荏子島), 나로도(羅老島), 녹도(鹿島), 여도(呂島), 발포 사도(鉢浦 蛇島), 진도(珍島)
- 제주 : 제주(濟州), 대정(大靜), 정의(旌義)
- 영남 : 거제(巨濟), 남해(南海)

이와 같이 광해군 대에 6개였던 섬 유배지가 『전률통보』가 편찬된 정조 대에 이르면 26개로 증가하고 있었다. 이것은 후술하는 바와 같이 조선후기 당쟁의 격화에 따른 정치범의 증가에 기인한 것으로 보인다.

---

10) 『光海君日記』 권58, 광해군 4년 10월 12일(壬申). '禁府啓曰 我國絶島 濟州·旌義·大靜·珍島·巨濟·南海等六邑'
11) 『典律通補』 권5, 「推斷」.

조선후기에는 섬 유배지에 대한 구체적인 규정도 여러 차례 제정·반포되었다. 1728년(영조 4)에는 관수(官守)가 없는 외딴섬에는 죄인을 배정하지 못하도록 하였다.[12] 이것은 이전부터 시행되어오던 관례를 명문화한 것으로 보이는데, 죄인을 통제할 수 있는 국가의 힘이 미치고 있는 지역이라야 섬 유배지로 지정될 수 있다는 것이다. 따라서 조선후기에 고군산이 유배지로 지정된 것은 후술하는 바와 같이 1624년(인조 2) 고군산진(古群山鎭) 설립 이후의 일이었다. 한편 열악한 지역에는 죄인을 배정하지 못하도록 하고 있다. 1726년(영조 2)에는 국왕의 특교(特敎)가 없으면 흑산도나 극변(極邊)과 같은 극악한 곳은 유배지로 정하지 말라고 하고, 만약 이를 어길 경우 해당 당상관은 엄히 견책한다고 하였다.[13] 즉 육지와 비교적 가깝고 어느 정도 생활여건이 갖추어져 있는 곳에 유배인을 배정하라는 것이다. 이후 재해가 심한 지역에 대한 유배인 배정 제한 조치가 계속 취해졌다.[14] 이것은 유배인에 대한 기본적인 생계는 유배지 고을에서 해결해주어야 했으므로,[15] 섬 주민에게 기대어 살 수밖에 없는 유배인들에게 최소한의 생활 조건을 보장해 주기 위한 조치였다. 따라서 조선후기에는 고군산과 같이 육지와 비교적 가깝고 경제적 여건이 좋은 곳에 유배인이 많이 배정되었다.

앞에서 말한 바와 같이 고군산이 유배지로 지정된 것은 1624년(인조 2) 고군산진이 설립된 이후부터였다.[16] 유배인들을 통제할 수 있는 군인이 주둔하고 있어야 유배지로 지정될 수 있었기 때문이다. 그런데 군산도에는 이미 고려 때에 군인들이 머무르는 진(鎭)이 설치된 적이 있었다.

---

12) 『新補受敎輯錄』 권5, 刑典 「推斷」. ‘無官守之島 罪人勿爲編配(雍正戊申承前)’

13) 『新補受敎輯錄』 권5, 刑典 「推斷」. ‘特敎外 勿以黑山島定配所 極邊亦有當地 特敎外 若擇極惡地而定配 則當該堂上 必有重譴 奉承傳施行(雍正丙午承傳)’

14) 『大典會通』 권5, 刑典 「推斷」. ‘年分尤甚邑勿配’

15) 沈載祐, 2000, 「조선전기 유배형과 유배생활」, 『國史館論叢』 92, 210쪽.

16) 고군산진의 설립 경위에 대해서는 拙稿, 2010, 「군산도와 고군산진의 역사」, 『전북사학』 37호에 자세하다.

1123년(고려 인종 원년)에 송나라 사신으로 고려에 온 서긍은 『선화봉사고려도경』에서 자신을 포함한 사신단들이 군산도 근처로 오자 "여섯 척의 고려 배가 와서 맞아 주었는데 갑옷으로 무장한 군사들이 징을 울리고 호각을 불면서 호위해 주었다. … 배가 섬으로 들어가자 해안을 따라 깃발을 잡고 늘어서있는 자들이 1백여 명이나 되었다"[17]라고 증언하고 있다. 당시 군산도에는 수백 명의 무장한 군인들이 주둔하고 있는 군산진이 설립되어 있었던 것이다. 이와 같이 고려 때 설치된 군산진은 14세기 후반에 폐쇄되고, 1624년에 다시 고군산진이라는 이름으로 복설(復設)되었는데, 그 경위를 살펴보면 다음과 같다.

고려 때의 군산진은 왜구의 침입을 받아 폐쇄된 것으로 보인다.[18] 14세기에 들어와 고려는 극심한 왜구의 침략에 시달리게 된다. 특히 1380년(우왕 6) 8월 왜구들은 500척에 이르는 대선단을 거느리고 임피에 있는 진성창(鎭城倉)을 노략질하기 위해 진포로 쳐들어 왔는데, 왜구의 수가 무려 1만 명 이상에 달하는 것으로 추정되고 있다. 이러한 왜구의 대함대를 도원수 심덕부, 상원수 나세, 부원수 최무선이 이끄는 고려 함대가 함포 사격을 통해 궤멸시키니, 이것이 진포대첩이다.[19] 그런데 진포대첩으로 왜구는 격퇴 당하였으나 이들이 진포에 들어올 때 그 길목에 있던 군산도는 막대한 피해를 입었을 것으로 추정된다. 왜구들은 지나가는 곳마다 불을 지르고 사람을 죽여 그들이 한번 지나가면 시체가 산과 들판을 덮게 되었다고 할 정도로 잔인하기 이를 데 없었다.[20] 따라서 진포

---

17) 『宣和奉使高麗圖經』 36권, 海道 3, 群山島. '六舟來迓 載戈甲 鳴鐃歘角 爲衛 … 入島沿岸 秉旗幟列植者 百餘人'

18) 『湖南鎭誌』에서는 옛날에 鎭의 터가 망주봉 뒤에 있었는데 해랑적의 침입을 받아 廢鎭되었다고 적고 있다(『湖南鎭誌』, 「古群山鎭誌與事例并錄成冊」(서울대 奎 12188) '昔者 鎭垈在望主峯之後 爲海狼賊所侵 仍爲廢鎭 天啓甲子復設 置召募別將 有防牌船').

19) 진포대첩에 대해서는 拙稿, 2000, 「鎭浦大捷의 歷史的 意義」, 『全羅文化硏究』 12집 참조.

20) 『太祖實錄』 권1, 總序, 辛禑 6년 8월. '倭賊五百艘 維舶於鎭浦 入寇下三道 屠燒沿海州郡殆盡 殺虜人民 不可勝數 屍蔽山野 轉穀于其舶 米棄地厚尺 斫所俘子女山積 所過波

대첩으로 왜구들이 격퇴당하기 직전에 500척에 달하는 왜구의 대선단이 거쳐 간 군산도에는 아무 것도 남아있지 않게 되었을 것이다. 군산진은 물론이고 망주봉 근처에 있었던 군산정, 오룡묘, 자복사, 숭산행궁 등 각종 시설들도 모두 파괴되었을 것으로 보인다. 이후 1408년(세종 8) 이전에 옥구 북쪽 진포에 군산진이 설치되어 해방(海防)과 조운 업무를 담당하고 있었지만,[21] 조선전기 동안 군산도에는 아무런 군사시설도 설치되어 있지 않았다.

임진왜란 이후 군산지역의 군사적 · 경제적 중요성은 계속 부각되어 갔다. 이 당시 군사적으로 중요한 문제는 서해상에서 등장하는 황당선(荒唐船)과 해적을 방비하는 일이었다. 중국 어선, 상선으로서 불법적으로 서해에 침범하는 배를 황당선이라 하였는데, 이들은 16세기 중반부터 서해에 출몰하여 민간인에게 많은 피해를 입히고 있었다. 이들은 물고기를 마구 잡아가고, 비밀 무역에 종사하기도 하였다. 또 소득이 적거나 식량이 떨어지면 해안에 상륙하여 노략질을 하고, 우리나라의 배를 습격하는 해적 떼로 변하기도 하였다. 1608년(광해군 즉위년)에 군산도 부근에 나타난 수적선(水賊船) 5, 6척은 부안 지방을 도적질하고, 우리나라 상선을 약탈하였으며[22], 또 1609년(광해군 원년)에는 군산진 만호(萬戶)가 해적에게 피살되기도 하였다.[23] 특히 이때 군산진 만호가 해적에게 피살되자 국왕 광해군은 '국가의 큰 치욕이다'라고 말하고, 비변사에 해적 소탕을 지시하였다. 이에 따라 군산지역의 해방(海防) 문제가

血 掠得二三歲女兒 剃髮剖腹淨洗 兼奠米酒祭天 三道沿海之地 蕭然一空 自有倭患 未有如此之比'

21) 『世宗實錄』 권151, 地理志, 全羅道. '群山 在沃溝縣北 鎭浦【領中船四艘 別船四艘 軍四百六十一名 梢工四名】'

22) 『光海君日記』 권8, 광해군 즉위년 9월 9일(癸巳). '群山島水賊船五六隻 作賊扶安境 我國商船一隻 掠奪而去 全羅水使安衛以聞'

23) 『光海君日記』 권12, 광해군 1년 1월 27일(庚戌). '傳曰 邊將爲海賊所殺 國家之辱大矣 別爲規畵捕勦事 言于備邊司 時 群山浦萬戶見殺

국가의 중대 문제로 새롭게 부각되었다. 한편 군산진은 군산창(群山倉)과 성당창(聖堂倉)을 관할하면서 조선 최대의 조창(漕倉) 관할 관청으로서 막중한 조운 업무도 처리해야 했다.

이에 옥구 북쪽 진포에 있는 군산진 하나만으로 해방과 조운의 업무를 모두 처리하기가 어렵다는 인식이 나타났다. 그래서 진포의 군산진은 조운만 전담하게 하고, 군산지역에 수군 진을 하나 더 설치하여 해방을 전담하게 하는 조치가 취해졌다. 이에 따라 1624년(인조 2)에 군산도에 별장(別將)을 파견하여 진을 설치하였다.

> • 본진(本鎭)은 천계(天啓) 갑자년(甲子: 1624년, 인조 2)에 소모별장(召募別將)을 설치하였는데, 이때는 단지 방패선(防牌船) 1척 만이 있었다.[24]

> • 인조 2년(1624)에 옛 진(鎭)에 별장(別將)을 두어 고군산이라 칭하였다.[25]

이와 같이 1624년(인조 2)에 군산도에 별장을 파견하고, 진(鎭)의 이름을 기존 진포에 설치된 군산진과 구별하고자 '고군산진'이라고 칭하였다.

이후 조선후기 동안 고군산진의 중요성은 계속 강조되었고, 군비(軍備)가 강화되었다. 병자호란 직후인 1636년(인조 15)에는 고군산에 배치된 방패선을 전선(戰船)으로 바꾸었고,[26] 그 이듬해에는 새로 마련한 전선의 사부(射夫)·포수(砲手)·격군(格軍: 櫓軍)을 육지의 속오군으로 채워주었다.[27] 전선은 조선후기 수군의 주력함으로써 흔히 판옥선이라고도 부르는데, 전선 1척에는 사부, 포수, 격군으로 이루어진 수군이 164

---

24) 『輿地圖書』, 補遺篇 (全羅道), 萬頃, 古群山鎭誌. '本鎭 天啓甲子 設置召募別將 只有防牌船一隻'

25) 『大東地志』, 萬頃, 古群山島鎭. '仁祖二年 置別將於舊鎭 稱古群山'

26) 『湖南鎭誌』, 「古群山鎭誌與事例并錄成冊」(서울대 奎 12188).

27) 『承政院日記』 권63, 인조 16년 2월 5일(己亥).

명 승선하였다.[28] 이러한 수군 정원을 속오군으로 채워준 것이다. 이로 써 고군산진은 전선과 수군을 갖춘 강력한 수군 진이 되었다. 이후 1675 년(숙종 1)에는 고군산진의 장관으로 종3품 수군 첨절제사(僉節制使)를 파견하였다.[29] 진포의 군산진이 첨절제사 진으로 승격된 것이 1710년 (숙종 36) 때이니, 나중에 생긴 고군산진이 원래부터 있던 군산진보다 더 빨리 첨절제사 진으로 승격된 것이다.[30] 이것은 고군산진의 해방 임 무의 중요성 때문에 취해진 조처로 보인다.

1746년(영조 22)에 편찬된 『속대전(續大典)』에는 고군산진에 전선(戰 船) 1척, 병선(兵船) 1척, 사후선(伺候船) 2척을 배치한다고 규정되어 있 다.[31] 그런데 1808년(순조 8)에 편찬된 『만기요람(萬機要覽)』에서는 고 군산진에 전선(戰船) 6척, 병선(兵船) 6척, 방선(防船) 2척, 사후선(伺候 船) 10척이 배치되었다고 기재되어 있다.[32] 당시 전라우수영이 전선을 2척 보유한데 반해 고군산은 전선이 6척으로, 우수영보다 무려 3배 이 상이나 많은 전력을 구비하고 있었다. 고군산진은 이때 조선 전 수군 진영을 통틀어 최대의 군선을 보유하고 있었던 것이다. 이것은 이 무렵 이양선이 서해에 빈번하게 출몰하는 등 국가적 위기를 맞아 취해진 조 처로 생각된다.

앞에서 말한 바와 같이 『만기요람』에는 고군산진의 군선이 '전선 6, 병선 6, 방선 2, 사후선 10'이라고 기재되어 있는데, 전선의 승선 인원이 164명, 병선이 17명, 방선이 31명, 사후선이 5명이므로, 당시 고군산에 있 던 수군 병력은 총 1,198명[(6×164)+(6×17)+(2×31)+(10×5)]이나 된

---

28) 『肅宗實錄』 권40, 숙종 30년 12월 28일(甲午).

29) 『湖南鎭誌』, 「古群山鎭誌與事例幷錄成册」(서울대 奎 12188).

30) 군산진은 조선초기 이래 18세기 초까지 만호(종4품) 진영으로 있다가 숙종 36년(1710) 에 첨사(종3품) 진으로 승격되었다(『群山鎭地圖』 古蹟, '康熙 四十九年(숙종 36년, 1710) 庚寅 五月日 以萬戶陞號僉使 兼管漕運).

31) 『續大典』 4, 兵典, 諸道兵船.

32) 『萬機要覽』 軍政篇 4, 舟師, 全羅右水營. '古群山 戰船六 兵船六 防船二 伺候船十'

다. 그다지 넓지 않은 고군산지역에 1천 명 이상의 군인이 주둔하고 있었다는 것은 비정상적이라는 생각도 든다. 그런데『동아일보』1928년 6월 26일자 '도서순례: 고군산열도(島嶼巡禮: 古群山列島)' 특집 기사에는 선유도의 원로 송노인(宋老人)의 말이라고 하면서,

> 수군영(水軍營)의 무긔로는 군함 삼십여 척이 잇으니 그 이름만 보아도 굉장하야 전병선(戰兵船), 귀선(龜船), 루선(樓船), 사후선(伺候船) 등이 잇고 군사가 천여 명으로 본수군(本守軍), 파수(破手), 사부(射夫), 군관(軍官), 무사(武士), 도부수(刀斧手), 능로수(能櫓手), 긔수(旗手) 등이 잇서 삼국지에 잇는 적벽대전 광경을 련상케 합니다.[33]

라고 하여 고군산에 실제 1천여 명의 군인이 주둔하고 있었다는 현지 주민의 목격담을 전하고 있다. 이로보아 19세기 초중 엽에 고군산진에 1천 명 이상의 군인이 주둔한 것은 사실로 보인다.

이러한 수군들은 전라도 각처에 거주하는 수군 직역 소지자들로 채워졌다. 즉 수군 군역은 원래 보인(保人)의 도움을 받는 호수(戶首) 군인들이 '분번입방(分番入防)'이라 하여 번(番)을 나누어 돌아가면서 입역(立役)하도록 되어 있었다.[34] 그러나 조선후기에는 군인들이 직접 입역하는 대신, 이들에게 돈[番布]을 거두어 진(鎭) 소재지의 주민들을 고립(雇立)하는 것이 일반적이었다.[35] 따라서 1천 명 이상의 군인이 주둔하게 되어 있는 고군산진에는 엄청나게 많은 돈이 몰려들어왔다. 고군산

---

33)『東亞日報』, 1928년 6월 26일자 '島嶼巡禮: 古群山列島' 특집 기사.

34)『續大典』4, 兵典, 留防, '統·水營·各鎭水軍 分番入防.'

35)『備邊司謄錄』, 숙종 31년 6월 12일. '祖宗朝 設置水軍時 … 而其後法制漸弛 元軍則不入防 直爲收布 以各營各鎭下所居之人雇立 稱爲給代 與京中騎兵雇立之規無異 烏合之輩 常時代立者 何足爲緩急之用乎'. 水軍 1명이 부담하는 군포는 숙종조까지는 3필이었으나, 17~18세기의 양역균일화 정책의 추진으로 중간에 2필로 감액되었고, 다시 영조대 균역법에 의해 1필로 감액되었다. 그런데 수군 營鎭에서 徵斂하는 군포가 그대로 모두 公用에 쓰이지 않고, 鎭將에 의하여 횡령되는 부분도 적지 않았다(金玉根, 1987,『朝鮮王朝財政史研究』, 一潮閣, 121쪽).

진 부근의 주민들은 돈을 받고 수군 역을 대신 지거나, 군인들을 상대로 한 음식업이나 숙박업에 종사하면서 다른 지역보다 훨씬 풍요로운 생활을 누린 것으로 보인다. 1864년에 편찬된 김정호의 『대동지지(大東地志)』에서는 고군산 주민들의 경제적 상태를 다음과 같이 말하고 있다.

> 주민들은 모두 부유하고 집과 의복, 음식의 호사스럽고 사치스러움이 성읍(城邑)보다 훨씬 더하다.(居民多富厚 其屋宅衣食之豪侈 尤於城邑)[36]

조선후기 고군산 주민은 『여지도서 – 보유편』, 고군산진지(古群山鎭誌)의 기록에 의하면 총 1,544명(남자 948, 여자 596)이 등록되어 있었는데, 남자들은 어업에 종사하면서도 한편으로 돈을 받고 수군 진에서 근무를 하여 부유한 생활을 할 수 있었던 것으로 보인다. 고군산 주민의 부유함을 상징적으로 보여주는 사건이 영조 때 있었다. 1762년(영조 38)에 고군산의 주민 김상건(金尙健)이 흉년에 굶주리는 백성들을 구제하는데 쓰라고 하면서 쌀 1,300석(石)을 국가에 납부한 것이다.[37] 당시 1석(石)은 15두(斗)이므로 1,300석은 쌀 1,950가마에 해당하는 막대한 양이었다. 국왕은 김상건의 기부 행위에 감격하여 그가 비록 상을 바라고 한 일은 아니지만 첨사(僉使)나 오위장(五衛將)에 임명하라고 명하였다. 이와 같이 조선후기 고군산은 흉년에 쌀 1,950가마를 국가에 기부하는 사람이 나올 만큼 부유한 섬이었다.

앞에서 말한 바와 같이 유배인에 대한 기본적인 생계는 유배지 고을에서 해결해주어야 했다.[38] 즉 유배인이 고을에 자리 잡고 생활할 수 있게 하는 것은 유배지 고을의 책무였다. 따라서 유배인이 늘어나면 늘

---

36) 『大東地志』, 萬頃 古群山島鎭(亞細亞文化社 刊, 1976, 254쪽).
37) 『承政院日記』, 영조 38년 11월 28일(丙戌).
38) 沈載祐, 2000, 앞의 논문, 210쪽.

어날수록 그 지방의 재정은 축나게 된다. 1538년(중종 33) 전라도 관찰사 김정국(金正國)은 진도(珍島)의 사정을 다음과 같이 보고하고 있다.

> 진도군은 절도(絶島)이고 토지가 좁은데다 산이 많고 들녁이 적어서 경작할 만한 땅이 없으므로, 백성들의 생활이 넉넉하지 못합니다. 그런데 전라도 및 경기·서울·충청도 등지에서 죄를 짓고 노복이 된 사람들을 해마다 들여보내고 있어서 순행하여 점고해보니 거의 300명이나 되었습니다. 이에 그치지 않고 뒤에 오는 사람이 끊이지 않는데다, 모두가 빈손으로 들어와 원주민들에게 얻어먹으니, 원주민들은 자신들의 먹을 것을 나누어 먹지 않을 수 없게 되어 주객(主客)이 모두 피폐합니다.[39]

즉 경제 사정이 어려운 진도에 유배인들이 계속 늘어나면서 원주민들이 피폐해진다는 것이다. 이에 조선후기에는 재해가 심한 지역에 유배인을 배정하지 말라는 조치가 계속 취해졌다.[40] 생활 여건이 어느 정도 갖추어져 있는 지역에 유배인을 배정하라는 것이다. 앞에서 본 바와 같이 조선후기 최대의 수군 진영을 갖춘 고군산은 막대한 군인들의 번포(番布) 수입 등으로 타 지역보다 부유한 생활을 하고 있었다. 따라서 조선후기 고군산은 수많은 유배인을 받아들여도 이들을 먹여 살릴 수 있을 만큼 넉넉한 곳이었다.

조선후기에는 당쟁, 환국으로 인해 수많은 유배인들이 발생하고 있었다. 고군산에 유배 온 적이 있는 이건창은 그의 명저 『당의통략』에서 중국에도 붕당은 있었으나 "온 나라 사람들이 전부 붕당에 참여해 둘이나 셋, 넷으로 나뉘어 200여 년 동안을 지내오도록 … 다시 합하지 못하는 나라는 오직 조선뿐이다"[41]라고 말할 정도였다. 숙종 즉위 이후의 환국만 보더라도 1674년(숙종 즉위년) 남인이 집권하는 갑인환국, 1680

---

39) 『中宗實錄』 권88, 중종 33년 9월 30일(更子).
40) 『大典會通』 권5, 刑典 「推斷」. '年分尤甚邑勿配', 『秋官志』 권7, 考律部, 徒流, 災邑編配.
41) 『黨議通略』, 原論.

년(숙종 6) 서인이 집권하는 경신환국, 1689년(숙종 15) 다시 남인이 집권하는 기사환국, 1694년(숙종 20) 다시 서인이 집권하는 갑술환국 등이 일어났다. 경종 때인 1721년과 1722년에는 노론 대신들이 죽임을 당하는 신임옥사가 일어났으며, 영조대인 1727년에는 정미환국, 1728년에는 무신란(戊申亂), 1755년에는 을해옥사가 일어나는 등 수많은 옥사와 환국이 거듭되었다. 이러한 환국과 옥사에 직접 연루된 사람들은 물론이고 그 가족들까지 연좌제에 따라 사형되거나 유배되었다. 이와 같이 조선후기에 들어와 대량 발생하는 유배인들을 수용하기에는 군인이 다수 주둔하고, 경제력이 넉넉한 고군산은 최적지였던 것이다. 이에 고군산에는 많은 유배인들이 들어왔다.

Ⅲ. 고군산의 유배인과 그 문화

조선후기에 고군산으로 유배 온 사람은 어떤 사람들인지, 또 몇 명이나 왔는지에 대해 구체적으로 알 수 있는 사료는 없다. 이에 『조선왕조실록』, 『승정원일기』, 『일성록』 등 조선시대 관찬사서(官撰史書) 여기저기에서 고군산 유배인으로 확인되는 사람을 찾아 정리한 것이 논문 맨 뒤에 첨부한 〈표 1〉이다. 이 표에 의하면 고군산 유배인은 103명이지만, 이외에도 이름이 확인되지 않는 고군산 유배인은 훨씬 더 많을 것으로 추측된다. 『호남진지』에는 다음과 같은 내용이 수록되어 있다.

> 망주봉의 남쪽에 유배객 교리(校理) 이징명(李徵明)이 아들 덕수(德壽)와 동생 징하(徵夏)와 더불어 돌에 이름을 새겨 넣었다.[42]

---

42) 『湖南鎭誌』, 「古群山鎭誌與事例幷錄成冊」(서울대 奎 12188) '(望主峯) … 峯之南 謫客 李校理徵明 與其子德壽及其弟徵夏 刻石題名'

위와 같이 『호남진지』에는 교리 이징명(1648~1699)이 고군산에 귀양 와서 아들, 동생과 함께 망주봉 돌 위에다 이름을 새겨 넣었다고 하지만, 『조선왕조실록』나 『승정원일기』 등 관찬사료에서 이징명이 고군산에 유배되었다는 사실을 확인할 수 없다.

또 〈표 1〉에서 보는 바와 같이 『조선왕조실록』에 고군산 유배인으로 이름이 명확히 확인되는 첫 번째 사람은 1701년(숙종 27)에 유배 온 권중경(權重經)이다. 『숙종실록』, 27년 12월 4일자 기사에 "죄인 권중경을 사형을 감해주어 옥구현 고군산에 안치시켰다"[43]라는 내용이 실려 있다. 이와 같이 권중경이 이름이 명확히 확인되는 첫 번째 고군산 유배인이지만, 권중경 이전에도 고군산으로 유배 온 사람들은 많았다. 『승정원일기』, 숙종 29년(1703) 2월 16일자 기사에는

> 승정원에서 계(啓)하기를, … 엎드려 전라감사의 계를 보건데 고군산에 정배된 죄인으로 도망한 사람이 무려 19명에 이른다고 하니 극히 놀랄만합니다.[44]

라고 하여, 1703년(숙종 29)에 고군산에서 19명의 유배인들이 도망간 일이 있었음을 알려주고 있다. 도망간 사람이 19명이니 고군산에 남아있는 유배인은 그보다 훨씬 많았을 것이다. 그러나 이들이 언제 고군산으로 유배 왔는지, 고군산에는 몇 명의 유배인들이 있었는지를 구체적으로 알 수는 없다.

따라서 〈표 1〉로 고군산 유배인의 전모를 파악할 수는 없다.[45] 단지 이를 통해 고군산에 유배 온 사람들에 대한 개략적인 특징과 추세만은 엿볼 수 있을 것으로 본다. 〈표 1〉에서 보는 바와 같이 고군산 유배인

---

43) 『肅宗實錄』 권35, 숙종 27년 12月 4日(丙辰). '罪人權重經 減死安置于沃溝縣古羣山'
44) 『承政院日記』, 숙종 29년 2월 16일(辛卯)
45) 개인 문집이나 전승되는 이야기를 통해 더 많은 유배인을 찾을 수 있을 것으로 본다.

으로 확인되는 사람은 1701년(숙종 27)에 유배 온 권중경부터 1907년(광무 11)에 유배 온 김호락(金浩洛)까지 207년 동안 모두 103명에 달하고 있다. 이들은 1754년의 권똥이(權屍伊), 1777년의 사노(私奴) 명세(命世)나, 1778년의 산묘(山猫) 등을 제외하고는 대부분이 양반 신분으로 판단되고, 1789년의 희천군 살옥죄인 서필수(徐必守)를 제외하고는 정치적 이유로 고군산에 유배된 것으로 보인다. 즉 고군산 유배인들은 대부분 양반 신분으로서 정치적 이유로 유배 온 것으로 판단된다.

이들이 고군산으로 유배 온 사연과 특징을 간략히 살펴보면 다음과 같다. 우선 앞에서 소개한 권중경(1658~1728)에 대해서는 성호 이익(李瀷)이 〈이조참의권공묘지명(吏曹參議權公墓誌銘)〉을 써서 그의 풍모를 알려주고 있다. 권중경은 숙종 때 영의정까지 지낸 권대운(權大運)의 손자로서 남인 정승 집안 출신이었다. 그는 이조참의로 있을 때 장희빈의 위호 복구를 요청하다가 국왕 숙종의 분노를 사 귀양 왔는데, 1701년에 고군산으로 유배되었다가 2년 후인 1703년에는 다시 평안도 삼화부 광량도로 이배(移配)되었다. 즉 고군산에는 대략 2년간 머물렀다. 고군산으로 유배될 때 "친지들이 울면서 위로하지 않는 자가 없었으나 공(公)은 아무런 기색이 없이 담담하였고, 바다를 건너 올 때 폭풍이 불어 배가 거의 전복되려 하자 배안의 사람들이 모두 울고불고 하였으나, 공은 홀로 단정히 앉아 움직이지 않았다"[46]고 한다. 그 후 권중경은 1721년(경종 1) 장희빈의 아들인 경종이 즉위하자 전라도 관찰사로 기용되었으나, 1728년(영조 4) 척질(戚姪) 이인좌(李麟佐)가 난을 일으키자 자살하였다.

고군산에는 이인좌의 난, 즉 무신란(戊申亂)에 연좌되어 유배 온 사람들이 많은 것이 특징이다. 영조 때 귀양 온 18명 중에서 1754년(영조 30)의 권똥이나 1757년(영조 33) 덕산 현감으로서 금주 기간 중 술을 마셔

---

46) 『星湖先生全集』 권63, 墓誌銘, 吏曹參議權公墓誌銘.

귀양 온 정동명을 제외하고 16명이 모두 무신란에 연좌(緣坐)되어 귀양 온 사람들이다. 고군산 유배인으로 이름이 확인되는 첫 번째 사람인 권중경도 후에 무신란에 연루되어 자살하였다. 무신란은 1728년(영조 4)에 노론이 지지하는 영조의 즉위에 위협을 느낀 남인·소론의 일부 세력이 영조와 노론을 제거하고 소현세자의 증손인 밀풍군(密豊君) 탄(坦)을 왕으로 추대하기 위해 일으킨 난이다. 이 반란은 전국적인 내란의 성격을 띠고 있던 만큼, 실제 거병 지역과 반란 주도인물에 따라 경상도에서는 정희량(鄭希亮)의 난, 전라도는 박필현(朴弼顯)의 난, 충청도는 이인좌(李麟佐)의 난 등으로 불리고 있다.[47] 『영조실록』에 무신란의 역적으로 기록된 사람은 총 642명인데, 이 중 62명이 극형에 처해지고 재산 몰수와 더불어 그 일가 친족이 연좌제에 따라 처벌받았다.[48] 이러한 무신란 주도층의 일가 친족 가운데 일부가 고군산으로 귀양 온 것이다.

1728년 6월 23일에 둘째 아들 호손(5세)과 함께 귀양 온 민당효(閔堂孝)는 우의정 민암(閔黯)의 증손으로서 무신란을 주도한 민관효의 친척으로 연좌되어 고군산으로 귀양 왔다.[49] 그 이듬해에는 맏아들 상손(10세)도 고군산으로 들어와서 합류하였다. 또 1729년 7월 22일에 귀양 온 85세의 이필(李弼)은 경상도에서 포수들을 이끌고 기병한 이태발(李泰發)의 부친으로서,[50] 아들의 죄에 연좌되어 사형에 처해져야 했지만 80세가 넘었기 때문에 사형되지는 않고 '절도정배율'에 따라 고군산으로 귀양 오게 되었다.[51]

---

47) 유한선, 2011, 「영조 4년 戊申亂과 전라도 의병 -『湖南節義錄』 분석을 중심으로」, 『전북사학』 39.

48) 고수연, 2011, 「1728년 湖西地域 戊申亂의 叛亂軍 성격」, 『역사와 실학』 44.

49) 『英祖實錄』 권17, 영조 4년 4월 15일(乙未). '掌令姜必愼啓曰 麟佐·觀孝 總功以上 竝請島配 而聖批以法外持難 第其强近中凶獰者 不可置輦轂下 閔黯·閔宗道子孫 一體島配 上從之'

50) 『英祖實錄』 권22, 영조 5년 4월 25일(己亥). '李泰發 卽嶺南賊 自以爲 率砲手 殺高靈縣監俞彦哲於領付時設計者也'

또 1745년(영조 21) 10월 20일에는 경종의 비 단의왕후(端懿王后)의 동생으로 경종의 임종과 염습과정을 지켜보고 경종 독살설을 유포한 자로 지목된 심유현(沈維賢)의 처 강애(降愛)가 관비(官婢)가 되어 고군산에 있었음이 확인된다. 그리고 1746년(영조 22)에는 무신란 주도층 이유익(李有翼)의 동생 이유필(李有弼)이 체포되어 처형되고, 이유필의 전처 소생인 12살 미순(美順)이가 고군산에 와서 비(婢)가 되었다. 조선의 형법은 일반적으로 『대명률』을 준용하였는데, 『대명률』에서는 모반·대역 죄를 범한 자는 수범(首犯)과 종범(從犯)을 구분하지 않고 모두 능지처사(陵遲處死)에 처하고, 일족도 연좌제에 따라 처형하도록 규정되었다. 즉 범인의 16세 이상 부자(父子)는 교형(絞刑)에 처하고, 15세 이하의 자(子), 모녀(母女)·처첩(妻妾)·조손(祖孫)·형제(兄弟)·자매(姉妹) 및 아들의 처첩 등은 노비로 삼도록 규정한 것이다.[52] 이와 같은 대명률에 따라 강애나 미순이 고군산에서 노비가 되었다. 한편 1755~1756년(영조 31~32)에는 무신란에서 왕으로 추대된 밀풍군 탄(坦)의 조카 이이석, 이순석, 이유석이 고군산에 와서 위리안치(圍籬安置)되었다. 무신란이 일어난 지 무려 28년이 지났는데도 난 주도층의 인척을 찾아 연좌제에 처하는 영조 정권의 끈질긴 면모를 확인할 수 있다. 이와 같이 영조 때까지 고군산에 유배 온 사람들은 무신란에 연루된 사람들이 대부분인 것이 특징이다.

정조 대에 들어와서도 정치적 사건으로 인한 유배는 계속되었다. 1777년(정조 원년) 7월 24일에는 국왕을 시해하고 은전군을 추대하려 하였다는 '홍상범 자객사건'에 연루되어 해남현감 홍리해(洪履海)가 처형되고 그의 딸 홍개(10세)가 고군산으로 유배되었다. 그리고 1778~1779년에는 환관들과 음모하여 역모를 꾀하였다는 시파(時派)의 무고로 국문을

---

51) 『大典會通』 권5, 刑典 「推斷」. '逆賊父年八十者 減律絕島定配'
52) 『大明律直解』 권18, 刑律, 盜賊, 謀反大逆.

받다가 장살(杖殺)된 삼도수군통제사 장지항(張志恒) 사건과 연루되어 산묘, 청오대, 명임, 삼주, 황대유 등이 고군산으로 유배 왔다. 정조 때 유배된 사람으로 특이한 경우가 서명점(徐命漸)이다. 서명점은 고군산 첨절제사였는데 1794년 4월 조세선 10척이 침몰되자 곤장을 맞고 고군산의 일반 병사로 강등되어 충군(充軍)되었다.[53] 이후 순조 때에도 가덕도 첨사 김창인, 선전관 오흥겸, 액정서 관속 등 여러 사람들이 고군산으로 유배되고 있다.

고종 때, 특히 그 후반기에 많은 유배인들이 고군산으로 들어왔다. 1896년(고종 33) 6월 6일에는 당대 최고의 문장가인 영재(寧齋) 이건창(李建昌)이 유배되어 왔다. 뒤에 다시 살펴보겠지만, 이건창은 갑오경장 이후 해주 관찰사로 취임하라는 고종의 강요를 거부하다가 고군산으로 귀양 왔다. 친일파 정권에 참여하지 않겠다는 신념에 따른 것으로 보인다. 1897년(고종 34) 1월에는 백성들이 주는 돈을 받았다고 해서 평양부 진위대 중대장 민영재, 천응성, 유근석이 귀양 왔고, 1899년(광무 3)에는 수구파 인물인 심상훈이 귀양 왔다. 심상훈은 1896년 아관파천 이후 탁지부대신으로 재직하였으나 악화(惡貨)인 백동화(白銅貨)를 주조하여 유통질서에 혼란을 초래하게 하였다는 이유로 독립협회로부터 탄핵의 대상이 되었다. 또 같은 해인 1899년에는 함녕전(咸寧殿)에 황의수라는 인물이 난입한 죄로 경무청 장관 원우상이 유배 왔고, 또 봉상사 제조 민경호, 군부대신 민영기 등 정계 거물들이 고군산으로 귀양 왔다. 민영기는 후에 일제로부터 남작의 작위를 받은 대표적인 친일파 인물이다.

한편 1905년 을사조약 이후에는 많은 의병들이 체포되어 고군산으로 귀양 왔는데, 확인되는 사람만 20명이나 된다. 이후 대한제국 융희 2년(1909) 유배형이 공식적으로 폐지되고 금고형으로 바뀌면서, 고군산에

---

53) 『正祖實錄』 권39, 정조 18년 4월 27일(癸未). '備邊司啓言 全羅監司李書九狀啓 漕稅船 十隻 到古羣山三島前洋 逢風致敗 … 古羣山僉使徐命漸 亦令道伯嚴棍 卽其地充軍

유배인은 더 이상 들어오지 않게 되었다.

이상과 같이 조선후기부터 근대에 이르기까지 수많은 사람들이 고군산으로 유배 왔다. 관찬사서에서 확인되는 인물만 100여 명이다. 이들 대부분은 양반 출신으로서 대체로 정치적 이유로 유배 왔다. 이 같은 정치적 유배인은 부인을 데려올 수 없었기 때문에 유배지에서 소실을 얻거나, 유배지 주민과 결혼하여 정착하기도 하였다. 순조 때 강진에 유배되었던 정약용은 소실을 들여 딸을 두었고, 형 정약전도 흑산도에서 소실을 두어 아들을 낳았다고 한다.[54] 고군산으로 유배 온 사람들 중에도 고군산 원주민과 결혼을 하여 정착한 사람들도 상당수에 달할 것이라고 추측되지만 확인되지는 않고 있다. 한편 이들 양반 출신의 유배인들은 고군산에 귀양 와서 많은 글을 남겼을 것으로 추측된다. 그런데 현재 고군산에 관한 글을 남긴 것으로 확인되는 사람은 이건창(李建昌)뿐이다. 앞으로 각종 문집을 통해 더 많은 고군산 유배인 관련 자료를 찾는 것이 과제로 남아있다.

이건창(1852~1898)은 10세에 사서삼경을 통독하고 15세에 문과에 합격하여, 우리나라에서 가장 어린 나이에 문과에 합격한 천재적인 인물이다. 그는 강직한 성품 탓으로 많은 정적을 두었고, 또 구한말의 어지러운 정치 상황 속에서 관직에 나아가는 것을 좋아하지도 않았다. 1895년 단발령이 내려지자 강화도 보문사에 은거하다가, 1896년에 해주 관찰사로 임명되지만 3차례나 상소를 올려 이를 거절하였다. 마침내 고종이 "해주관찰사를 갈 것이냐 아니면 고군산으로 귀양을 갈 것이냐를 택일하라"라고 강요하자, 이건창은 고군산으로의 귀양길을 택하였다. 후에 그는 특지(特旨)로 2개월 만에 고군산 유배에서 해제되지만, 그 기간 동안 고군산에 머물면서 주옥같은 시(詩)를 남겼다. 그의 고군산에 관한 시는 『명미당집(明美堂集)』 권6, 「벽성기행(碧城紀行)」에 실려 있는데, 〈검

---

54) 전웅, 2011, 『유배, 권력의 뒤안길』, 청아출판사, 54쪽.

소루(劍嘯樓)〉, 〈장구(瘴颶)〉, 〈노오편(老烏篇)〉 등 8편의 한시가 있다.

고군산에 관한 그의 한시를 살펴보면, 우선 〈검소루(劍嘯樓)〉는 이건창이 고군산진 수군첨절제사영의 본부 역할을 하였던 검소루에 올라 쓴 시이다.55) 고군산진은 1895년 이른바 을미개혁 때 해체되었기 때문에, 이건창이 귀양 온 1896년에는 고군산에 수군첨절제사가 파견되지 않았다. 이 시에서는 절제사가 오지 않는 누각의 화려함과 쓸쓸함, 고군산의 절경과 적막함 등이 잘 표현되어 있다.

劍嘯樓 舊節制使官衙   검소루(구 절제사 관아)

十二聯峯蔽北望   열두 개의 잇따른 봉우리가 북쪽을 가로막아서
登高聊復趁新涼   높은 곳에 올라가니 잠시 마음이 새롭고 시원하구나.
天連蜃閣雲多態   하늘은 신기루와 이어지고 구름은 다양한 모습이며
地近龍祠雨有香   땅은 용신 사당과 가깝고 비는 향기롭다.
制使不來樓寂寂   절제사가 오지 않으니 누각은 적적한데
流人相顧海茫茫   유배 온 사람들이 서로 바라보니 바다는 망망하다.
隨身短鋏彈何用   몸에 지닌 세총통의 탄알을 무엇에 쓰겠는가
萬里西風一嘯長   만 리에서 불어오는 서풍이 길게 한번 운다.

危樓極目旅魂驚   위태로운 누각의 용머리 끝이 나그네의 넋을 놓게 하고
獵獵西風秋已生   불어오는 서풍에 가을이 이미 오네.
天際雲從何郡起   하늘 끝의 구름은 어느 고을에서 일어났는가
樹頭蟬是故鄕聲   나무 꼭대기의 매미소리가 바로 고향의 소리네.
瘴深薏苡應無力   더위가 깊어지니 율무와 질경이는 기운이 없고
坐久桄榔尚有情   오래 앉아있는 광랑나무가 오히려 정이 가는구나.
記取淸閑堂外樹   청한당의 바깥에 있는 나무를 기록하려 하는데
紅霞初噗夕陽明   붉은 노을이 지면서 석양이 밝게 비추네.

---

55) 『동아일보』 1928년 6월 26일자 '島嶼巡禮: 古群山列島' 특집 기사에는 "수군절제사의 본부이든 검소루(劍嘯樓)가 겨우 남아잇다가 어린아이 작난으로 작년에 재가 되고 그 터에 주초도리 두서너개가 남아잇고 불탄 재목이 이러저리 흐터저 잇는 것을 보면 누가 눈물을 먹음지 안켓습니까"라고 하여 검소루가 1927년에 소실되었다고 전하고 있다.

한편 〈장구(瘴颶)〉라는 한시는 "고군산에는 무엇이 있는가?"라고 자문(自問)하면서, "그 안에는 장기(瘴氣)와 구풍(颶風)이 많다"라고 자답(自答)하는 형식으로 이루어졌다. 고군산에서의 자신의 심경과 한치 앞을 내다볼 수 없는 구한말 정세를 고군산의 기후에 빗대어 표현한 작품이라고 생각된다.

瘴颶 二首 장기(瘴氣)와 구풍(颶風)

古羣山何有 고군산에는 무엇이 있는가
其中多烟瘴 그 안에는 장기(瘴氣)가 많다.
非烟亦非霧 연기도 아니고 또 안개도 아닌 것이
春夏尤昏漲 봄, 여름에는 더욱 어둡고 넘쳐난다.
寧惟錯昏曉 저녁과 새벽이 섞이더니
遂不辨穹壤 드디어 하늘과 땅을 분별할 수 없다.
居人動相失 사람들은 서로 어디로 가야할지 모르고
可親不可望 친하고 싶어도 바라볼 수가 없다.
清風斷急雨 맑은 바람은 갑자기 끊어지고 비가 몰아치고
日頭紅暫放 붉은 해가 머리를 내밀어 잠시 비춘다.
雲陰復曀曀 검은 구름이 다시 몰려오는데
似恐呈萬象 마치 만물상을 드러내는 것 같다.
衣黴曝未乾 곰팡이 핀 옷을 햇볕에 쬐어도 마르지 않고
膚垢爬更癢 때 낀 살갗을 긁어도 다시 가렵다.
沈疴日增瞀 마음은 꽉 막혀 나날이 더욱 눈을 흐리게 하고
白晝迷魍魉 환한 대낮에도 도깨비에 홀려 헤매고 있다.
因憶家居時 집에 있을 때를 생각하노라니
窓牖長晃朗 창은 오랫동안 환하게 비추고 있다.
虛擲萬金寶 헛되이 만금이나 되는 보배를 던져서
汩沒隨波浪 물결 속에 가라앉혔구나.
何必瘴海中 하필이면 더운 바다 가운데서
四顧始惘惘 사방을 둘러보니 비로소 망망해진다.

古羣山何有 고군산에는 무엇이 있는가

其中多颶風　그 안에는 구풍(颶風)이 많다.

但知海上來　단지 바다 위에서 오는 것만을 알뿐

不辨西與東　서쪽에서 오는지 동쪽에서 오는지 알 수 없다.

波濤助其勢　파도는 그 기세를 도와서

入夜轉洶洶　밤이 들도록 물결이 더욱 세차다.

天地忽相拍　하늘과 땅이 갑자기 서로 부딪치니

誰暇問此雌雄　누가 이기고 졌는지 물을 겨를도 없다.

小屋如小舟　작은 집은 마치 작은 배와 같아서

一墮百丈洪　한번 파도에 부딪치면 백 장이나 물결이 일어난다.

窓紙作龍吟　창호지는 용의 울음을 울고

屋瓦墮飛蓬　지붕 기와는 떨어져 날아다닌다.

拔屋猶自可　집이 뽑히는 것은 오히려 괜찮으나

但愁船不通　단지 배가 오지 않는 것이 걱정이다.

十日纔一船　열흘 만에 겨우 배 한척이 오니

百里千里同　백리나 천리나 마찬가지다.

緬思秦漢主　멀리 진나라와 한나라의 임금을 생각하니

力可迴蒼穹　힘은 가히 하늘을 돌릴만해도

三山不能到　삼신산(三神山)에는 도달할 수 없었으니

相待如夢中　서로 대하는 것이 꿈속에 있는 것 같다.

微生復何說　미천한 인생이 다시 무슨 말을 하겠는가

緘辭托豐隆　입을 봉하고 천둥소리에 맡겨둔다.

한편 이건창은 고군산에 있는 늙은 까마귀를 보면서 〈노오편(老烏篇)〉
이라는 걸작 한시를 지었다.56) 여기에서 이건창은 늙은 까마귀의 탐욕
과 함께 그 시끄러운 울음소리를 비판한다. 그러자 고군산의 늙은 까마
귀는 시끄럽게 우는 것은 자신의 천성이고 서울의 까마귀들은 점잖고
옷을 잘 입었지만 국록만 축낼 뿐 잘한 것이 무엇이 있느냐고 반문한
다. 그 내용을 축약하여 제시하면 다음과 같다.57)

---

56) 〈盧烏篇〉에 대해서는 우현정, 2006, 「寧齋 李建昌의 장편 한시에 관한 일고찰」, 고려
　　대학교 교육대학원 석사학위논문과 송희준, 2008, 『조선의 마지막 문장』, 글항아리에
　　그 내용이 소개되어 있다. 노오편의 해석은 이 글들을 참조했다.

57) 『明美堂集』 권6, 「碧城紀行」, 老烏篇.

늙은 까마귀

바닷가 산에는 늙은 까마귀가 많은데
온몸은 숯처럼 새까맣고 주둥이는 쇠처럼 단단하다.
부리를 두드리고 깃을 펴서 뭇 새들을 움켜쥐고
나약한 암컷과 새끼를 잡아 찢어 실컷 먹으니.
뭇 새들은 다 없어지고 까마귀 떼만 남아
…(중략)…
단지 네가 먹을 것 구하여 먹으면 그만인 걸
어찌하여 부리는 닫지 않고 늘 까악 대고 울어대는가?
아침에 시끄럽고 낮에 고함지르고 저녁에 다시 깍깍 대고
밤중에 들으니 더욱 해괴하구나.
…(중략)…
까마귀가 이 말을 듣고 근심하여 조용히 있더니
청컨대 자기 생각을 말하겠다며 모퉁이에 앉는다.
하늘이 만물을 낳음에 참으로 각기 다르니
봉황새는 스스로 울고 까마귀도 스스로 부르짖는다.
봉황도 스스로 그것을 아름답다 여기지 않듯
까마귀가 어찌 그것이 추악하다고 알랴.
괴이하게도 그대의 두 귀는 분별이 너무 심하니
…(중략)…
상림원 안에 있는 나무를 보지 못했는가?
그곳 까마귀가 고운 빛깔 옷을 휘날리며 임금에게 달려가는 모습을.
이런 까마귀가 비록 좋다고 하나 결국 무슨 이익이 있겠는가?
국가 창고에서 구슬 같이 귀한 쌀을 훔쳐 먹을 뿐인데.
내가 태어나 받은 복이 이에 미치지 못하니
스스로 모이 쪼고 스스로 우는 것이 무슨 허물인가?
그대가 나를 싫다고 여기면 마땅히 속히 서울로 가서
힘써 임금을 보좌하여 태평성대나 만들어라.

이와 같이 이건창은 2개월이라는 짧은 고군산의 유배기간 속에서 〈검소루〉, 〈장구〉, 〈노오편〉 등 주옥같은 문학 작품을 남겼다. 유배지라는 극한적인 상황이 그로 하여금 더욱 시 창작에 몰두하도록 하였던 것으

로 보인다. 실제 굴원(屈原), 이백(李白), 유종원(柳宗元), 한유(韓愈), 소식(蘇軾) 등과 같은 중국의 문인들도 모두 유배지에서 대량의 문학 작품을 창작하였다고 한다. 만약 이들이 유배되지 않았더라면 그와 같은 작품을 만들어낼 수도 없었을 것이라는 말도 나온다. 그래서 중국에서는 "천하의 재자(才子)들은 반이 유배인이다(天下才子半流人)"[58]라고도 한다. 유배라는 죽음과 같은 고통을 극복하고 찬란한 문화적 업적을 이룬 것이다. 고군산에도 이건창 이외에 수많은 양반 문인들이 유배 와서 많은 문학 작품을 창작하였을 것으로 추측된다. 앞으로 이와 같은 작품을 더욱 발굴하는 것이 남은 과제이다.

Ⅳ. 맺음말

조선시대의 형벌은 태(笞)·장(杖)·도(徒)·유(流)·사(死)의 5형(刑)으로 이루어졌다. 이 중 유형(流刑), 즉 유배형은 도형(徒刑)보다 무거운 죄를 지은 자를 차마 사형시키지는 못하고 먼 지방에 보내어 죽을 때까지 고향으로 돌아가지 못하게 하는 형벌이다. 조선후기에 유배형은 잦은 이배(移配)와 해배(解配)로 형벌성이 약화된 측면도 있었으나, 원래 사형에 버금가는 가혹한 형벌이었다.

육지와 떨어져있는 섬은 죄인을 유배시키기에 알맞은 장소였다. 그러나 유배인들이 갈 수 있는 섬은 제한적이었고, 시대적 상황에 따라 변화가 있었다. 조선전기까지 유배지로 활용되는 섬은 소수였다. 광해군 시기까지 제주도·진도·거제도·남해 등 4개의 섬만이 섬 유배지로 활용되고 있었다. 그러나 조선후기에 이르면 섬 유배지가 26개로 증가하였다. 이것은 조선후기 당쟁의 격화에 따른 정치범의 증가에 기인한 것

---

58) 李興盛, 1996, 『中國流人史』, 黑龍江人民出版社, 3쪽.

으로 보인다. 고군산이 유배지로 이용되기 시작한 것도 1624년(인조 2) 고군산진 설립 이후부터였다.

섬 중에서도 열악한 지역에는 죄인을 배정하지 못하였다. 유배인에 대한 기본적인 생계는 유배지 고을에서 해결해주어야 했으므로, 유배인에게 최소한의 생활 조건을 보장해 주기 위한 조치였다. 그런데 고군산에는 임진왜란 이후부터 증가하는 서해의 황당선과 해적선을 방비하기 위해 1624년에 수군 진(鎭)이 설립되었다. 고군산진은 설립 이후 확장을 거듭하여, 1808년(순조 8)에 편찬된 『만기요람』에서는 전선 6척, 병선 6척, 방선 2척, 사후선 10척이 배치되었다고 기재되어 있다. 당시 전라우수영이 전선을 2척 보유한데 반해 고군산진은 6척의 전선을 보유하여 고군산진이 전라우수영보다 무려 3배 이상이나 많은 전력을 구비하고 있었다. 19세기 초에 고군산진은 조선 전 수군 진영을 통틀어 최대의 군선을 보유하고 있었던 것이다.

이같이 고군산진이 조선후기 최대의 수군 진으로 발전하면서 고군산은 『대동지지』에서 "주민들은 모두 부유하고 집과 의복, 음식의 호사스럽고 사치스러움이 성읍보다 훨씬 더하다"라고 기록될 만큼 풍요로운 생활을 누렸다. 섬 주민들이 돈을 받고 수군 역을 대신 지거나, 군인들을 상대로 음식업이나 숙박업에 종사하면서 풍요로운 생활을 누린 것으로 보인다. 1762년(영조 38)에는 고군산의 주민 김상건이 흉년에 굶주리는 백성들을 구제하는데 쓰라고 쌀 1,950가마를 국가에 기부하여 국왕 영조를 감격시키기도 할 만큼 고군산은 부유한 섬이었다. 따라서 조선후기에 고군산에는 많은 유배인들이 들어왔고, 고군산은 이들을 모두 수용할 수 있을 만큼 경제적으로 여유가 있는 곳이었다.

조선후기에 고군산에 어떤 사람들이 유배 왔는지를 구체적으로 알려주는 사료는 없다. 단지 『조선왕조실록』, 『승정원일기』, 『일성록』 등 조선시대 관찬사서에서 고군산 유배인을 찾아보면 103명이 확인된다. 물론 이들은 전체 고군산 유배인의 극히 일부로 이보다 훨씬 더 많은 사람들이 고군산에 유배 왔을 것으로 추정되지만, 이들을 통해 고군산 유배인들에 대한 개략적인 특징을 살펴볼 수는 있다고 생각된다. 우선 고군산에 유배 온 사람들은 대부분 양반 신분으로서 정치적 이유 때문에 유배 왔음을 확인할 수 있다. 그리고 정치적 이유 중에서도 영조 대에는 주로 무신란(이인좌의 난)에 연루되어 온 사람들이 많은 것이 특징이다. 영조 때 고군산으로 유배 온 사람들은 모두 18명으로 확인되는데, 이 중 16명이 무신란에 연루되어 유배 왔다. 영조 대 이후에도 많은 사람들이 정치적 이유로 고군산에 유배 왔으며 1905년 을사조약 이후에는 많은 의병들이 체포되어 유배오기도 하였다.

고군산으로 유배 온 사람들 중에도 고군산 주민과 결혼을 하여 정착한 사람들도 상당수에 달할 것이라고 추측되지만 아직 그 사례가 확인되지는 않고 있다. 한편 이들 양반 출신의 유배인들은 고군산에 귀양 와서 많은 글을 남겼을 것으로 생각되지만, 현재 고군산에 관한 글을 남긴 것으로 확인되는 사람은 이건창뿐이다. 앞으로 각종 문집을 통해 더 많은 사람을 찾는 것이 과제로 남아있다.

〈표 1〉 고군산 유배인 명단

유배가 확인된 날짜	이름	전거	비고
1701년(숙종 27) 12월 4일	權重經	『肅宗實錄』	갑술환국으로 유배됨. 『星湖集』에 묘지명이 있음.
1703년(숙종 29) 2월 16일	19명	『承政院日記』	
1720년(경종즉위년) 7월 29일	庾萬根	『承政院日記』	
1728년(영조 4) 6월 21일	安爌	『承政院日記』	戊申亂과 관련
1728년(영조 4) 6월 23일	閔堂孝, 次子 好孫	『承政院日記』	好孫 5세, 戊申亂과 관련
1729년(영조 5) 4월 30일	相孫, 好孫	『承政院日記』	相孫 10세, 好孫 6세
1729년(영조 5) 7월 22일	李弸	『承政院日記』	李弸 85세(李泰發의 부), 戊申亂과 관련
1730년(영조 6) 9월 20일	尹懋敎	『承政院日記』	漢城主簿(종6품)
1736년(영조 12) 3월 18일	李徵	『承政院日記』	
1740년(영조 16) 3월 2일	權攝	『承政院日記』	충청도관찰사 權詹의 子, 戊申亂과 관련
1745년(영조 21) 10월 20일	李世緝, 降愛	『承政院日記』	강애(담양부사 沈維賢의 처), 戊申亂과 관련
1746년(영조 22) 1월 24일	李美順	『承政院日記』	李有弸의 딸, 12세, 고군산 婢로 만듦. 戊申亂과 관련
1753년(영조 29) 12월 11일	柳顯之	『承政院日記』	戊申亂과 관련
1754년(영조 30) 5월 13일	權毘伊	『承政院日記』	
1755년(영조 31) 5월 23일	李頤錫	『承政院日記』	密豊君 李坦의 조카, 戊申亂과 관련
1755년(영조 31) 6월 9일	李順錫, 李儒錫	『承政院日記』	〃
1757년(영조 33) 3월 15일	鄭東明	『承政院日記』	덕산 현감, 禁酒 기간 중 술을 마심.
1765년(영조 41)	韓柱岳	『順菴集』	韓洵의 子, 戊申亂 관련으로 억울하게 죽은 父의 伸寃을 요구하다가 유배됨.
1777년(정조원년) 2월 16일	私奴 命世	『承政院日記』	科場 闌入
1777년(정조원년) 8월 24일	洪介	『承政院日記』	해남현감 洪履海의 딸, 10세
1778년(정조 2) 7월 24일	山猫	『承政院日記』	牌頭弓人 李時煒의 奴로 추정
1779년(정조 3) 5월 22일	靑五大	『承政院日記』	閔德泰의 姪. 삼도수군통제사 張志恒 사건과 연루

1782년(정조 6) 12월 3일	明任, 山猫, 三柱, 黃大有	『承政院日記』	삼도수군통제사 張志恒 사건과 연루. (山猫는 1778년과 중복)
1783년(정조 7) 1월 26일	宋煥周	『承政院日記』	이조판서 宋德相의 子
1783년(정조 7) 6월 20일	李善得	『承政院日記』	海恩君 李爌의 子
1784년(정조 8) 8월 3일	繼鵬	『承政院日記』	
1788년(정조 12) 10월 22일	順得	『承政院日記』	
1789년(정조 13) 윤5월 13일	徐必守	『承政院日記』	熙川郡 殺獄罪人
1795년(정조 19) 2월 6일	徐命漸	『承政院日記』	古群山鎭 僉使, 現地 充軍
1811년(순조 11) 1월 24일	朴行儉	『承政院日記』	승정원 서리
1811년(순조 11) 3월 27일	金昌仁	『承政院日記』	加德 僉使
1817년(순종 17) 4월 14일	吳興謙	『承政院日記』	宣傳官
1819년(순조 19) 8월 24일	黃志敬, 張元植, 宣弘燁, 崔完喆, 朴英禧	『承政院日記』	掖庭署 官屬
1830년(순조 30) 8월 7일	孫英黙	『日省錄』	殯宮守僕
1865년(고종 2) 3월 13일	金雲天	『承政院日記』	船主
1896년(고종 33) 8월 4일	李建昌, 金商悳	『承政院日記』	이건창은 海州觀察使職을 거절하다가 유배됨.
1896년(고종 33) 9월 17일	李世鎭, 尹履炳, 金弘濟	『日省錄』	校正郎廳
1897년(고종 34) 1월 20일	閔泳宰, 千應聖, 柳根石	『高宗實錄』	平壤府 鎭衛隊 中隊長
1899년(고종 36) 3월 24일	沈相薰	『高宗實錄』	度支部 大臣
1899년(고종 36) 7월 15일	元禹常	『高宗實錄』	警務使(경무청 장관)
1899년(고종 36) 11월 10일	曹喜永, 李文求, 李泌久	『日省錄』	閔京鎬와 連名하여 상소
1899년(고종 36) 11월 22일	閔京鎬	『高宗實錄』	奉常司提調
1899년(고종 36) 12월 6일	閔泳綺	『高宗實錄』	軍部 大臣
1900년(고종 37) 2월 9일	朴喜宅	『高宗實錄』	김옥균과 연결
1900년(광무 4) 5월 17일	李海元, 趙東潤	『高宗實錄』	이해원은 尉官, 조동윤은 檢査總長
1900년(광무 4) 9월 10일	李會源, 朴啓煥	『高宗實錄』	李埈鎔(고종의 조카)과 서신 왕래
1900년(광무 4) 9월 30일	李愚萬, 李海昌, 金台濟, 金德漢	『高宗實錄』	秘書郎, 강화도 정족산성 사고의 실록 분실.

1901년(광무 5) 1월 18일	李奭鍾	『日省錄』	弘文館 修撰
1901년(광무 5) 1월 29일	金奎弼	『高宗實錄』	내부협판 閔景植의 측근
1901년(광무 5) 4월 23일	吳聖根	『高宗實錄』	산릉도감 相地官
1901년(광무 5) 5월 6일	姜簪	『日省錄』	
1901년(광무 5) 9월 3일	金永振	『日省錄』	警務官, 박영효와 연결
1902년(광무 6) 8월 12일	徐永俊	『日省錄』	
1902년(광무 6) 8월 23일	尹致運	『日省錄』	
1905년(광무 9) 8월 30일	閔丙奭	『日省錄』	궁내부장관, 후에 일제로부터 子爵의 작위를 받음
1906년(광무 10) 9월 16일	金商憲 崔相夏	『日省錄』	義兵에 참가
1906년(광무 10) 11월 5일	李思聖, 李漢龜, 李春京	『日省錄』	義兵에 참가
1907년(광무 11) 2월 6일	曺秉周, 金德元, 劉乭伊, 金先乭, 徐石根, 林斗坤, 李千用, 金能伯, 咸基洙, 金光老	『日省錄』	鎭撫使 군인, 義兵에 참가
1907년(광무 11) 3월 6일	咸基洙, 李千用	『日省錄』	
1907년(광무 11) 4월 28일	李鍾台, 李商鉉	『日省錄』	이종태(侍從院副卿), 이상현(무과 출신)
1907년(광무 11) 5월 9일	金浩洛	『日省錄』	
計 : 61회	103명		

◆참고문헌◆

1. 자료

『高麗史』, 『朝鮮王朝實錄』, 『承政院日記』, 『備邊司謄錄』, 『經國大典』, 『續大典』, 『大明律直解』, 『新補受敎輯錄』, 『大典會通』, 『宣和奉使高麗圖經』, 『湖南鎭誌』, 『輿地圖書』, 『大東地志』, 『萬機要覽』, 『黨議通略』, 『星湖先生全集』, 『明美堂集』, 『群山鎭地圖』

2. 저서

송희준, 2008, 『조선의 마지막 문장』, 글항아리.

李興盛, 1996, 『中國流人史』, 黑龍江人民出版社.

전 웅, 2011, 『유배, 권력의 뒤안길』, 청아출판사.

3. 논문

강봉룡, 2004, 「임자도 又峰 趙熙龍 적거지의 관광자원화 방안」, 『도서문화』 24.

고석규, 2004, 「조희룡의 임자도 유배생활에 대하여」, 『도서문화』 24.

고수연, 2011, 「1728년 湖西地域 戊申亂의 叛亂軍 성격」, 『역사와 실학』 44.

김경숙, 1998, 「조선시대 유배형의 집행과 그 사례」, 『사학연구』 55·56.

김경옥, 2011, 「『艱貞日錄』을 통해본 金櫶(1805~1866)의 임자도 유배생활」, 『도서문화』 37.

김종수, 2000, 「진포대첩의 역사적 의의」, 『전라문화연구』 12.

______, 2010, 「군산도와 고군산진의 역사」, 『전북사학』 37.

심재우, 2000, 「조선전기 유배형과 유배생활」, 『국사관논총』 92.

유한선, 2011, 「영조 4년 戊申亂과 전라도 의병-『湖南節義錄』 분석을 중심으로」, 『전북사학』 39.

이옥희, 2009,「유배인의 기록을 통해 본 진도 지역의 민속문화」,『남도민속연구』 19.

장선영, 2001,「조선시기 流刑과 絶島定配의 推移」,『지방사와 지방문화』 4-2.

정연식, 2002,「조선시대의 유배생활-조선후기 유배가사에 나타난 사례를 중심으로-」,『인문논총』 9.

최성환, 2010,「유배인 김약행의 〈遊大黑記〉를 통해 본 조선후기 대흑산도」,『한국민족문화』 36.

______, 2011,「조선후기 추자도 유배인의 추이와 생활양상」,『도서문화』 37.

제2부
역사와 사람들

/제3장/ 군산부 주민의 이동사정과 계층분화*

김 태 웅 서울대학교 역사교육과

I. 序言

1899년 5월에 개항한 군산은 일제강점기에 "쌀의 군산"이라고 부를 정도로 호남평야의 미곡이 이출되었던 개항장 도시였다. 이후 이 도시는 미곡 이출의 거점이라는 경제적 이점을 살려 급속하게 근대 도시로 전화하였다. 여기에는 도로, 철도, 통신 등 사회간접자본 시설과 함께 주택, 상하수도 등 도시 기반 시설이 일찍부터 갖추어졌다는 물적 요인 외에도 인구 증가라는 인적 요인이 크게 작용하였다.

우선 개항 이래 많은 일본인들이 군산에 대거 移住하였다. 여기에는 여타 개항장과 마찬가지로 일확천금을 노리는 하층민들을 비롯하여 상인, 관리, 농업경영자들이 주류를 이루었다.1) 한편, 군산의 주변 농촌에

---

* 이 글은 『한국민족문화』(2009)에 게재된 필자의 논문 「日帝下群山府에서 住民의 移動 事情과 階層分化의 양상」을 수정 · 보완한 것임.

1) 이와 관련한 대표 연구는 다음과 같다.
   김민영 · 김양규, 2005, 『철도, 지역의 근대성 수용과 사회경제적 변용 − 군산선과 장항선 −』, 선인.
   김영정 · 소순열 · 이정덕 · 이성호, 2006, 『근대 항구도시 군산의 형성과 변화 − 공간, 경제, 문화』, 한울아카데미.

서 압출되는 많은 조선인들이 군산으로 전입하였다. 양 민족의 이러한 이동은 군산의 인구를 증가시켰으며 나아가 도시화를 촉진하는 요인이 되었다. 반대로 군산이 호남평야라는 米穀 地帶를 배후지로 삼고 미곡을 이출하는 중심 거점이어서 외부의 많은 인구를 유입할 수 있었다. 따라서 미곡 이출의 거점, 인구의 대량 유입 및 도시 기반 시설의 확충이라는 세 가지 요인은 서로 밀접하였을 뿐더러 이후 도시화의 성격을 규정하였다. 나아가 이러한 요인들은 주민들의 직업 구성과 계층 이동의 방향에 영향을 미쳤다.

그런데 군산지역에 이주하거나 전출입하는 주민들은 조선인이든 일본인이든 출신지에서의 경제사회적 처지, 이동 동기, 人的·地域的 緣網과 정착 과정 등에 따라 그들의 직업과 계층적 성격을 달리하였다. 특히 인구 이동이라는 특성상 日帝의 이른바 拓殖政策과 지역의 사회경제적 변동에 못지않게 인적·지역적 연망이 이동 주민의 정착과 지역 활동 그리고 지역 사회의 계층 구조에 영향을 미쳤다. 또한 주민의 직업은 그 자체가 위계적인 함의를 내포하지 않으나 노동 상황이나 보수, 작업장 내에서의 사회적 관계 및 민족별 정치사회적 차별과 매우 밀접하기 때문에 지역 사회 내부의 위계성과 경제적 불평등성을 반영한다. 따라서 도시와 배후지 농촌, 조선인과 일본인이 병존하고 충돌하는 군산지역의 직업 구성과 계층 구조는 지역의 사회적·역사적 특징을 파악하는 데 매우 중요하다.

그러나 이 시기 주민의 이동에 관한 연구는 주로 개항기와 일제 강점 초기에 국한하여 일본인의 이주 형태와 직업 구성에만 중점을 둔 나머지 일제 강점 전시기에 걸쳐 조선인과 일본인을 아우르는 주민의 이동 사정 및 직업 구성의 변화를 추적하지 못하였다.[2] 그것은 아무런 검증

---

2) 이와 관련한 대표 연구는 다음과 같다.
金柄夏, 1972, 「開港期의 居留日本人과 그 職業」, 『慶熙大學校論文集』 7.
林承豹, 1990, 「開港場居留 日本人의 職業과 營業活動－1876年~1895年 釜山·元山·

을 수반하지 않은 채 개항 초기의 정치경제적 조건이 이후에도 그대로 지속됨으로써 일제하 도시의 기본 성격으로 고착되었으리라는 전제가 깔려 있었기 때문이다. 따라서 주민의 이동 사정과 직업 구성의 상관관계를 시기별로 밀도있게 추적하여 계층 분화의 방향과 도시화의 성격을 파악해야 할 과제를 남겼다.

주지하다시피 개항 초기 주민들의 이동 사정과 직업 구성은 일제 강점 이후 군산지역의 정치경제적 여건이 변화함에 따라 달라져 갔다. 또한 이동 사정과 직업 구성의 변화는 역으로 군산지역의 정치경제적 조건을 규정하고 주민들의 계층 이동에 영향을 미쳤다.[3] 특히 직업과 소득의 상관 지수가 높기 때문에 직업이 군산부민의 계층 이동에 크게 작용하였다.

이 점에서 1899년 개항 이래 1945년 일제의 패망 직전까지 군산부 주민의 이동 사정과 직업 구성의 변화는 계층 분화의 성격과 군산부의 도시화 방향을 보여주는 동시에 도시 주민의 생활 세계를 보여준다.[4] 이는 대한제국 개항장 도시가 일제하 도시로 전화하는 과정을 추적할 수

仁川을 中心으로―」, 『弘益史學』 4.

木村健二, 1989, 『在朝日本人の社會史』, 未來社.

高崎宗司, 2006, 『植民地朝鮮の日本人』, 이규수 옮김, 『식민지조선의 일본인들―군인에서 상인, 그리고 게이샤까지』, 역사비평사.

坂本悠一・木村健二, 2007, 『近代植民地都市 釜山』, 櫻井書店, 21-32쪽.

3) 부산의 경우는 홍순권, 2004, 「일제시기 부산지역 일본인사회의 인구와 사회계층」, 『역사와 경계』 51 참조.

4) 분석 대상 시기의 하한을 1945년 일제의 패망 시점으로 잡고자 하였으나 주된 자료의 시점이 1936년에 그치고 있기 때문에 실제 검토 시기는 1930년대 후반에 국한되어 있다. 더욱이 1930년대 군산 유력자들의 노력에도 불구하고 군산이 공업 도시로 발전하는 계기를 마련하지 못했다는 이준식의 연구 성과에 비추어 이전 상황과 별로 달라진 게 없다는 판단 때문이다(이준식, 2006, 「일제하 군산의 '유력자' 집단과 지역 정치」, 홍성찬 외 공저, 『일제하 만경강 유역의 사회사』, 혜안). 특히 1941년 12월 군산부 유력자들이 요구해 왔고 일제가 추진해 왔던 群山圈開發計劃(공단, 외항, 군장가교 건설, 용담다목적댐 건설 등)이 아시아·태평양 전쟁 발발로 무산됨으로써 공업 군산으로 가려는 노력은 좌절되었다.

있는 단서가 될 것이다. 나아가 개항장 도시의 계층 구조·계급 구성이 보여주는 시기별 특징을 본격적으로 해명할 수 있는 토대를 제공할 것이다.

이를 위해 여기서는 각종 통계자료를 시계열적으로 분석함으로써 인구의 구성과 그 변화, 직업 구성 및 계층 분화의 양상을 추출하고자 한다. 또한 군산 農商工人 관련 인명 정보와 연대기 자료를 활용함으로써 통계 자료가 담지 못하는 군산부 주민들의 이동 사정을 서술하고자 한다.[5] 다만 외국인의 다수를 이루는 群山 華僑는 朝·中·日 사이에서 '萬寶山 事件', '中日戰爭' 같은 특수한 정치적 사건에 크게 영향을 받으므로 별도의 논문에서 다루고자 한다.

II. 住民의 시기별 移動 事情

1. 1899년 개항~1910년 일제 강점 직전(i 시기)

1899년에 군산이 개항되자 일본인들이 대거 이주하여 군산지역의 인

---

5) 주된 자료는 1930년 현재 군산부에 거주하고 있었던 紫藤義雄이 발행자로서 일제의 통치 20주년을 기념하여 저술한 『朝鮮施政二十年史』이다. 발행기관은 朝鮮商工新聞 群山支局으로 보아 紫藤義雄는 군산지국의 국장으로 보인다. 다만 『朝鮮出版警察月報』 23(1930. 7)에 이 책 발행과 관련된 사항만 기재되어 있어 그에 관한 정보는 상세히 알 수 없다. 이 책에서 그는 일제의 통치 성과를 찬양하면서 전라북도의 시정 현황을 상세히 소개하고 있다. 특히 전라북도에 소재하고 있는 회사와 함께 거주하는 조선인 및 일본인 자산가들의 이력과 현재 활동을 자세히 기술하고 있다. 여기에서 추출된 자산가들의 기준은 명확하지 않지만 1930년 현재 재산 보유 현황이 참고된 것으로 추정된다. 이 점에서 이들 자산가는 1930년 당시 전라북도에서 성공한 대표 인물이라 하겠다. 군산부와 옥구군의 경우, 205명의 이력이 수록되어 있다. 따라서 군산부와 옥구군 자산가들의 이동 동기와 정착 및 성장 과정을 추적하는 데 매우 중요한 정보를 제공하고 있다. 그 밖에 『全羅北道農商工人名錄』(1930), 『朝鮮の人物と事業―湖南篇―』(1936) 등을 분석하였다. 아울러 군산부 주민 일반에 관해서는 『東亞日報』를 비롯한 신문 자료를 주로 활용하였다.

구가 급속하게 증가하였다.[6] 〈표 1〉은 1899년 개항 이후 1910년 일제의
대한제국 강점 시점까지 군산지역의 인구 변화를 보여준다.

<표 1> 1899년 개항~1910년 군산부의 인구 추이

호구수 / 연도	조선인		일본인		기타 외국인		계	
	호수	인구	호수	인구	호수	외국인	호수	인구
1899	150	511	20	77	-	-	170	588
1900	253	780	131	422	8	24	392	1,226
1901	320	921	171	472	19	56	510	1,449
1902	395	1,300	189	569	21	63	603	1,932
1903	438	1,811	302	1,225	25	78	765	3,114
1904	623	2,113	361	1,262	22	73	1,006	3,448
1905	739	3,451	421	1,620	35	85	1,195	5,156
1906	825	2,835	569	2,050	40	96	1,434	4,981
1907	831	2,903	796	2,956	42	128	1,669	5,987
1908	469	1,494	836	3,060	39	131	1,344	4,685
1909	1,364	5,466	813	3,220	32	96	2,209	8,782
1910	896	3,830	904	3,448	25	95	1,825	7,373

*출전: 群山府, 1935, 『群山府史』, 18-19쪽.
*비고: 『群山府史』는 1935년에 편찬된 지방지로 여기서 제시된 각 연도의 호구수는
1930년대 초반 군산부 관할 구역을 기준으로 소급 추산된 숫자이다. 따라서 관할 구역
범위가 달랐던 『朝鮮總督府統計年報』, 각종 연보 등의 여타 자료에서 제시한 호구수
와 같지 않다. 본고에서는 일정 시점의 관할 행정 구역을 기준으로 호구수를 산출한
다는 전제 아래 『群山府史』의 통계 수치를 활용하였다.

이 기간에 조선인과 일본인의 인구는 각각 511명에서 3,830명으로, 77

---

6) 본장에서는 주민의 이동 사정을 네 시기로 구분하여 서술하였다. 그 기준은 대체로
이주 여건을 변화시키는 정치·경제적 요인에 유의하였다. 1910년은 일제가 대한제국
을 강점함으로써 '조선'지역은 외국이 아닌 일본 내 영역으로 편입되면서 일본인들의
이주 여건이 크게 달라졌다. 1919년은 3·1운동이 일어난 해이며 이후 일제의 이른바
문화정치가 시작되는 동시에 會社令이 철폐되면서 일본인 자본이 쉽게 유입되기 시
작하였다. 이 역시 일본인의 이주 여건을 또다시 변화시키는 요인이 되었다. 끝으로
1934년은 일본이 본국 내 지주제의 위기를 해소하기 위해 제정한 '米穀統制法'이 발효
되는 시점으로 미곡 이출에 크게 의존하는 군산부의 경제에 크게 영향을 미치면서 군
산부 주민의 생활 세계를 변화시키는 기점이 되었다.

명에서 3,448명으로 증가하였다. 그리고 조선인의 경우, 매년 22.3%씩 증가한 데 반해 일본인의 경우, 46.2%씩 증가한 셈이다. 그 결과 일본인 인구가 조선인 인구에 거의 육박할 정도였다. 이 중 증가율이 가장 높은 시기는 1902년에서 1903년 사이의 기간이다. 조선인과 일본인의 증가율이 각각 약 40%, 110%였다. 더욱이 유입 인구 숫자만 보았을 때 일본인 유입 인구수가 훨씬 많았다.

이러한 증가는 주로 자연적 증가보다는 사회적 증가에서 비롯되었다. 우선 1902년과 1903년의 경우, 군산 일대의 풍작으로 일본인들이 농업 경영, 미곡 무역의 밝은 전망을 보고 대거 군산에 移來한 것으로 보인다.[7] 또한 일본 정부가 내부 농업문제, 인구 문제를 해결하기 위해 '척식' 정책을 본격화하면서 자국민들을 한반도로 이주시킨 결과이기도 하다.[8] 그 결과 1908년과 1909년 사이 군산부 일본인 거류지 인구를 보면 자연적 증가는 129명인 데 반해 사회적 증가는 1,036명에 이르렀다.[9]

한편, 조선인의 인구는 1908~1910년 사이에 요동하였다. 1908년의 경우, 이전 시기의 경우에 비해 크게 감소하였다. 이는 군산 주변에서 반일 운동을 전개하는 의병 및 화적들과, 이들을 무차별적으로 진압하려는 일제 경찰 및 군대의 충돌을 우려하여 군산 거주 조선인들이 이 지역을 떠나 다른 지역으로 이동하였기 때문이다.[10] 특히 의병의 증가로 미곡 수출이 감소하면서 군산 경기가 불경기로 접어들었기 때문이었다.[11] 그러나 1909년에 들어오면 조선인들이 대거 군산지역으로 전입하

---

7) 群山府, 1935, 앞의 책, 13쪽. 이와 관련하여 尹正淑, 1985, 「開港場과 近代 都市 形成에 關한 歷史地理的 研究─群山港을 中心으로」, 『地理學』 32, 86쪽 참조.

8) 이와 관련하여 木村健二, 1989, 앞의 책 ; 최원규, 1993, 「日帝의 初期 韓國殖民策과 日本人 '農業移民'」, 『東方學志』 77·78·79.

9) 朝鮮總督府, 1911, 『朝鮮總督府統計年報』(1909년 기준), 79쪽.

10) 당시 군산 경찰서는 관내 의병 출몰수 1,504명, 화적 8,330명으로 집계하면서 대대적인 진압에 나섰다(『皇城新聞』 1908년 1월 11일자 ; 『隆熙 2年 1月 暴徒に關する編册(慶南北, 全南北, 忠南北道)』). 이는 군산에 거주하는 조선인들에게 불안감을 주었을 것이다.

였다. 그 증가 비율은 일본인의 증가 비율을 훨씬 상회하였다. 이는 일제가 전라북도 의병들을 거의 진압하는 가운데 군산 배후지인 沃溝와 臨陂에 거주하는 농민들이 흉년과 춘궁으로 말미암아 농촌을 떠나 군산 지역으로 전입했기 때문이다.[12] 이 점에서 이 시기 군산지역 조선인의 증가는 이후 시기와 달리 일제하 지주제의 모순보다는 정치적 파동과 자연 재해에서 비롯되었다. 그리고 이들을 수용할 수 있었던 또 하나의 요인은 군산항의 미곡 수출과 도시화 과정에서 발생한 일자리의 증가였다. 당시 조선인들은 군산으로 전입하여 부두 하역, 각종 잡업에 종사하였다. 이후 옥구군의 농사 작황 정상화로 주민들 중 일부가 옥구군으로 되돌아가면서 군산부 조선인 인구가 감소한 것으로 보인다.

그런데 이 기간에 조선인과 일본인이 급증하였지만 세대당 평균 인구는 그리 많지 않았다. 조선인의 경우, 1903년과 1905년을 제외하고는 4명에 이르고 있지 못하다. 일본인의 경우, 1903년을 제외하고는 조선인의 경우와 마찬가지로 4명에 이르고 있지 못하다.[13] 이는 조선인이나 일본인들이 가족을 고향에 두고 單身으로 이동해 온 사람이 적지 않았음을 의미한다. 이 점에서 군산 역시 여타 개항장과 사정이 마찬가지였다. 다만 1905년 러일전쟁을 거치면서 세대당 인구수가 늘어나기 시작하였다는 점은 이후 변화의 조짐을 보여준다 하겠다.

또한 이러한 특징은 당시 군산부에 이주한 일본인의 연령과 남녀 비율에서 확인할 수 있다. 1909년 당시 일본인 7,451명 중 남자와 여자가

---

11) 『大韓每日申報』 1909년 1월 7일자 보도에 따르면 군산 등지에서 미곡 수출이 감소된 이유를 수출 시기가 출곡기가 아님과 함께 의병이 증가했다는 사실에서 찾고 있다.

12) 당시 군산 지방 농민들이 춘궁기를 당해 초근목피로 연명하고 이앙이 1/5에 지나지 않다는 기사가 중앙일간지에 보도될 정도로 군산 주변 지역의 주민이 춘궁과 가뭄으로 고통을 받고 있었다. 『皇城新聞』 1909년 5월 16일 ; 1909년 8월 3일 ; 『大韓每日申報』 1910년 3월 4일.

13) 어느 개항장이든 내부 일본인의 세대당 인구수는 대략 4명 미만으로 추정하고 있다. 이에 관해서는 金柄夏, 1972, 앞의 논문, 365쪽 참조.

각각 4,080명과 3,271명이었다. 여자에 대한 남자의 비율이 124.73%였다. 이는 많은 남자들이 단독으로 이주해 왔음을 보여준다. 특히 가정을 꾸리는 연령대인 30대와 40대 연령대에서 보면 남녀 각각 1,592명과 848명으로 여자에 대한 남자의 비율이 187.74%였다.[14]

이주 일본인의 이러한 특징을 만든 요인은 일본인의 이주 사정에서 찾을 수 있다. 이는 크게 두 유형으로 나눌 수 있다. 하나는 生計型 移住이고 다른 하나는 事業投資型 移住이다.

우선 생계형 이주가 다수를 차지하였다. 이는 사업투자형 이주와 달리 일본 정부가 내부 농업·농촌 문제를 해소하기 위해 권장한 '강요적 이동'의 하나라 하겠다.[15] 그 결과 이주 일본인들의 대다수는 일본 내부의 경제적 압박을 이기지 못해 조선으로 이주해 온 '赤手空拳'의 하층민들로서 잡화상, 행상 등으로 살아갔다. 처음에는 인천, 목포 등지로 이주해 있다가 군산 개항 직후에 전입하거나 일본 본국에서 직접 군산에 이주해 왔다. 이들 대다수는 행상이나 소매점을 통해 일본제 잡화와 주류 제품을 취급하였다.[16]

1901년 현재 일본인 전체 196호 중 131호가 상업 및 교통업에 종사하고 있었는데 여기서 雜貨商을 비롯한 仲買商, 賣藥商, 菓子商 등 영세 상인이 가장 많은 비중을 차지하였다.[17] 이 중 1899~1910년 이주자로서 『朝鮮施政二十年史』의 110명 명단에 들 정도로 성공한 사람은 인구 비중에 비해 많지 않다. 그러나 이른바 赤手空拳으로 시작하여 유력자 명

---

14) 朝鮮總督府, 1911, 『朝鮮總督府統計年報』(1909년 기준), 79-85쪽. 이러한 현상은 조선인과 관련된 통계가 없어 단정할 수 없지만 이 경우도 마찬가지였으리라 추정된다.

15) 강요적 이동은 선택의 여지가 없는 강제적 이동과 달리 이주하라는 압력은 받지만 이주자 자신이 어느 정도 선택의 여지가 있다. 이에 관해서는 李喜演, 1989, 『人口地理學』, 法文社, 383쪽 참조.

16) 三輪規 著·山下英爾 編, 1907, 『富之群山』, 161-162쪽.

17) 『通商彙纂』, 明治 34년 10월호(통권 203호). 이와 관련하여 尹正淑, 1985, 앞의 논문, 87쪽 참조.

단에 들 정도라면 생계유지형 이주자로서 대단히 성공한 경우라 하겠
다. 특히 이런 유형의 이주자가 명단에 들어갈 정도라면 그 저변 역시
만만치 않음을 보여준다.[18] 예컨대 家房吉의 경우, 兵庫縣 출신으로
1891년에 맨손으로 인천에 들어와 약장사를 하였다.[19] 이후 近藤 精米
所에서 근무하면서 상당한 돈을 모았다. 도중에 일본 본국에 귀국했다
가 다시 조선으로 돌아와 인천과 목포를 거친 뒤 1898년 군산에 들어와
籾摺業에 종사하여 부를 쌓았다. 또 岡田末吉의 경우, 大阪府 출신으로
1899년 군산 개항 소식을 듣고 맨손으로 목포를 거쳐 군산에 들어왔다.
처음에는 차를 끌고 행상을 하였으나 이후 식료잡화상에 종사하여 많은
이익을 남겼다. 이처럼 이들은 군산부에 정착하였지만 초기 경력에서
볼 수 있듯이 맨손으로 들어와 성공하였다. 그리고 이들 중 일부는 家
房吉의 경우처럼 본국으로 돌아가기도 하였다. 그것은 이들이 일본 국
내의 사회경제적 압박을 이기지 못해 단독으로 조선으로 이주해 왔기
때문에 조선에 영구적으로 거주하기보다는 일시적으로 이주하여 돈을
벌었다가 일본으로 돌아가고자 하였던 것이다.[20] 특히 淸水保之助의 경
우, 廢藩置縣 이전의 丹後宮津 출신으로 가세가 기울자 1904년 원산, 인
천, 한성을 거쳐 군산에 들어왔다.[21] 그는 근소한 자금으로 조선인을
대상으로 전당포업을 경영하였으며 이때 조선인들로부터 낮은 가격으
로 저당잡은 토지가 급등하여 부를 쌓았다. 이는 여타 개항장 도시의
경우에도 마찬가지였다.

　생계형 이주는 이처럼 메이지 전반기 일본 농촌이나 도시에서 경제

---

18) 『朝鮮施政二十年史』가 지니는 자료의 특성상 생계형 이주자로서 가장 성공한 극소수
　　만을 소개하고 있어 생계형 이주자의 계층 상승을 전반적으로 보여주기 힘들다. 다만
　　3장에서 직업 구성과 계층 구조 및 조세 부담 구조를 통해 알 수 있듯 이 명단에 들어
　　있지 않은 다수 일본인들도 계층 이동에서 상승했음을 추정할 수 있다.
19) 紫藤義雄, 1930, 앞의 책, 428-429쪽.
20) 朝鮮雜誌社, 1913, 『新朝鮮と新滿洲』, 366-367쪽.
21) 紫藤義雄, 1930, 앞의 책, 829-830쪽.

적으로 몰락한 주민이 단신으로 군산으로 이주하여 일시 머물러 돈을 번 뒤 본국으로 돌아가는 경우가 많았다.[22] 그러나 1905년 러일전쟁 이후 조선 이주에 대한 불안감이 줄어들면서 점차 영구 거주로 바뀌면서 직업 역시 잡화상, 대금업 등에서 점차 여타 직업으로 확장되기 시작하였다.

다음 사업투자형 이주의 비중 자체는 작지만 여타 개항장의 경우와 비교할 때 그 비중은 결코 작지 않다. 여기에는 이들의 대다수가 생계형 이주와 달리 본국에서 자금을 조달하여 투자하는 농업경영자, 미곡상과 건축청부업자 등의 이주가 포함되었다. 이는 일본 정부를 비롯한 통감부, 일본 국내 여러 각급 기관들이 한국농업과 한국농민을 경제적으로 지배하기 위해 일본인 지주, 자본가를 끌어들여 적극적으로 실시한 農業殖民策에 힘입은 바가 크다.[23]

이 중에서 일본인 지주들과 자본가들은 농업 경영에 뜻을 두고 군산으로 이주하여 대거 토지를 매입하였다.[24] 1901년에는 4호에 지나지 않았으나 1905년에는 46호, 1907년에는 53호에 이르렀다.[25] 熊本利平의 경우, 長崎縣 출신으로 慶應義塾을 졸업한 뒤 1903년에 2천 엔을 가지고 토지를 매입하였다.[26] 宮崎佳太郎의 경우, 熊本縣 출신으로 1903년 10월 한성에 거주하다가 농업 경영의 유망함에 착안하여 군산에 이주해 왔다. 이때 그는 대규모의 토지를 매입했으며 地主總代會를 조직하기도

---

22) 이와 관련하여 木村健二, 1989, 앞의 책, 36-43쪽 ; 「近代日本移民·植民活動と中間層」, 『歷史學硏究』 613, 1990 참조.

23) 金容燮, 2000, 『增補版 韓國近現代農業史硏究－韓末·日帝下의 地主制와 農業問題』, 日帝의 初期 農業殖民策과 地主制, 지식산업사.

24) 당시 『皇城新聞』 1904년 4월 7일자는 『朝鮮新報』를 인용하여 일본인 자본가와 투기자들 가운데 삼남지방이 유망하다고 하여 군산 부근의 토지를 사들이는 자가 늘어나고 있다고 보도하였다.

25) 윤정숙, 1985, 앞의 논문, 86-87쪽.

26) 紫藤義雄, 1930, 앞의 책, 659-660쪽.

하였다.27) 大倉喜八郎은 1903년 11월 30만원을 투자하여 2,500정보 규모의 농장을 세웠다.28)

또한 대일 미곡 무역의 규모가 커지면서 米穀商이 점차 늘어가기 시작하였다. 1905년에는 7명이었으나 1907년 14명으로 증가하였다.29) 그리고 이 중의 대다수는 농장 지주로 변신하였다. 森菊五郎의 경우, 兵庫縣 출신으로 大阪에서 미곡상에 종사하다가 1902년에 군산으로 이주해 온 뒤 계속 미곡상에 종사하였다. 1911년 미가가 폭등하자 수만의 이익을 남겼고 精米籾摺工場을 인수한 뒤 여기저기서 논과 밭을 매득하였다.30)

건축 청부업에 종사하던 일본인들도 군산에 이주해 왔다. 그것은 러일전쟁 이후 일본인들이 대거 이주함으로써 가옥, 정미소, 창고 등이 다수 건축되고 있었기 때문이었다. 예컨대 石倉新一은 山口縣 출신으로 그곳에서 청부업에 종사하다가 1905년 군산으로 이주하였다. 이때 그는 군산의 주요한 정미소, 창고 대부분을 건축하였다.31) 林要吉은 島根縣 출신으로 향리에서 건축업에 종사하다가 海外勇飛의 꿈을 안고 부산, 인천 등지를 거쳤으며, 1908년 군산에 이주해 왔다. 그는 不二興業株式會社 전북 농촌의 건축과 기타 대소 공사를 담당했다.32) 그 밖에 수산업이나 목재업, 酒造業, 貸金業 등에 종사하여 이 업종에서 상권을 장악하기도 하였다. 大澤藤十郎의 경우, 島根縣 출신으로 고향에서 재목상

---

27) 紫藤義雄, 위의 책, 801-803쪽.

28) 紫藤義雄, 위의 책, 513쪽.

29) 三輪規, 松岡琢磨 편, 1907, 『富之群山』, 53쪽 ; 『通商彙纂』, 明治 34年 10月號(通卷 203호).

30) 紫藤義雄, 1930, 앞의 책, 856-857쪽. 그는 1910년 자본금 10만원으로 森菊精米所를 창립하였다(群山府, 1918, 『群山府勢要覽』, 21쪽). 아울러 그가 1919년 6월에 설립한 森菊農場은 소유지 면적이 논과 밭만 각각 398.8정보, 47.5정보였다(韓國農村經濟硏究院, 1986, 『日帝下 被分配 地主名簿』).

31) 紫藤義雄, 위의 책, 418-419쪽.

32) 紫藤義雄, 위의 책, 438-439쪽.

과 回漕業에 종사하다가 청일전쟁 이후 1897년 목포에 지점을 설치했다. 그리고 이를 사위에게 맡기고 1899년 군산 개항 직후 여기에 이주해 와 回漕業과 어물 問屋業에 종사하였다. 이어서 1907년에는 조합군산통상합자회사를 조직하였고 어물 問屋業을 군산수산주식회사에 인도하였다. 아울러 回漕 造船業에 종사하였다.[33] 赤松繁夫의 경우, 愛媛縣 출신으로 향리에서 농사와 어업에 종사하다가 1904년 군산에 이주한 뒤 여타 일본인과 마찬가지로 貸金業으로 성장하였다. 또한 1907년에는 친척의 알선으로 釀造業에 진출하는 한편 魚市場을 경영하여 全北水産株式會社 社長으로 취임하기도 하였다.[34]

한편, 군산이 무역항으로 성장하면서 조선인들의 전입도 두드러졌다. 李根永의 경우, 경성부 출신으로 1907년 군산에 전입하여 木炭販賣業에 종사하였으며 1919년에는 木材商이 유망하다고 판단하여 목재상으로 변신하였다.[35] 또 李源衡의 경우, 충남 광천지방을 단골손님으로 삼아 쌀과 콩의 위탁판매를 하다가 1904년 군산으로 이주해 왔다. 그는 초창기에는 여러 잡업에 종사하다가 미곡 객주로 성공하여 동업자 중에서 1인자가 되었다. 아울러 충남 방면에 많은 경지를 소유하고 있었다.[36] 또한 金洪斗는 익산군 출신으로 대한제국기에 이미 군산 객주로 활동하였으며 미곡 위탁업에 종사하였다.[37] 1918년과 1919년 호황으로 부를 축적하였으며 1930년 현재 옥구, 서천 등지에 논 7만 5천여 평을 소유하고 있었다.

그 밖에 일본인 변호사와 의사들이 군산에 들어와 개업하기도 하였

---

33) 紫藤義雄, 위의 책, 517-518쪽.
34) 紫藤義雄, 위의 책, 753-754쪽.
35) 紫藤義雄, 위의 책, 501쪽.
36) 紫藤義雄, 위의 책, 509-510쪽.
37) 김홍두에 관해서는 이준식, 2006, 앞의 논문 ; 김태웅, 2006, 「대한제국기 群山 客主의 商會社 설립과 경제·사회운동」, 『지방사와 지방문화』 9-1 참조.

다. 大坪龍三의 경우, 明治法律學校를 졸업한 뒤 1906년 군산에 들어와 변호사업을 개업하였다.[38]

그러면 전입하거나 이주한 주민들이 어떤 緣網을 활용하여 군산에 정착할 수 있었나. 조선인의 경우, 그 사례가 매우 적어 판단할 수 없지만 일본인의 경우, 다수의 사례를 확인하여 유형화할 수 있다. 하나는 가족, 친인척, 동향 등의 연고로 이주해 온 뒤 정착하는 방법이다. 또 하나는 이미 진출한 회사나 상점에서 경력을 쌓은 뒤 독립하여 정착하는 방법이다. 나머지 하나는 관리, 군인으로 근무하였다가 군산에 정착하는 방법이다.

첫 번째 유형의 경우, 山口縣이나 長崎縣, 기타 등지에서 거주하고 있던 일본인들이 앞서 군산으로 이주하였던 가족, 친인척, 동향 출신들의 연고로 군산으로 이주해 온 경우이다. 이는 먼저 군산으로 이주해 간 가족, 친인척, 동향 출신으로부터 정보를 얻음으로써 이동에 따른 위험이나 역경을 이겨내야 한다는 강박감 없이 이주할 수 있기 때문에 가장 많은 사례를 보여주고 있다.[39] 渡邊仙藏의 경우, 愛媛縣 출신으로 1907년 동향 선배 芥川元一郎을 믿고 이주해 왔다. 처음에는 식료품 잡화소매업을 경영하다가 1912년에는 도매업으로 성장하였으며 이후 주변 농지를 구입하여 대지주로 변신하였다.[40] 塚本與嘉郎의 경우, 熊本縣 출신으로 1904년 동향인 宮崎佳太郎을 믿고 이주해 온 뒤 宮崎農場에서 근무하였으며 훗날 지주로 변신하였다.[41] 前田孫平의 경우, 兵庫縣 출신으로 1909년 동향 출신인 森菊五郎 상점에서 10여 년간을 근무하였다. 이후 森菊五郎의 지원을 받아 독립하여 미곡 무역에 종사하였다.[42]

---

38) 紫藤義雄, 1930, 앞의 책, 521-522쪽.

39) 이런 경우를 개인적인 자유이동과 구별하여 대중이동이라 한다. 이에 관해서는 Peterson, W., "A General Typology of Migration", *American Socialogical Review*, Vol 23, No. 3, 1958, pp.256-265 ; 李喜演, 1989, 앞의 책, 383쪽 참조.

40) 紫藤義雄, 1930, 앞의 책, 540-541쪽.

41) 紫藤義雄, 위의 책, 604쪽.

두 번째 유형의 경우, 일본인 대다수가 일본 회사의 지점이나 상점에 취직하여 근무하다가 수년 이후 독립하여 정착한 경우이다. 長田礒次의 경우, 兵庫峴 출신으로 1907년 군산으로 이주해 와 岩田宇之助 상점에 근무하였다.[43] 이후 여기서 독립하여 미곡 무역, 정미업에 종사하였다. 또 山崎九郎治의 경우, 福岡縣 출신으로 1906년 熊本農場에서 근무한 뒤 토목건축 청부업에 종사하였다.[44] 松本市五郎의 경우, 下關府 출신으로 1906년 大澤商店에서 근무한 뒤 이후 독립하여 비료, 미곡, 석탄, 시멘트 등을 취급하는 상점을 경영하였다.[45]

세 번째 유형의 경우, 청일전쟁 또는 러일전쟁에 참전하였다가 전역 이후 군산에 이주하거나 일본 관리로 근무하다가 퇴직한 뒤 군산에 정착한 경우이다. 井內福次郎의 경우, 러일전쟁에 참전하여 훈장을 받은 뒤 1910년 일제의 강점 직전 광주를 거쳐 군산에 들어왔다.[46] 그는 노무를 밑천으로 전라남북도와 충청남도 방면까지 행상으로 벌면서 여기서 벌어들인 자금으로 토지를 매입하였다.

이와 같이 이 시기에는 山口縣을 비롯한 西日本 출신의 일본인들이 농업경영자 등 일부를 제외하고는 生計를 도모하기 위해 잡화상, 무역상, 행상, 대금업 등으로 돈을 벌다가 토지를 매득하여 지주로 성장하거나 貸金業을 통해 부동산을 증식시켰다. 아울러 이들이 이렇게 성장할 수 있었던 데는 자국 정부의 拓植政策 및 금융 기관의 지원도 컸거니와 혈연, 지연 등의 연망도 작용하였다. 이는 이후 이들 또는 이들의 후손이 가업을 계승하거나 여타 사업으로 확장할 수 있을 뿐더러 나아가 군산부의 상류층을 점하며 군산부 지역 정치에서 영향력을 발휘할 수 있

---

42) 紫藤義雄, 위의 책, 691쪽.

43) 紫藤義雄, 위의 책, 625-626쪽.

44) 紫藤義雄, 위의 책, 681-682쪽.

45) 紫藤義雄, 위의 책, 693-694쪽.

46) 紫藤義雄, 위의 책, 412-413쪽.

는 토대가 되었다.[47) 이 중 1906년 이래 이주 일본인 중에서 가장 많은 비중을 차지하였던 山口縣 출신의 인물들은 1930년대에도 여전히 군산부 유력자로서 여러 방면에서 영향력을 행사하였다.[48)

2. 1910년 일제 강점 직후~1919년 3·1 운동 직후(ii시기)

1910년 8월 일제의 대한제국 강점은 일본인들이 다소나마 우려했던 이주 이후의 불안을 일소시키면서 일본인들의 이주를 자극하였다. 따라서 인구 증가율은 이전 시기에 비해 떨어지지만 인구 자체는 매우 큰 폭으로 증가하였다. 〈표 2〉는 1910~1919년 군산부 인구의 추이를 보여준다.

〈표 2〉 1910~1919년 군산부 인구의 추이

호구수 / 연도	조선인		일본인		기타 외국인		계	
	호수	인구	호수	인구	호수	외국인	호수	인구
1910	896	3,830	904	3,448	25	95	1,825	7,373
1911	1,097	3,929	1,084	4,162	40	175	2,221	8,266
1912	1,256	4,877	1,176	4,554	25	81	2,457	9,512
1913	1,278	5,197	1,242	4,765	26	82	2,546	10,044
1914	1,295	5,238	1,209	4,742	27	84	2,531	10,064
1915	1,373	5,561	1,396	5,291	25	113	2,794	10,965
1916	1,332	5,426	1,404	5,387	35	147	2,771	10,960
1917	1,469	5,878	1,462	5,661	40	150	2,971	11,689
1918	1,530	5,990	1,550	5,985	45	161	3,125	12,136
1919	1,742	6,581	1,665	6,809	57	214	3,464	13,604

*출전: 群山府, 1935, 『群山府史』, 18-19쪽.

---

47) 1931년 당시 群山府協議會의 議員을 선거하는 有權者 중 일본인이 차지하는 비율은 부산부와 마찬가지로 78%에 이르고 있다. 이는 전국에서 가장 높은 수치이다(『東亞日報』 1931년 5월 9일).

48) 1930년 『朝鮮施政二十年史』에 수록된 명부를 분석하면 1910년 이전에 이래한 주민 110명 중 山口縣 출신은 24명에 이르고 있다.

이 기간에 조선인과 일본인의 인구는 각각 3,830명에서 6,581명으로, 3,448명에서 6,809명으로 증가하였다. 조선인의 경우, 매년 6.2%씩 증가한 데 반해 일본인의 경우, 7.85%씩 증가한 셈이다. 그 결과 1911년과 1919년에는 일본인 인구가 조선인 인구를 추월하기도 하였다. 다만 이전 시기와 비교하면 인구증가율이 떨어졌음은 분명하다. 그러나 절대 수치로 보면 이주자의 증가로 조선인이나 일본인이나 기하급수적으로 증가하였다.

이러한 증가는 앞 시기와 마찬가지로 일제의 척식 정책과 일본인의 이주에 따른 사회적 증가에서 비롯되었다.[49] 또한 단독 이주보다 가족 단위의 이주가 점차 많아져 定住性이 높아졌다. 즉 1910년 대한제국 강점 이후 일제의 척식 정책이 강화되면서 일본인의 이주 형태가 일시적 거주에서 영구적 거주로 바뀌기 시작하였다.[50] 일본인의 경우, 세대당 인구비율이 1910년에는 3.81명이었으나 1919년에는 4.09명으로 증가하였다. 그런데 이는 조선인의 경우도 마찬가지였다. 후자의 경우, 세대당 인구비율이 1910년에는 3.5명에 지나지 않았으나 1915년 4.12명으로 증가하였다. 물론 이는 배후지 농촌과 군산부의 인접성에서 그 이유를 찾을 수도 있다. 그러나 1910년대 군산부의 도시화 과정을 보면 미곡 이출량과 정미소가 매년 증가하고[51] 철도, 도로망, 항만 등 사회간접자본

---

49) 이 시기 출생자와 사망자를 파악할 수 있는 통계가 없어 정확하게 산출할 수 없다. 다만 1914년 통계와 1915년 통계를 비교하면 대략이나마 그 이유를 알 수 있다. 조선인의 경우, 출생자가 사망자보다 적어 1,017명이 줄어든 반면에 전입 인구가 전출 인구보다 많아 3,120명이나 증가하였다. 일본인의 경우, 출생자와 사망자가 비슷하여 단 1명이 증가한 반면에 전입 인구는 전출 인구보다 많아 548명 증가하였다(朝鮮總督府, 1927, 『朝鮮の人口現象』, 448쪽). 이러한 추세는 여타 개항장 도시와 마찬가지로 이전 시기의 경우도 마찬가지였으리라 추정된다.

50) 朝鮮雜誌社, 1913, 앞의 책, 366-367쪽.

51) 미곡 수이출 금액은 1913년 3,800,000여 원, 1914년 5,800,000여 원, 1915년 6,800,000여 원이었다. 또한 미곡 이출량에 따른 정미소의 증가가 두드러졌다. 1913년 현재 조선 전역에서 일본인이 경영하는 정미소 66개 중 6개가 군산에 소재하였다(『每日申報』 1913년 12월 10일). 그리고 1917년에는 정미소(인접소 포함)가 12개로 증가하였다(群山府,

시설이 확충됨에 따라 일자리가 늘어나는 한편 전기 시설, 상하수 시설 등 도시기반시설이 발달함에 따라 주거의 안정성이 높아졌다는 점도 이유로 들 수 있다.[52]

그렇다면 이 시기 이주 일본인들의 사정을 보자.

일본인의 경우, 이전 시기와 마찬가지로 웅비의 꿈을 가지고 군산에 이주해 왔다. 그런데 이주 동기의 중점이 이전과 달리 생계형 이주에서 점차 사업투자형 이주로 옮겨가고 있었다.[53] 그래서 군산에 이주해 와서도 일본 본국에서 종사하였던 업종과 동일한 직종에 종사하였다. 예컨대 山口縣 출신 岩本基一의 경우, 고향에서 건축업에 종사하다가 군산에서는 토목건축 청부업에 종사하였다.[54] 당시 군산과 주변 지역에 사회간접자본시설을 투자하는데 이들 토목건축업자들이 참여하였다. 군산 北川組의 경우, 1912년에 호남선 김제 정거장과 부속관사 7동의 건축 공사를 청부하였다.[55] 다만 농업 투자를 목적으로 이주해 온 경우는 몇몇 사례를 제외하고는 극히 드물다.[56] 1910년 이전에 이미 들어왔던 일본인 농업경영자들의 선점에 밀려서 농업 투자에 대한 비중이 낮아진 것으로 추정된다.

한편, 조선인들의 군산부 전입도 꾸준히 증가하였다. 주로 군산 주변의 자산가들이 군산부에 전입하여 객주업에 종사하였다. 片茂松의 경우, 충남 서산에서 몇 손가락 안에 드는 자산가로 군산에서 미곡을 취

1918, 『群山府勢要覽』, 21-23쪽). 그 결과 〈표 6〉에 따르면 공업과 상업·교통업에 종사하는 가호가 각각 20배와 3배 가까이 증가하였다.

52) 이에 관해서는 군산부, 위의 책, 13-18쪽 참조.

53) 1910년 일제의 대한제국 강점 이후 토지매수, 정미소, 전등사업 등에 착수하기를 희망하는 주민들의 증가로 토지담보 대금이 증가하였다(『每日申報』 1910년 12월 1일).

54) 紫藤義雄, 1930, 앞의 책, 413쪽. 그 밖에 岩手縣 출신 伊藤榮太朗의 경우도 마찬가지였다.

55) 『每日申報』 1912년 8월 15일.

56) 1899~1945년에 창설된 군산·옥구 소재 농장사무소의 경우, 총 13개인데 이 중 1910년대에 창립된 사무소는 2개에 불과하다(한국농촌경제연구원, 1986, 앞의 책).

급하는 객주업을 시작하였다.57) 또한 金達鴻의 경우는 개성상인의 대표적인 예로 開城郡 松南面 출신으로 군산 한명덕 상점에서 근무한 뒤 독립하여 포목상에 경영하는 가운데 부동산을 매득하였다.58)

다음 의사, 치과의사, 산파, 변호사 등 전문 직종 종사자들이 증가하였다.59) 여기에는 일본인 이외 조선인도 점차 증가하였다.

우선 일본인의 경우, 谷本佐一郎은 山口縣 출신으로 총독부 의원의 외과의사를 지낸 뒤 1916년 군산부에서 개업하였다.60) 또 大和田助太郎은 山口縣 출신으로 대만, 태평양 도서에서 근무한 뒤 全忠病院에서 치과부를 창설하였다. 그 밖에 악기상, 시계귀금속상 등 사치품을 다루는 상인들도 등장하였다. 이들은 1918~1919년 호황 속에서 이러한 사치업종이 유망하다고 판단하였기 때문이다. 또한 1915년 群山神社가 설립되자 衫野淸造가 神社 우두머리가 되어 군산에 이주해 왔다.61) 군산부에 종교인이라는 새로운 직종이 대두되는 순간이었다. 한편, 조선인들의 경우, 崔周鉉은 세브란스 학교를 졸업한 뒤 옥구에서 삼성당의원을 개업하였다.62) 이처럼 군산부와 옥구군에서는 조선인 내에서도 전문직종이 대두하기 시작하였다. 이는 군산의 호황 속에서 직종이 다양화되고 있음을 보여준다.

---

57) 紫藤義雄, 1930, 앞의 책, 463쪽. 그 밖에 崔鎭八의 경우는 김제군 백구면에서 정미업을 경영하다가 1916년 군산에 전입해 와 미곡 무역상에 종사하였다. 崔益의 경우도 사정은 마찬가지였다. 보령군 대천면에서 농사를 경영하다가 1919년 군산에 전입해 와 미곡무역업에 종사하였다. 紫藤義雄, 위의 책, 769-770쪽.

58) 紫藤義雄, 위의 책, 786-787쪽.

59) 1917년 현재 군산부에는 병원 4개, 의사 7명, 의생 7명, 약제사 2명, 산파 8명, 간호부 4명, 약종상 1명이 존재하였다. 그 밖에 종두인원이 800명을 넘었다. 군산부, 1918, 앞의 책, 11-12쪽.

60) 紫藤義雄, 1930, 앞의 책, 590-591쪽. 그 밖에 廣島縣 출신의 中島明은 全忠病院에 근무하였다(紫藤義雄, 위의 책, 617-618쪽). 和歌山縣 출신 池田亮貞의 경우, 東京醫學校를 졸업한 뒤 '신천지 개척'을 위해 군산에서 개업하였다(紫藤義雄, 위의 책, 781-782쪽).

61) 鎌田白堂, 1936, 『朝鮮の人物と事業 ─湖南篇─』, 實業之朝鮮社出版部, 153-154쪽.

62) 鎌田白堂, 위의 책, 219-220쪽.

이들 일본인 이주민 역시 이전과 마찬가지로 혈연, 지연 등에 힘입어 이주한 뒤에도 이러한 기반에 바탕하여 성장하였다.[63] 和田藤次郎의 경우, 島根縣 출신으로 고향 선배인 大澤藤十郎의 초빙으로 군산미곡상회조합에서 10년간 근무하기도 하였다.[64] 布井末吉은 大阪府 출신으로 실형을 믿고 만주에서 육군 용달을 하였으며 1918년에는 처가 친척인 宮崎佳太郎 농장주를 믿고 군산에 왔다.[65] 그래서 宮崎農場에서 근무하다가 1920년에 독립하여 板硝子商에 종사하였다. 이들은 이 기간에 생활기반을 닦았으며 이후 독립하여 새로운 직종에 종사할 수 있었다. 또 富永貞五郎은 森菊五郎과 동향인 兵庫縣 출신으로 森菊精米所에서 근무하다가 1926년에 독립하여 1926년에 양조업을 경영하였다. 이 세 경우에서 볼 수 있듯이 1910년대에 이주해 온 일본인들도 군산의 대표적인 자산가 大澤藤十郎, 宮崎佳太郎, 森菊五郎 등의 지원에 힘입어 또 하나의 자산가로 성장할 수 있었다.

두 번째 유형의 경우, 일본인 대다수가 일본 회사의 지점이나 상점에 취직하여 근무하다가 수년 이후 독립하여 정착한 경우이다. 石原憲介의 경우, 根島縣 출신으로 고향이 다른 森菊精米所에서 근무하기도 하였다.[66] 松本市五郎의 경우, 下關市 출신으로 1906년 大澤商店에서 근무한

---

63) 전라북도에 이주한 일본인들은 1912년 大正 신년을 맞이한다는 구실로 『金蘭簿』(全北日日新聞社 발행)를 편찬하였다. 이는 자기들 내부의 친목을 도모하는 데 뜻을 두었다. 여기에는 전주를 비롯하여 군산, 김제 등 여러 지역을 개관하고 일본인 명망가의 활동 및 회사, 상점 현황 등을 소개하고 있다. 아울러 첫 머리에 각 지역의 사업 전망과 일본 상인들의 사업 방향을 기술하고 있다. 군산부의 경우, '群山商人 今後의 覺悟'라는 글을 통해 조선인들의 상업적 성장에 대비하여 일본 상인의 방책 그리고 미곡 수송을 둘러싼 철도와 기선이 지니는 각각의 장단점에 관해서 서술하고 있다.

64) 紫藤義雄, 1930, 앞의 책, 541-542쪽

65) 紫藤義雄, 위의 책, 511-512쪽

66) 紫藤義雄, 위의 책, 415-416쪽. 그 밖에 長田礒次의 경우, 兵庫縣 출신으로 1907년 군산으로 이주해 와 岩田宇之助 상점에 근무하였다(紫藤義雄, 위의 책, 625-626쪽). 이후 여기서 독립하여 미곡 무역, 정미업에 종사하였다. 또 山崎九朗治의 경우, 福岡縣 출신으로 1906년 熊本農場에서 근무한 뒤 토목건축 청부업에 종사하였다(紫藤義雄, 위

뒤 이후 독립하여 비료, 미곡, 석탄, 시멘트 등을 취급하는 상점을 경영
하였다.[67] 특히 花村俊造의 경우, 福岡縣 출신으로 1913년 내국통운주
식회사 대리점으로 입사하여 근무하였으며 이후 퇴사한 뒤 자전거 합자
회사를 조직하기도 하였다.

그런데 두 번째 유형이 점차 늘어나기 시작하였다. 이는 일본 국내
회사들이 군산에 지점을 설치하면서 여기에 근무하는 일본인들이 많아
졌기 때문이다. 인맥과 지연보다는 공식적인 기업 조직이 서서히 자리
잡기 시작했음을 보여준다.[68]

세 번째 유형의 경우, 청일전쟁 또는 러일전쟁에 참전하였다가 전역
이후 군산에 이주하거나 일본 관리로 근무하다가 퇴직한 뒤 군산에 정
착한 경우이다. 繁田勝之助는 山口縣 출신으로 러일전쟁에 참전한 뒤
이 경험을 바탕으로 1913년에 군산에 이주해 왔다.[69] 토목건축 청부업
에 종사하여 不二農場 移民家와 小學校를 건축하였다. 또 梶太三郎은
강경세무서에서 퇴직한 뒤 청주에서 잡화 도매를 영업하다가 1919년에
군산에 전입한 뒤 수입무역상으로 변신하였다.[70]

이와 같이 이 시기에는 일본인들의 이주 형태가 여전히 생계형 이주
가 주를 이루었다. 그러나 사업투자형 이주의 비율이 점차 높아져 가는
가운데 혈연, 지연 등의 연망보다는 일본 기업의 진출에 힘입어 사원들
의 이주가 늘어났다. 또 조선인 중에서도 일부가 외지에서 군산으로 전

의 책, (681-682쪽).

67) 紫藤義雄, 위의 책, 693-694쪽.

68) 1920년대와 달리 일본 중소기업의 조선 진출이 미미하지만 1910년대 말로 내려올수록
상공업에서 차지하는 비중이 높아져 갔다(京城商業會議所, 1921, 『朝鮮經濟雜誌』 64).
이들 기업의 조선 진출은 자연히 일본인 이주자들의 증가를 초래하였다. 일본인 중소
기업의 조선 진출에 관해서는 金子文夫, 1986, 「第一次大戰後對植民地投資 - 中小商工
業者の進出中心に」, 『社會經濟史學』 51-6 참조.

69) 紫藤義雄, 1930, 앞의 책, 832-833쪽.

70) 紫藤義雄, 위의 책, 560쪽.

입하여 객주업이나 포목판매업에 종사하기도 하였다. 아울러 조선인 중에서도 의사, 치과의사, 변호사 등 전문직종 종사자가 증가하였다. 그러나 이런 증가는 일본인의 경우에 비해 미미하였다.

3. 1919년 3·1운동 직후~1934년 米穀統制法 직전(iii시기)

1918년 제1차 세계대전의 종결과 일본의 쌀소동 이후 産米增殖計劃이 실시되면서 군산부의 인구는 증가 추세를 보였다. 이는 미곡 이출의 증가에 따른 군산지역 경제의 호황에서 비롯되었다. 〈표 3〉은 1919년 3·1 운동 이후 1934년 미곡통제법 시행 직전까지의 인구 추이를 보여준다.

〈표 3〉 1919~1933년 군산부의 인구 추이

호구수 연도	조선인		일본인		기타 외국인		계	
	호수	인구	호수	인구	호수	외국인	호수	인구
1919	1,742	6,581	1,665	6,809	57	214	3,464	13,604
1920	1,769	8,243	1,423	5,659	60	236	3,252	14,138
1921	2,013	9,313	1,585	6,190	70	249	3,668	15,752
1922	2,429	10,932	1,659	6,528	73	196	4,161	17,656
1923	2,961	12,996	1,708	6,717	90	271	4,759	19,984
1924	3,207	14,217	1,771	7,118	97	298	5,075	21,633
1925	3,060	13,486	1,767	7,074	103	467	4,930	21,027
1926	3,026	13,288	1,735	6,946	101	462	4,862	20,696
1927	3,400	15,403	1,962	7,858	113	508	5,475	23,769
1928	3,645	16,075	2,055	8,245	119	538	5,819	24,858
1929	3,782	16,636	2,161	8,534	124	549	6,067	25,719
1930	3,476	16,541	2,098	8,781	125	638	5,699	25,960
1931	3,580	16,843	2,160	9,115	110	580	5,850	26,538
1932	5,919	26,200	2,306	9,000	132	375	8,357	35,575
1933	6,003	26,508	2,327	9,106	103	385	8,433	35,999

*출전: 群山府, 1935, 『群山府史』, 18-19쪽.

이 기간에 조선인과 일본인의 인구는 각각 6,581명에서 26,508명으로,

6,809명에서 9,106명으로 증가하였다. 그리고 조선인의 경우, 매년 17.4% 씩 증가한 데 반해 일본인의 경우, 2.91%씩 증가한 셈이다. 특히 1920년 대 전반에는 이전 시기에 비해 인구가 오히려 감소하였다. 이러한 수치 는 이전 시기와 달리 일본인의 이주에 비해 조선인의 전입이 매우 많았 음을 보여준다.[71] 그 결과 조선인 인구가 일본인 인구의 약 3배에 가까 울 정도였다. 이는 군산부 배후지 농촌에서 급격하게 전입해 온 데서 비롯되었다. 반면에 일본인의 증가는 이전 시기에 비해 한풀 꺾인 모습 이다. 특히 같은 기간에 일본인의 군산 이주가 단지 1.34배에 이르고 있 는 데 반해 일본인의 조선 전체 이주가 무려 3.17배에 이르고 있다는 점 을 감안하면 군산의 경우는 매우 낮은 수치이다. 그 밖에 외국인이 감 소하고 있는데 이는 1931년 '만보산사건' 이후 조선인과 화교 사이의 대 립에서 비롯된 것으로 보인다.

그런데 이 기간에 조선인과 일본인이 급증하였지만 세대당 평균 인 구는 이전 시기에 비해 많아졌다. 조선인의 경우, 가장 적은 연도의 세 대당 평균 인구는 1919년 3.78명이며, 가장 많은 연도의 세대당 평균 인 구는 1920년 4.66명이다. 특히 1920년 이후 세대당 평균 인구는 일부 연 도를 제외하고는 4.5명을 초과하고 있다. 이는 전입 단위가 주로 가족 단위로 이주하고 있음을 보여주는 동시에 정주성이 강화되었음을 보여 준다. 일본인의 경우도 마찬가지여서 가장 적은 연도의 세대당 평균 인 구는 1932년 3.90명이었으며 가장 많은 연도의 세대당 평균 인구는 4.22 명에 이르고 있다. 특히 7년에 걸쳐 세대당 평균 인구가 4.0명을 초과하 고 있다. 이는 일본인의 경우도 조선인의 경우와 마찬가지로 이주 단위 가 가족 단위였음을 보여주는 동시에 정주성이 강화되었음을 보여준다.

이와 같이 조선인이나 일본인이나 정주성이 강화되어 가고 있음에도

---

71) 조선인의 이러한 급증은 군산부의 행정 구역이 확장된 데에서 그 원인을 찾을 수 있 다. 그러나 이 통계는 1935년 현재 군산의 행정 구역을 기준으로 소급하여 인구를 추 산하였기 때문에 행정 구역 확장에서 원인을 찾을 수 없다.

불구하고 조선인의 전입은 급격하게 증가하는 데 반해 일본인의 이주는 여타 이주민의 세대별 인구수에 비해 훨씬 적은 이유는 무엇인가. 이런 문제를 조선인과 일본인의 이동 사정을 통해 살펴보자.

조선인의 경우, 1929년 군산부 생활 상태를 조사한 결과에 따르면 30년 이상 거주자가 158호, 10년 이상 거주자 710호인 데 반해 6개월 미만 거주자가 무려 300호에 달하고 있었다.[72] 매우 이동성이 높다고 하겠다. 이 기간에 보이는 급격한 증가는 농촌지역에서의 대대적인 전입에서 비롯되었다. 군산부의 배후 농촌이라 할 옥구군의 경우, 1935년 12월 현재 전 호수 17,619호의 6할 이상이 細窮民 家戶였다. 이 중에 絶糧農家가 1,929호였으며 乞食者는 514명에 달했다.[73] 이들은 일본인 대금업자나 지주들에게 고율로 자금을 빌렸다가 갚지 못해 토지를 상실하는 자영농층이나 고율 소작료, 각종 잡부금을 감당하지 못했던 소작인들이었다.[74] 그러나 근원적으로는 日帝下 地主制의 矛盾에서 비롯되었다. 옥구군의 경우, 1916년에 소작농의 비율이 53.5%인 데 반해 1930년에는 87.1%였다.[75] 반면에 군산부에서 이들 몰락 소작농을 흡인하는 요인들은 커졌다. 1920년대에 미곡 수이출이 급격하게 증가되면서 일자리가 많아졌기 때문이다.[76] 이 중 가장 많은 비중을 차지하는 직업은 상업과 교통업, 기타 업무였다.

일본인의 경우, 생계형 이주가 급격하게 감소하고 있는 데 반해 일부 사업투자형 이주가 명맥을 유지해 갔다. 그리고 이 역시 기존의 미곡상,

---

72) 『群山日報』 1929년 2월 9일(절발지).

73) 『東亞日報』 1935년 12월 14일.

74) 1933년 옥구군의 경우, 소작권의 이동 등으로 500호가 실농하였다. 이와 관련하여 『東亞日報』 1933년 3월 26일 ; 1933년 6월 6일.

75) 朝鮮總督府, 『朝鮮總督府統計年報』 각연도 ; 全羅北道, 1931, 『昭和5年 農業統計』.

76) 수이출량이 1920년에 185만 석이었던 데 반해 1933년에는 870만 석에 이를 정도였다(『朝鮮總督府統計年報』 각연도). 아울러 有業者 家戶는 1916년에 1,213호인 데 반해 1929년에는 3,145호에 이르렀다(〈표 7〉 참조).

정미소 영업보다는 새로운 분야에 종사하는 경우가 두드러졌다. 長崎縣 출신 吉田峰助의 경우, 湖南鐵道 工事, 益沃水利工事, 용암포 不二興業 會社 수리 공사 등에 참여하였으며 1925년에 독립하여 철공업에 종사하였다.[77] 高瀨千咅의 경우, 정미소, 미곡상에 종사하였으나 이후 시멘트기와 제조업에 종사하였다.[78] 和歌山縣 출신 道本雅次는 형을 믿고 정미소에 입사하였으나 이후 석탄상으로 변신하였다.[79] 당시 군산부가 부족한 주택을 대대적으로 건축하고자 했다는 점을 염두에 둘 필요가 있다.[80] 심지어 東京府 출신 豊泉政吉은 엄부의 가업을 이어 군산에 豊泉百貨店을 설립하여 운영하기도 하였다.[81] 비록 규모는 작지만 새로운 경영기법을 활용하여 상권을 구축하고자 한 일본 상인들의 움직임을 확인할 수 있다. 또 1922년 10월 자혜병원이 개원하여 의사에 대한 수요가 늘어났다.[82] 다만 군산항의 미곡 수이출량이 1929년 세계 대공황의 영향으로 격감하면서 이러한 추세 역시 바뀔 가능성이 높아졌다.[83]

이와 같이 이 시기에는 조선인의 전입 증가가 두드러진 반면에 일본인의 이주 증가는 이전 시기와 달리 급격한 신장세를 보여주고 있지 않다. 이는 전자가 일제하 지주제의 모순에서 비롯되었다고 한다면, 후자는 이주의 중점이 생계형 이주에서 사업투자형 이주로 옮아가면서 빚어진 결과로 보인다. 특히 후자는 개인 차원의 사업투자형에 덧붙여 일본 기업과 상점의 진출에 따른 노동력 이동에서 비롯되었다. 그러나 조선인이나 일본인이나 가족 단위의 이동이 두드러지면서 정주성은 강화되

---

77) 紫藤義雄, 1930, 앞의 책, 568-569쪽.

78) 紫藤義雄, 위의 책, 576-577쪽.

79) 紫藤義雄, 위의 책, 809쪽.

80) 『每日申報』 1921년 6월 17일.

81) 紫藤義雄, 1930, 앞의 책, 474-477쪽.

82) 『每日申報』 1922년 10월 26일.

83) 1930년 군산항의 수이출량은 1920년대와 비교하여 가장 낮은 수치인 100만 석가량이었다. 群山府, 1937, 『昭和11년 統計年報』, 7쪽.

었다.

4. 1934년 米穀統制法 직후~1940년대 전반(iv시기)

1929년 세계 대공황이 불어닥치고 일본 지주제의 위기가 심화되면서 1933년 일본 정부가 일본 국내 지주들과 농민의 이익을 보장하기 위해 미곡통제법을 제정하였다. 이는 미곡이출에 크게 의존하던 군산부에 사회경제적 위기를 초래하는 한편[84] 군산부 인구 변화에도 영향을 미쳤다. 〈표 4〉는 미곡통제법이 발효되는 1934년부터 1942년까지 군산부 인구의 추이를 보여준다.

〈표 4〉 1934~1942년 군산부의 인구 추이

호구수 / 연도	조선인		일본인		기타 외국인		계	
	호수	인구	호수	인구	호수	외국인	호수	인구
1933	6,003	26,508	2,327	9,106	103	385	8,433	35,999
1934	6,141	27,144	2,370	9,408	105	407	8,616	36,959
1935	6,615	30,742	2,150	9,711	135	624	8,900	41,077
1936	6,784	31,492	2,187	10,063	103	570	9,047	42,127
1937	7,026	32,399	2,076	10,255	46	167	6,148	42,851
1938	7,030	34,431	2,090	9,638	44	215	9,164	44,284
1939	6,886	32,963	2,083	9,540	47	254	9,016	42,757
1940	8,830	42,714	2,136	9,901	69	308	11,035	52,923
1941	8,659	43,110	1,952	8,921	75	370	10,686	52,401
1942	9,226	46,959	1,972	8,624	89	453	11,287	56,036

*출전: 群山商工會議所, 『昭和3年 統計年報』(1939) ; 『朝鮮總督府統計年報』 각연도.

이 기간에 조선인이 26,508명에서 46,959명으로 증가한 반면에 일본인은 9,106명에서 8,624명으로 감소하였다. 이러한 현상은 i)시기, ii)시기, iii)시기와 사뭇 다른 양상임을 보여준다 하겠다.

---

84) 이준식, 2006, 앞의 논문, 440-442쪽.

　　조선인의 경우, 매년 7.05%씩 증가하였다. 이 기간에 조선인의 인구는 이전 시기의 비율에 비해 떨어졌지만 경기 불황임에도 불구하고 일본인의 경우와 달리 지속적으로 증가하였음을 보여준다. 1933년에서 1942년 사이에 77.15% 증가한 셈이다. 특히 같은 기간에 대비하여 전국 단위에서 조선인이 16.29% 증가한 점과 비교할 때 매우 높은 수치이다. 이는 유념해야 할 수치이다. 물론 1940년 11월 군산부 행정 구역의 확장을 감안하여 1939년을 기준을 잡더라도 24.35% 증가하였음은 높은 수치이다.

　　반면에 일본인의 경우, 1937년을 정점으로 인구가 가장 많다가 이후에는 인구가 감소하는 하강 국면을 보여주고 있다. 그 결과 일본인의 인구는 0.7%씩 감소한 셈이다. 이러한 추세는 조선인의 경우와 달리 일본인의 轉入 또는 移來보다는 轉出 또는 移居가 많아지기 시작하였음을 가리킨다. 아울러 이 시기에 일본 독점 자본의 진출로 같은 기간에 일본인의 조선 전체 이주가 약 35.3%로 증가한 데 반해 일본인의 군산 이주가 약 6.3%로 감소한 점을 감안하면 일본인의 군산부 이주가 하강세임을 여실히 보여준다.[85] 그 밖에 외국인이라 할 화교들은 만보산사건으로 잠시 감소하더니만 1930년대 중반 회복세를 보이고 있다. 그러나 중일전쟁 여파로 다시 격감하였다.

　　그런데 이 시기 조선인이나 일본인의 정주성은 강해졌다. 조선인의 경우, 1933년에는 세대당 인구가 4.42명이었지만 1942년에는 5.95명까지 늘어났다. 일본인의 경우, 1933년 3.91명이 가장 적고 나머지 연도는 1934년을 제외하고는 4.5명 이상이나 되었다. 이는 조선인과 일본인이 공히 단독 단위보다는 가족 단위로 이동하는 것이 고착화되어 가고 있음을 보여준다.

　　이와 같이 조선인의 인구는 급증하고 있었던 데 반해 일본인의 인구

---

85) 朝鮮總督府, 『朝鮮總督府統計年報』 각연도.

는 오히려 감소하고 있었다. 반면에 조선인이나 일본인이나 정주성은 이전 시기보다 훨씬 강해지고 있다. 그러면 이런 현상을 당시 이동사정과 연계하여 살펴보자. 다만 여기서는 이동사정을 구체적으로 알 수 있는 자료가 없어 여타 자료를 통해 접근해 보기로 한다.

조선인의 경우, 이런 증가는 조선인 자영농층 및 소작인들의 몰락에 따른 배후지 농촌의 압출에서 연유하였다. 예컨대 1935년 10월 현재 군산부 인구가 4만 명을 돌파하는 과정에서 단 10개월간에 4천명이 증가하였다.[86] 그 주된 이유가 자연적 증가가 아니라 배후지 농촌의 부랑세대와 노동자들의 전입이었다. 그리고 이들 중 극히 일부가 군산부두의 화물 운송에 종사하였을 것이다.[87] 이는 일제의 노동정책보다는 일제하 지주제의 모순에서 비롯된 강요적 이동이라 하겠다.

다음 일본인의 경우, 1934년 미곡 통제법의 시행, 長項과 麗水의 성장 등으로 군산이 미곡 무역항으로서의 위상이 흔들리는 상황과 밀접하게 연관되어 있었다.[88] 미곡 수이출의 경우, 미곡통제법에도 불구하고 1934년에 수이출량이 200만 석을 초과하였으나 곧이어 1936년과 1937년 각각 180만여 석과 1937년 140만여 석으로 떨어졌다.[89] 그리하여 일본인들은 1910년대 후반~1920년대 호황과 달리 불황이 이처럼 닥쳐오자 타지역으로 점차 전출하거나 이주하였다.

이와 같이 이 시기에는 미곡통제법이 실시되었다는 조건에서 조선인과 일본인의 인구 변화는 사뭇 서로 다른 양상을 보여주고 있다. 전자는 미곡통제법의 실시와 미곡수이출의 감소에도 불구하고 오히려 증가하고 있었던 데 반해 후자는 이에 따른 영향으로 성체를 변치 못하고 있다. 따라서 이러한 변화들은 군산부 주민들의 직업 구성을 비롯한 생

---

86) 『東亞日報』 1935년 11월 21일.

87) 『東亞日報』 1935년 4월 19일.

88) 이에 관해서는 이준식, 2006, 앞의 논문 참조.

89) 群山府, 1939, 『昭和13년 統計年報』, 7쪽.

활 세계에 다르게 영향을 미치고 있음을 반영한다. 물론 이에 따른 계층 분화의 방향도 지역적 성격을 반영하고 있음을 보여준다.

III. 社會階層 分化의 방향과 人口移動의 새로운 양상

1. 職業構成의 변화

군산부에서 일본인의 이주는 물론 조선인의 전출입을 포함한 인구 이동은 군산부의 사회경제적 변동에 못지않게 직업 구성의 변화에 영향을 미쳤다. 이는 군산부에 移來한 주민들이 혈연·지연이라는 연망에 기반하여 소득이 높거나 사회적 위상이 높은 직업을 선택하는 동시에 계층 이동에 적극 활용하였기 때문이다. 특히 이주 일본인의 경우, 먼저 군산에 이주해 온 가족, 친인척 및 동향 출신들의 지원에 힘입어 정주 기반을 확보하는 동시에 지역 정치의 유력자로서 성장할 수 있는 토대를 구비할 가능성이 높았다. 이는 직업 구성의 변화에서 잘 나타난다. 그러면 I장의 시기 구분에 준하여 직업 구성의 변화를 고찰하기로 한다.[90]

i)시기는 1899년 개항 직후부터 1910년 일제의 대한제국 강점 시점까지이다. 〈표 5〉는 이 시기 직업 구성의 추이를 보여준다.

---

90) 본래 해당 각 연도의 통계 수치를 추출하여 시계열적으로 분석하고자 하였다. 그러나 이에 해당하는 지역 관련 통계 자료가 남아있지 않아 전체적인 변화를 추적하지 못하고 극소수의 현존 연보를 활용하여 해당 시기의 특징을 추출하였다.

<표 5> 군산부 직업 구성의 변화(1899~1910)   (단위 : 호수)

연도 직업별	조선인* 1910	일본인 1901	일본인 1905	일본인 1910	各府 일본인 1910
농림과 목축업	251 (19.72)	6	47	103 (10.45)	1,044 (3.20)
어업과 제염업	25 (1.96)	4		48 (4.87)	750 (2.30)
광공업	6 (0.47)	52	75	96 (9.74)	4,289 (13.16)
상업과 교통업	210 (16.50)	131	209	321 (32.56)	9,150 (28.08)
공무와 자유업	14 (1.10)	1	36	95 (9.63)	5,623 (17.26)
기타업무	583 (45.80)	2	13	300 (30.43)	10,449 (32.07)
무직과 직업신고하지 않는 자	164 (12.88)	1,662		23 (2.33)	1,278 (3.92)
총계	1,273	1,858		986	32,583

*출전: 朝鮮總督府, 1910, 『民籍統計表』; 『通商彙纂』, 明治 34年 10月號(통권 203호) ; 『明治 43년 朝鮮總督府統計年報』; 『群山府史』(1935) ; 『全羅北道統計年報, 1914』; 『昭和13년 統計年報』; 尹正淑, 1985, 「開港場과 近代 都市 形成에 關한 歷史地理的 研究─群山港을 中心으로」, 『地理學』 32, 87쪽.
*비고: 조선인의 경우, 옥구부 북면에 거주하는 주민의 수치이다. 북면은 이후 군산부에 해당한다. 괄호는 백분율.

농림업과 목축업의 경우, 조선인이든 일본인이든 일본인 각부(各府) 통계상의 비율에 비해 높다. 이는 군산부 배후지가 농촌이라는 점, 일본인 지주들과 자본가들이 토지를 대량으로 매득했다는 점이 작용한 것으로 보인다. 특히 농림과 목축업에 종사하는 일본인이 많아졌다는 사실은 이 시기 일본인 이주의 사업투자적 성격을 잘 보여준다.

어업과 제염업의 경우, 군산이 바다에 접한 수산 도시라는 점에서 조선인이나 일본인이든 각부 거주 일본인의 비율에 비해 높다. 반면에 광공업의 경우, 각부 거주 일본인의 비율이 높다. 다만 일본인의 경우, 각부 거주 일본인의 비율에 비해 크게 떨어지지 않는다.

상업과 교통업의 경우, 조선인의 비율은 각부 거주 일본인의 비율보다 떨어지지만 일본인의 비율은 오히려 높다. 군산부가 미곡을 비롯하여 잡화물품을 많이 취급하는 일본인들이 많았기 때문이다. 다만 군산부 공무와 자유업 종사자의 경우, 군산부 일본인 상공업 종사자의 비율이 높은 까닭에 각부 거주의 동 분야 종사자의 비율보다 낮다.

끝으로 기타업무의 경우, 조선인 종사자의 비율이 각부 일본인 종사자는 물론 군산부 일본인 종사자의 비율보다 훨씬 높다. 이는 직업별(소분류)에서 하역노동자 등이 누락되어 있는 점을 감안하면 조선인 종사자들 중에 부두의 하역노동자를 비롯한 일용적 자유노동자가 많았기 때문이다.[91]

ⅱ)시기는 1910년 일제의 대한제국 강점부터 1919년 3·1운동까지이다. 〈표 6〉은 이 시기 직업 구성의 추이를 보여준다.

〈표 6〉 일제강점기 군산부 직업 구성의 변화(1910~1919)   (단위: 호수)

직업 \ 연도	조선인		일본인		일본인(전국)
	1916	1910	1916	1910	1916
농림과 목축업	12 (0.90)	251 (19.72)	47 (3.34)	103 (10.45)	12,231 (13.54)
어업과 제염업	16 (1.20)	25 (1.96)	44 (3.13)	48 (4.87)	
광공업	119 (8.93)	6 (0.47)	194 (13.82)	96 (13.16)	10,421 (11.53)
상업과 교통업	545 (40.92)	210 (16.50)	395 (28.13)	321 (32.56)	24,925 (27.59)
공무와 자유업	29 (2.18)	14 (1.10)	90 (6.41)	95 (9.63)	29,931 (33.13)

91) 홍순권은 '부산호구조사'에 근거하여 부두 하역노동자가 기타 업무에 속했을 것이라고 추정하고 있다. 홍순권, 2004, 앞의 논문, 59-60쪽 참조.

기타업무	492 (36.94)	583 (45.80)	539 (38.39)	300 (30.43)	9,288 (10.28)
무직과 직업신고하지 않는 자	119 (8.93)	164 (12.88)	95 (6.77)	23 (2.33)	3,549 (3.93)
총계	1,332	1,273	1,404	986	90,345

*출전: 群山府, 1917, 『群山府勢要覽』(1916년 10월 기준).
*비고: 일본인의 경우, 주로 도시에 살기 때문에 각부의 일본인 인구와 비교할 필요가 있다. 그러나 관련 통계가 없어 전국 통계를 이용하였다. 다만 조선인의 경우, 도시와 농촌의 편차가 크기 때문에 전국 통계는 제외하였다. 괄호는 백분율.

농림업과 목축업의 경우, 조선인이든 일본인이든 전국 거주 일본인의 비율에 비해 낮다. 이는 1910년 이후 일본인 농업 경영자의 이주가 줄어드는 가운데 조선인 농업경영자의 몰락에서 비롯된 것으로 보인다. 이러한 사정은 어업과 제염업의 경우에도 마찬가지로 적용된다.

다음 광공업의 경우, 조선인의 비율이 높아졌다. 군산이 철도, 도로망, 통신망 등 사회간접자본 시설의 확충과 함께 상하수 시설, 전기 시설 등의 도시 시설이 발달하면서 조선인 종사자가 증가한 것으로 보인다. 특히 상공업 종사자의 급격한 증가는 미곡이 수이출되는 가운데 정미공장 등이 설립되면서 공장 노동자들이 증가한 데 따른 결과로 보인다.[92] 반면에 일본인 종사자의 비율은 전체적으로 감소하거나 정체한 가운데 기타 업무 종사자와 무직 및 직업을 신고하는 않는 자의 비중이 높아졌다. 이는 1930년의 경우에 비추어 보았을 때 恩給, 年金 등의 수입, 小作料 수입, 地代, 家賃, 有價證券 등으로 생활하는 자가 증가한 데서 비롯된 것으로 추정된다.[93]

---

92) 1910~1919년 사이에 정미 공장을 중심으로 19개 공장이 설립되었으며 1,291명을 고용하였다. 이 중 일본인 노동자는 85명에 지나지 않았다. 이에 관해서는 群山商業會議所, 1926, 『大正15年 昭和元年 群山商業會議所統計年報』, 174-177쪽 참조.

93) 『昭和5年國勢調査報告書』의 직업분류에 따르면 無職의 경우, 크게 수입에 의한 자와 기타의 無業으로 나눈다. 전자의 경우, 恩給, 年金 등의 수입, 小作料 수입, 地代, 家賃, 有價證券 등에 의존하여 생활하는 자가 여기에 해당한다. 아울러 일본인들은 후

조선인의 경우, 농업경영자는 감소한 반면 상업 및 교통업 종사자가 급증하였다. 이는 일본인들의 소유 농지가 증대하면서 조선인 자영농이 몰락하는 가운데 미곡의 상업화가 진전되면서 상업 종사자가 증가한 것으로 보인다. 어업의 경우, 일본인 이주자는 증가하지 않지만 규모가 커지면서 조선인 어업자가 감소한 것으로 보인다. 대신에 조선인이나 일본인들이 기타 업무에서 증가하였다.

iii)시기는 1919년 3·1운동 이후 1934년 미곡통제법 실시 이전까지이다. 〈표 7〉은 이 시기 직업 구성의 추이를 보여준다.

〈표 7〉 군산부 직업 구성의 변화(1919~1934)　　　　(단위 : 호수)

직업 \ 연도	조선인		일본인		일본인(전국)
	1929	1916	1929	1916	1929
농림과 목축업	22 (0.58)	12 (0.90)	21 (0.97)	47 (3.34)	9,261 (7.27)
어업과 제염업	5 (0.13)	16 (1.20)	37 (1.71)	44 (3.13)	2,937 (2.31)
광공업	458 (12.11)	119 (8.93)	448 (20.73)	194 (13.82)	17,333 (13.62)
상업과 교통업	1,468 (38.82)	545 (40.92)	631 (29.20)	395 (28.13)	36,164 (28.41)
공무와 자유업	297 (7.85)	29 (2.18)	616 (28.51)	90 (6.41)	48,730 (38.28)
기타업무	895 (23.66)	492 (36.94)	303 (14.02)	539 (38.39)	9,038 (7.10)
무직과 직업신고하지 않는 자	637 (16.84)	119 (8.93)	105 (4.86)	95 (6.77)	3,837 (3.01)
총계	3,782	1,332	2,161	1,404	127,300

*출전: 群山府, 1917, 『群山府勢要覽』(1916년 10월 기준) ; 群山府, 1930, 『群山府勢一班』(1929년 기준).
*비고: 괄호는 백분율.

술하는 바와 같이 후자보다는 주로 전자에 해당할 것이다.

농림업과 목축업의 경우, 조선인이든 일본인이든 전국 거주 일본인의 비율에 비해 훨씬 낮다. 일본인 대지주들이 이미 대규모로 토지를 사들여 농장을 경영한 까닭에 새로운 증가를 보이지 못했다. 어업과 제염업의 경우도 마찬가지로 보인다.

광공업의 경우, 조선인이든 일본인이든 일본인 전국 통계상의 비율보다 낮지만 이전 시기에 비해 비율이 높아졌음을 확인할 수 있다. 이는 이 시기에 많은 공장이 설립되고 공장 노동자의 수가 크게 증가하였기 때문이다.[94] 아울러 미곡 수이출의 증가와 도시화의 진전에 힘입어 주택과 창고의 건축 등의 분야가 활발하였기 때문이다.

상업과 교통업의 경우, 비율상 iii)시기와 별로 차이가 나지 않지만 종사자 자체로 보면 크게 신장하였다. 미곡 수이출의 증가 등에서 비롯된 것으로 보인다.

한편, 공무와 자유업의 경우, 조선인이든 일본인이든 iii)시기와 비교하여 약진을 보였다. 이는 후술하는 바와 같이 1930년 『國勢調査報告書』에 따르면 조선인과 일본인 중에서 관리 숫자가 증가한 데서 비롯되었다. 또한 학교의 증설, 위생 시설의 확충, 재판 기구의 확대 및 상업 시설의 증대에 따라 관련 분야 종사자가 증가하였다. 이 직종에는 교장, 교직원, 의사, 치과의사, 산파, 서기적 직업, 대서인 등이 포함된다. 일제하 교육과 사법 체제를 포함한 통치 체제의 강화와 관련된다고 하겠다.

iv)시기는 1919년 3·1운동 이후 1934년 미곡통제법 실시 이전까지이다. 〈표 8〉은 이 시기 직업 구성의 추이를 보여준다.

---

94) 1899년부터 1926년까지 군산에는 총 39개의 공장이 설립되었다. 이 중 1920년 이후부터 1925년까지 단 5년 사이에 14개가 새로 설립되었다. 그리고 전체 공장 노동자 1,901명 중 529명을 차지하였다. 이에 관해서는 群山商業會議所, 1926, 앞의 책, 174-177쪽 참조.

<표 8> 일제강점기 군산부 직업 구성의 변화　　　　　　　　(단위 : 호수)

직업 ＼ 연도	조선인		일본인		일본인(전국)
	1938	1929	1938	1929	1938
농림과 목축업	75 (1.07)	22 (0.58)	43 (2.06)	21 (0.97)	7,222 (4.55)
어업과 제염업	54 (0.77)	5 (0.13)	22 (1.05)	37 (1.71)	2,273 (1.43)
광공업	632 (8.99)	458 (12.11)	263 (12.58)	448 (20.73)	30,913 (19.47)
상업과 교통업	2,323 (33.04)	1,468 (38.82)	745 (35.65)	631 (29.20)	41,001 (25.83)
공무와 자유업	649 (9.23)	297 (7.85)	772 (36.94)	616 (28.51)	64,365 (40.54)
기타업무	2,936 (41.76)	895 (23.66)	132 (6.32)	303 (14.02)	5,240 (3.30)
무직과 직업신고하지 않는 자	361 (5.14)	637 (16.84)	109 (5.22)	105 (4.86)	7,749 (4.88)
총계	7,030	3,782	2,090	2,161	158,763

*출전: 群山府, 1930, 『群山府勢一班』(1929년 기준) ; 群山商工會議所, 1939, 『昭和13年 統計年報』(1938년 기준).
*비고: 괄호는 백분율.

　　농림업과 목축업의 경우, 조선인이든 일본인이든 일본인 전국 통계상의 비율에 비해 훨씬 낮다. 그러나 일본인 농업경영자들이 배로 늘었다. 이는 전시경제하에서 北鮮 地域의 工業化에 따라 군산부의 광공업이 위축·통폐합되는 가운데 여기에 투자했던 자본가들이 자본을 회수하여 토지를 사들인 것으로 보인다.[95] 조선인의 경우도 이와 비슷했으리라 추정된다.

　　상업과 교통업의 경우, 비율상 iii)시기에 비해 떨어졌지만 종사자 자체로 보면 크게 신장하였다. 이는 군산지역의 공업화가 지지부진한 가

---

95) 1930년대 말 북선 공업화의 영향이 군산부 광공업 구조에 미친 영향에 관해서는 별도의 논문으로 정리할 예정이다.

운데 여전히 미곡 수이출 증대에 의존해야 했던 군산 경제의 현실을 보여준다. 이는 기타 업무에서 그대로 드러난다. 물론 도시화의 진전에 따라 관련 종사자가 증가한 측면도 있다. 그러나 기타 업무 종사자의 급격한 증가는 부두 하역노동자를 비롯한 일용 노동자의 증가에서 비롯되었다고 하겠다.[96]

한편, 공무와 자유업의 경우, 조선인이든 일본인이든 iii)시기와 비교하여 약진을 보였다. 여전히 통치 기구의 정비 등에서 비롯되었다고 하겠다. 이 중에서 관리수의 증가가 큰 비중을 차지하였다.[97] 또한 학교의 증설, 위생 시설의 확충, 재판 기구의 확대 및 상업 시설의 증대에 따라 관련 분야 종사자가 증가하였다. 이 직종에는 교장, 교직원, 의사, 치과의사, 산파, 書記的 職業, 代書人 등이 포함된다. 반면에 무직과 직업을 신고하지 않는 경우, 일본인과 달리 조선인은 그 비율이 높아졌다.[98] 그것은 Ⅲ장 2절에서 언급한 바와 같이 실직자의 감소라기보다는 도시 빈민의 급증과 함께 당시 조선인 학생, 생도들의 감소에서 비롯되었다고 하겠다.

2. 社會階層의 양극화

군산부 주민들은 시기별로 다른 직업 구성을 보여주고 있다. 특히 주민들 사이에서 민족별 차이를 극명하게 보여주고 있다. 그러나 직업 구성은 그 자체가 해당 종사자의 사회적 위계성을 보여주지 못한다. 이는 당시 소득, 노동 조건 및 사회적 인식, 주거 환경 등과 관련하여 접근할

---

96) Ⅱ장 2절 참조.

97) 이러한 경향은 군산부뿐만 아니라 조선 전국에서 일어나는 현상이었다. 이에 관해서는 金永謨, 1982, 『韓國社會階層研究』, 一潮閣, 236쪽 참조.

98) 이 경우는 후술하는 바와 같이 군산부에서 조선인 실업자가 급증하는 상황에서 일본인과 달리 직업이 없어 신고하지 않는 자가 많아졌다고 추정할 수 있다.

때 사회 계층 구조를 파악할 수 있다. 우선 특정 연도의 직업 구성을 단면적으로 구획하여 군산부의 계층 구조에 접근해 보기로 한다. 〈표 9〉는 1930년 『國勢調査報告書』의 군산부 직업 구성에 입각하여 다시 정리한 계층 구성이다.[99]

〈표 9〉 1930년 군산부의 계층 구성

계층별	조선인	일본인	외국인	계
a : 농수산업 종사자	688(11.35)	118(3.51)	5(0.80)	811(0.01)
b : 사용자	96(1.58)	223(6.63)	7(1.12)	422(4.20)
c : 관리자 및 기술자	46(0.76)	143(4.25)	13(2.08)	202(2.01)
d : 자영업자	1,384(22.83)	647(19.23)	128(20.51)	2,159(21.48)
e : 관공리 및 전문직	185(3.05)	451(13.41)	0(0)	636(6.33)
f : 육체노동자	3,908(64.48)	1,908(56.72)	473(75.80)	6,289(62.58)
g-1 : 기타	9,414	5,089	85	14,588
g-2 : 무직 / 미신고자	246	126	2	374
I = 합계	15,721	8,579	711	25,011
I-g(%)	6,061(100)	3,364(100)	624(100)	10,049(100)

*출전: 朝鮮總督府, 1936, 『朝鮮國勢調査報告書』(全羅北道篇), 144-163쪽에 의거하여 작성
*비고: 외국인은 화교를 가리킨다. 단 기타(여관, 하숙업, 요리점 등)의 외국인 중에 非華僑 1인이 포함되어 있다. 괄호는 백분율.

군산부 조선인의 사회 계층 구성을 보면, 사용자 1.58%, 관리자 및 기술자 0.76%, 자영업자 22.83%, 관공리 및 전문직 3.05% 등 사회의 상류층을 포함하는 중류 이상의 사회계층이 28.22%에 지나지 않다. 반면에

---

99) 〈표 9〉는 홍순권의 계층 분류 방식에 입각하여 재구성하였다. 계층 분류·계급 구조 분석 방식은 김영모, 구해근, 서관모, 홍두승 등 많은 선학들이 제시하였다. 그러나 일제 강점기 직업 분류 기준과 해방 이후 직업 분류 기준이 매우 달라 현대 직업 분류에 입각한 계층 분류 기준을 적용하기에는 난점이 따랐다. 이에 비해 홍순권의 경우, 『國勢調査報告書』의 직업 분류 기준을 최대한 살리면서 계층적·역사적 성격을 드러내고자 하였다. 또한 홍순권과 동일한 기준을 적용할 때 군산부와 부산부의 계층 구조를 비교하여 그 특징을 추출할 수 있다. 이와 관련하여 홍순권, 2004, 앞의 논문, 64-66쪽 참조.

일본인의 사회 계층 구성을 보면, 사용자 3.51%, 관리자 및 기술자 6.63%, 자영업자 19.23%, 관공리 및 전문직 13.41% 등 사회의 상류층을 포함하는 중류 이상의 사회계층이 42.78%에 이른다. 요컨대 〈표 9〉에서는 전체적으로 볼 때 일본인 계층 구성이 조선인 계층 구성에 비해 상대적 중간층이 두터운 계층 구성임을 보여주고 있다.

다음 이런 계층 구성을 염두에 두고 생산 수단에 대한 소유 또는 통제 여부, 직업 종사자의 보수, 노동 조건 등을 고려하면서 세분하여 각 계층의 구체적 특성을 보기로 한다.[100]

우선 사용자, 관리자 및 기술자의 경우, 일본인이 조선인에 비해 4배 이상에 이르러 생산 수단을 소유하거나 통제하는 비중이 훨씬 높다. 우선 사용자들 중 일본인이 많은 분야는 토목건축업, 청부업, 가스업, 전기업, 수도업 등 토목전기 관련 분야와 함께 은행업, 신탁업, 보험업, 貸金業, 전당업[質屋業] 등 금융업에 다수 포진되었다. 이주 일본인들이 토목건축 분야에서 성공한 경우가 많았으며, 또한 군산의 자금 흐름을 장악하고 있음도 확인할 수 있다.

자영업자의 경우도 사정은 마찬가지였다. 자영업자로서 가장 많은 비중을 차지하는 물품판매업주 가운데 가장 많은 거래액을 보이는 穀類, 粉類 판매 업주에서 조선인 업주는 64명인 데 반해 일본인 업주는 60명에 이르고 있다. 당시 조선인과 일본인의 인구 비율에 대비하면 일본인이 米穀, 粉類 거래에서 차지하는 비중을 짐작할 수 있겠다. 또한 여기에 포함된 노점상인, 행상인, 呼賣商人은 조선 상인과 일본 상인이 각각 409명과 25명이었다.

상업 금융계의 핵심 직업이라 할 은행가, 보험대리업자 등은 대부분 일본인이 차지하고 있다. 접객업의 경우, 조선인이 다른 업종에 비해 매

---

100) 朝鮮總督府, 1936, 『朝鮮國勢調査報告書』(全羅北道篇), 144-163쪽. 이하 각주가 없는 것은 이를 참조.

우 높은 비중을 차지하고 있다. 군산이 일제하 소비·유흥 도시임을 고려한 조선인 업주들의 행태를 보여준다. 이에 반해 운수업에서는 일본인이 장악하고 있다. 이들은 대부분 자본가로서, 선장으로서, 심지어 자동차 운전수로서 운수업계의 중요 인사로 영향력을 행사하였다. 또 일본인 자본가들이 통신도 장악하고 있었다. 반면에 조선인은 키잡이, 水夫, 仲仕, 荷扱夫, 운반부 등에 집중되어 있다. 조선인은 운수·통신업계에서 하부층을 형성한 셈이다.

당시 상업과 교통업 종사자 중에서 조선인은 이처럼 하류층을 차지하고 있던 데 반해 일본인은 상류층을 차지하고 있었다. 이는 양자간 소득의 격차와 사회적 지위의 차이를 여실히 보여준다 하겠다.

농업 관련 종사자의 경우, 조선인은 米作自作業主가 84명인 데 반해 小作業主는 90명에 이르고 있다. 소작업주가 절반을 넘어서고 있는 셈이다. 또한 농업노동자 역시 80여 명을 넘었다. 반면에 일본인은 4명을 제외하고는 자작업주로서 지주들이었다. 그 규모 역시 조선인과 일본인의 차이가 극심하였다. 일본인이 221정 2,927보, 地價 585,263원, 납세액이 9,949원 84전인 데 반해 조선인은 25정 2,113보, 地價 30,657원, 납세액이 531원에 지나지 않았다.[101] 또한 이들 지주는 군산 배후지인 옥구, 익산 등지의 농장을 소유하고 있다는 점을 감안하면 그 격차는 훨씬 커진다.[102] 수산업 종사자도 조선인 업주가 많았지만 인구에 비해 적었을 뿐더러 어업 규모도 일본인보다 영세하였다.[103] 반면에 어업노무자는 전체 332명 중 조선인이 303명에 이르렀다.

육체노동자의 경우, 조선인과 일본인의 비중은 거의 비슷하다. 그러

---

101) 『東亞日報』 1934년 5월 13일.

102) 익옥수립조합 구역 내 토지의 규모를 보면 조선인 토지는 3천 정보, 일본인 토지는 7천여 정보였다(『東亞日報』 1931년 9월 20일).

103) 전라북도 어업자의 대부분은 군산어업자로 1930년대 조선인과 일본인의 出漁횟수와 어획고 금액을 보면 1회당 어획고 금액이 각각 493.78원과 857.54원이었다. 이에 관해서는 朝鮮總督府, 1932, 『昭和5年朝鮮總督府統計年報』, 139쪽 참조.

나 그 내용을 보면 대우 다르다. 우선 직종이 판연히 다르다. 조선인의 경우, 精穀工, 제분직, 澱粉製造工, 混綿工, 革製造工, 재단공, 문선공, 식자공, 토공, 火夫, 船夫, 인력거부, 荷車挽, 馬方, 仲士, 荷扱夫, 운반부, 배달부 등 비숙련 내지 힘든 분야에 종사하는 노동자들이 다수 포함되어 있다. 또 券番, 객인, 요리인, 藝妓 등 유흥서비스업에 종사하고 있다. 반면에 일본인의 경우, 상당수가 車大工, 船大工, 건축 대공 등 각종 대공을 비롯하여 전공 등 숙련노동자였다.

광공업의 경우, 군산에 광산이 없기 때문에 채탄종사자 등은 보이지 않는다. 조선인들은 주로 직공을 비롯한 노동자(정곡공, 제분직, 전분제조공, 기타 木竹草蔓類 제조종사자, 재단공, 재봉공, 토공 등)로 구성되어 있는 데 반해 일본인들은 자본가로 구성되어 있다(토목건축, 양조 등). 특히 중간 관리층도 일본인의 비중이 매우 높다. 아울러 당시 신기술 분야 종사자 전기기술자, 電工 등은 일본인이 많다. 특히 높은 임금을 받고 기술이 뛰어난 大工의 경우, 일본인이 조선인보다 훨씬 많다.[104] 대공직의 경우, 1일 임금이 일본인은 평균 2.50원인 데 반해 조선인은 1.50원이었다. 左管職의 경우, 각각 3원, 1.80원이었다. 石工職의 경우, 각각 3.20원, 1.70원이었다. 철공직의 경우, 각각 2.00원, 1.20원이었다. 과자직의 경우, 각각 2.00원, 1.50원이었다. 이처럼 조선인의 임금은 일본인의 53~63% 정도였다. 특히 일본인이 대부분을 차지하는 건축 청부직의 경우, 일본인 대공보다도 5배 이상을 받았다.[105] 민족별 임금 차별 원칙이 이런 광공업 부문에서도 관철되었다.

家事使用人의 경우, 주인의 세대에 있는 가사사용인 중에서 조선인이 차지하는 비중이 높다. 이들은 일본인 資本家家, 地主家 및 조선인 資本家家, 地主家에 거주하면서 노동력을 제공하였다. 또한 其他 有業者의

---

104) 群山商工會議所, 1937, 『昭和11年 統計年報』 ; 『每日申報』 1931년 12월 20일.
105) 『群山日報』 1933년 2월 24일.

경우, 조선인들은 주로 日雇로 고용되었다. 1930년 당시 일본인의 경우, 단 13명에 지나지 않는 데 반해 조선인의 경우, 593명이었다. 그 밖에 조선인은 창고부, 청소부, 잡역부 등 임시 노동자로 고용되었다. 이 역시 일본인의 경우와 비교하였을 때, 매우 높은 편이다. 이처럼 조선인은 노동 시장에서 매우 열악한 처지에 몰려 있었을 뿐더러 열악한 노동 조건을 감내해야 했다.

이와 같이 근대 산업 사회에서 중요한 비중을 차지하고 있는 2차 산업 종사자들 중에서 일본인들은 상류 계층에 속한 반면에 조선인들은 하류 계층에 속하였다. 즉 산업화와 도시화에 따라 새로운 근대 직업이 등장하고 직종이 전문화·다양화되고 있었지만 이는 어디까지나 일본인들의 몫이었다.

관공리의 경우, 정치 영역이라 할 관공리 역시 일본인들이 대부분을 차지하고 있다. 다만 변호사의 경우, 조선인들의 진출이 보인다. 반면에 교육직, 의료업 등은 일본인이 차지하고 있다. 물론 조선인들도 의사, 치과의사로 활동하고 있다. 그러나 인구에 비추어 보았을 때 그 비중은 낮다고 하겠다. 아울러 간호인과 산파는 일본인들이 차지하고 있다. 서기적 직업의 경우, 통치 행정과 관련해서 일본인들의 비중이 매우 높음을 볼 수 있다. 반면에 代書人, 代願人 등 하급 서기직은 조선인들이 상대적으로 많은 편이다.

무직자 중 일본인들이 매우 많은 편이다. 그런데 이들은 은급, 소작료, 지대, 家賃, 유가증권 등 각종 수입을 통해 무위도식하는 층들이다. 특히 학생도 일본인 학생이 조선인 학생보다 훨씬 많다.

이와 같이 1930년도 군산부 직업구성을 통해 계층 구성을 추출한 결과 사회 계층의 양극화가 민족별로 진행되고 있음을 확인할 수 있다. 그리고 이러한 경향은 1930년대 후반에 갈수록 더욱 심화되었다. 〈표 8〉을 통해 알 수 있었듯이 조선인의 경우, 기타 업무 종사자, 즉 기타 유업자가 1929년에 비해 3배 이상 증가하였으며 비율도 2배 가까이 늘어났다. 반면에 일본인의 경우, 오히려 종사자 수 자체나 비율이 줄어들었다. 그 결과 1933년 9월 현재 조선인과 일본인의 전체 소득액, 호당 소득액은 〈표 10〉과 같다.

〈표 10〉 1933년 군산부 주민의 소득액과 각종 세금

戸勢＼民族別		조선인	일본인	비고
총호구		5,919호	2,306호	
전체 소득액		700,000원	3,900,000원	
호당 소득액		118원	1,690원	
1호당 소득액 분포	1,000원 이상	260호	907호	총인구 35,575명
	1,000원 미만	2,677호	1,432호	
가옥세		1,497원	6,445원	
지세		531원	9,949원	

*출전: 『東亞日報』 1933년 9월 20일 ; 1933년 9월 21일.

　　이러한 사회 계층의 민족별 양극화는 30년대 후반으로 갈수록 심해졌다. 1935년 群山府 戸別稅의 경우, 일본인이 호당 12원 61전을 부담하는데 반해 조선인은 3원 64전에 불과하였다.[106] 그리고 1936년에는 도별 호별세가 각각 8원 14전과 1원 44전이었다. 일본인과 조선인의 호별세 부담 비율이 3.46대 1에서 5.65대 1로 벌어졌다.[107] 심지어 조선인의 경우, 총호수의 반 이상이 면세자임을 감안하면 조선인의 생활수준을 추정할 수 있겠다. 심지어 호적상에 오르지 못한 조선인 浮浪世帶도 만만치 않았다.[108] 그래서 당시 『東亞日報』 1935년 11월 2일자 기사에서는 "미곡이출항으로 조선서 수위를 가는 현대적 문명도시인 군산에서 조선인의 극빈자는 조선에서 둘째로 가라면 섭섭하리 만큼 엄청나게 많다"

---

106) 『東亞日報』 1935년 10월 19일 ; 『朝鮮中央日報』 1935년 9월 13일.
107) 『東亞日報』 1936년 8월 11일.
108) 『東亞日報』 1935년 8월 25일 ; 1935년 11월 2일.

고 표현하였다. 당시 군산부 소재 51개소의 미곡소매점 판매 현황을 조사한 바에 따르면 군산부 주민이 소비하는 식량 중에서 싸래기가 70%를 차지할 정도였다.[109]

나아가 사회 계층의 민족별 양극화는 부협의회 선거를 왜곡시켰다. 1931년 군산부 선거유권자 중에서 일본인이 63%를 차지한 가운데 조선인은 22%에 지나지 않았다.[110] 그 결과 부협의회는 일본인 유력자들의 의견이 반영되는 擬似自治會에 지나지 않았다.

3. 都市 貧民 問題와 人口移動의 새로운 양상

1930년대에 들어오면 계층 구성에서 군산부 주민의 민족별 양극화가 심화되는 가운데 이를 촉진하는 요소들이 대두하였다. 우선 하나는 전술한 바와 같이 1934년 미곡통제법의 실시에 따라 군산의 미곡 수이출이 정체를 면치 못하면서 군산의 지역 경기가 불황에 들어간 것이다. 또 하나는 배후지 농촌인 옥구 등지에서 몰락한 소작농과 유랑 세대의 전입에서 연유하였다. 그런데 전자가 일제하 농공분업체제에 따른 作物單作 방식에서 비롯되었다고 한다면 후자는 일제하 지주제의 모순에서 말미암았다.

이러한 조짐은 1920년대에 이미 나타나고 있었다. 그러나 이것이 전면적으로 드러나기 시작한 것은 1920년대 후반부터 본격화되었다. 우선 배후지 농촌인 옥구 등지에서 몰락한 소작농과 유랑 세대가 군산부로 전입하였다. 물론 여기에는 계절적인 요인 및 자연 재해와도 밀접하게 관련되었다. 그러나 중요한 요인은 조선인 자작농 및 소작농의 몰락이었다.[111] 옥구군의 경우, 1916년 자작농 8.9%, 자소작농 37.9%, 소작농 53.5%

---

109) 『東亞日報』 1935년 11월 1일.

110) 『東亞日報』 1931년 5월 9일.

111) 이에 관해서는 주봉규·소순열, 1996, 『근대 지역농업사연구』, 제1장 전북의 농업구조.

였지만, 1930년에는 각각 1.6%, 11.3%, 87.1%였다.[112] 특히 소작농의 경우, 전라북도에서 가장 높았다. 또한 군산부 소작농의 春窮農家率 및 임노동을 하는 소작농 비율이 각각 70.0%, 71.4%로 공히 전라북도에서 가장 높았다.[113] 그리고 이들은 소작권을 박탈당하거나 채무 독촉에 시달려 토지로부터 유리되어야 했다.[114] 아울러 일본인 지주들이 토지 매득과 고리대를 통해 농지를 늘려간 결과 1934년 현재 전체 2만 정보 경지 중에서 일본인 농업경영자 645호가 소유한 경지는 60% 이상이었다.[115]

따라서 옥구군 등 군산부 배후지 농촌의 몰락 농민은 세궁민으로 거주하거나 걸식 농민으로 유랑하였다.[116] 그리고 이 중에서 일부는 군산부에 전입하여 일자리를 구하고자 하였다. 이들은 "쌀의 군산이라는 별명이 있는 만큼 근육노동자의 벌이가 좋다는 말을 듣고" 군산부에 전입하여 부두 하역노동자로 생계를 이어가려고 하였다.[117] 그 결과 각지의 노동자와 농민들이 군산항으로 매일 수십 명씩 모여들었다. 그들은 모두 배후지 농촌 출신으로 몰락한 소작농이 많았다. 나아가 소작농이 이처럼 증가하고 농촌에서 유리하면서 군산 배후지 농촌의 구매력은 감퇴하였고 급기야는 소자본을 가진 중소상인들에게 영향을 미쳐 군산 중소상공업의 몰락을 초래하였다.[118]

그런데 이들의 군산부 전입은 기존의 노동시장에 영향을 미쳤다. 1일 임금이 40~50전에서 20~30전 이하로 하락할 정도였다.[119] 그리하여 노

---

112) 朝鮮總督府, 1917, 『大正5年朝鮮總督府 統計年報』 ; 全羅北道, 1931, 『昭和5年 農業統計』.

113) 朝鮮總督府, 1931, 『朝鮮の小作慣行(下)(續篇)』, 122-125쪽.

114) 『東亞日報』 1933년 3월 26일 ; 1933년 6월 6일.

115) 『東亞日報』 1934년 4월 29일.

116) 옥구군의 세궁민은 6할이며 絶糧農家만 2천 호였다. 그 밖에 걸식자만도 540명이었다(『東亞日報』 1935년 12월 14일). 이와 관련하여 白南雲은 빈농대중의 이동을 경지 소유의 모순과 함께 미곡의 사회적 생산과 지주의 사적 소유의 현실적 모순에서 찾았다(白南雲, 「朝鮮勞動者移動問題」, 『東亞日報』 1935년 1월 1일~1월 2일).

117) 『中外日報』 1929년 10월 14일.

118) 『東亞日報』 1933년 10월 20일.

동시장이 포화상태에 이르러 이들 몰락 소작농과 노동자는 다시 군산항 부두를 떠나는 일이 벌어지기도 하였다.[120] 또 출곡기가 돌아오면 농촌에서 5천여 노동자가 몰리기도 하였다.[121] 그러나 출곡량이 적어 일자리를 잡지 못하였다. 물론 미곡의 수이출량이 줄어들 때는 군산부는 불황에 휩싸여 실업자는 더욱 증가하였다.[122] 그 밖에 일자리를 구하기 위해 많은 노동자들이 돌을 까는 군산 부두에 운집하였다. 일당 임금이 15전에 지나지 않았다.[123] 아울러 몰려드는 노동자들을 통제하기 위해 이들에게 노동증을 배부함으로써 증명서 없이는 노동을 하지 못하도록 하였다.[124] 그 결과 하루 일자리마저 얻지 못한 조선인 노동자는 그들의 가족까지 합쳐 2만여 명이 생활 방도를 마련할 수 없어 막막하게 되었다.[125] 이는 호세 부과율의 하락으로 나타났다. 1931년 4월과 1932년 4월 戶稅 부과율을 볼 때, 전자는 64.31%인 데 반해 후자는 부과율이 44.52%에 지나지 않았다. 이는 인구가 증가하였음에도 불구하고 오히려 조선인 실업자가 급격하게 증가하고 있음을 보여준다.[126] 그 결과 군산부의 경우, 일본인의 실업률이 2.0%에 지나지 않은 데 반해 조선인의 실업률은 25.5%에 이르렀다.[127] 조선인의 이러한 실업률은 신의주부와 부산부에 버금가는 최고 비율이었다. 그리하여 1931년 2월 현재 군산의 조선인 총호수 3,476호 중 免稅하지 아니하면 안 될 極貧者가 약 1,350

---

119) 『東亞日報』 1935년 4월 19일.

120) 『東亞日報』 1935년 9월 6일.

121) 『東亞日報』 1935년 11월 15일.

122) 『東亞日報』 1938년 10월 23일.

123) 『東亞日報』 1935년 10월 1일.

124) 『朝鮮中央日報』 1935년 9월 6일.

125) 『東亞日報』 1935년 11월 15일.

126) 『東亞日報』 1932년 6월 28일.

127) 朝鮮總督府 學務局 社會課, 1932, 『朝鮮に於ける失業調査』, 32쪽. 이와 관련하여 이상의, 2006, 『일제하 조선의 노동정책 연구』, 혜안, 33-42쪽 참조.

여 호에 이르렀다.[128) 그리고 4년 뒤인 1935년 11월 현재 조선인 호별세 면세자 호수는 조선인 총호수 6,141호 중 3,195호에 이를 정도였다.[129) 여기에 호적에 오르지 못한 부랑세대를 감안하면 면세호의 비중은 50%를 훨씬 초과한 셈이다.

한편, 1930년 현재 군산부와 옥구군의 실업자수가 이미 2천여 명을 초과한 가운데[130) 이들 조선인 전입자는 임시 노동자로 취직하든, 걸식자로 유랑하든 농촌으로 돌아가지 못한 채 주거지를 마련하기 위해 土幕 등 불량 주택을 짓고 살아갔다. 이에 1929년 현재 군산부청은 군산 부민의 7~8할이 무산계급이라고 파악하면서 불량주택이 증가하고 있음을 우려하였다.[131) 그래서 빈민 부영 주택을 건축하여 이들 토막민을 수용하고자 하였다.[132)

그러나 군산부청의 이러한 노력은 임시미봉책에 불과하였다. 이런 방책으로 일제하 지주제의 모순과 군산부 지역 경제의 불황을 해결할 수 없었기 때문이다.

이후 토막민은 급속도로 증가하여 1934년 9월말 현재 전라북도에 토막거주자가 전국에서 2위를 차지하였다.[133) 그중 군산의 경우가 전북에서 80%를 차지하였다. 특히 군산에는 가는 나무 가지로 얼기설기 얼거맨 기둥에다 가마니 쪽으로 담을 둘러막은 불량가옥에 거주하는 호수가 4,065호이며 거주자는 15,263인이었다. 이후에도 이런 상황은 변하지 않았다. 이듬해인 1935년 12월 1일 현재 세궁민의 경우, 일본인 28호, 107인인 데 반해 조선인은 3,752호, 15,002명에 이르렀다.[134) 이 중 걸식자

---

128) 『東亞日報』 1931년 3월 21일.

129) 『東亞日報』 1935년 11월 2일.

130) 群山府, 1933, 『府稅槪要』, 27쪽 ; 『每日申報』 1930년 4월 15일.

131) 『中外日報』 1929년 2월 18일 ; 3월 16일.

132) 『東亞日報』 1928년 8월 26일 ; 『朝鮮民報』 1929년 3월 15일.

133) 『東亞日報』 1935년 6월 4일 ; 1935년 11월 26일.

134) 『東亞日報』 1935년 12월 12일.

는 150명이었다. 당시 군산항의 미곡이출량은 일본 본국의 대흉작에 따른 여파로 10월 한달 만에도 30여만 석을 넘을 정도였으나 군산부 조선인의 생활수준은 나아지지 않았고 오히려 빈민으로 전락하고 있었다.

군산부의 이런 상황은 1940년에 이르러서도 좀처럼 개선되지 않았다. 1930년대 초반에 이미 토막민 인구가 전국 2~3위를 다투는 가운데 1940년에 들어와도 전국 도시 중에서 3위를 차지하였다. 〈표 11〉은 이를 잘 보여준다.

〈표 11〉 1940년 각부의 토막 및 불량주택 호수

주거 / 도시	호수			인구수		
	토막	불량주택	계	토막	불량주택	인구수
경성	2,775	4,337	7,512	11,204	23,943	35,147
인천	477	1,867	2,344	2,802	6,387	9,189
개성	32	157	189	121	624	745
대전	21	227	248	82	866	948
군산	112	3,995	4,107	420	15,470	15,890
전주	27	141	141	120	519	639
목포	-	473	473	-	2,365	2,365
광주	10	198	208	22	739	761
대구	159	1,343	1,502	493	4,496	4,989
부산	9	92	101	125	3,674	3,799
마산	-	7	7	-	241	241
진주	4	20	24	21	234	255
해주	65	198	263	248	618	866
평양	185	3,922	4,107	766	18,301	19,067
진남포	5	156	161	20	723	743
신의주	4	517	521	16	2,377	2,393
함흥	3	34	37	18	160	178
원산	5	196	201	28	954	982
청진	5	457	462	20	1,633	1,653
나진	1	196	237	153	663	816
계	3,939	18,933	22,845	16,679	84,987	101,666

*출전: 朝鮮總督府, 1942, 「各府竝隣接地域における土幕及不良住宅表」, 『朝鮮總督府調査月報』, 13-3.

군산이 경성, 평양 다음으로 토막민이 제일 많다. 아울러 인구수를 고려한다면 군산 토막민의 비율은 전국에서 수위를 차지하고 셈이다.

이와 같이 토막민이 계속 증가하면서 도시 문제도 커져갔다. 이는 식생활, 주거생활 전반에 걸쳐 광범위하게 일어났다.

우선 토막민들은 酒粕을 얻으려고 수십 명이 운집하였으며 이것조차 없어 아우성이었다.[135] 이에 만주로부터 粟 2백만 근을 수입하기도 하였다.[136] 그러나 이것조차 관세 인상으로 인하여 들어오지 못함으로써 군산부의 세궁민은 대개 부스러진 쌀알인 싸라기로 일상 식량을 삼기에 이르렀다. 당시 군산항이 미곡이출항임에도 싸라기가 들어올 지경이었다. 그리하여 군산부민의 소비 곡식 중에서 70%가 싸라기였고 나머지 30%가 쌀이었다.[137] 더욱이 싸라기는 곡물판매점에서 말로 팔리는 것은 매우 적고 대부분이 되로 팔렸다. 따라서 곡가가 조금만 올라도 토막민은 물론 임금노동자와 화이트 칼라 노동자들도 고통을 받아야 했다.[138]

다음 주택 문제가 조선인 토막민은 물론 임차인들에게도 영향을 미쳤다. 군산항의 경우, 여기서 받아야 할 전체 借家料가 30만원을 초과하면서 이곳을 빌려 살고 있었던 도시 빈민들이 월세를 내지 못해 쫓겨나야 했다.[139] 또한 借家人 생활을 등한시하지 못할 정도로 주택문제가 심각해 갔다.[140] 그리고 가옥세금 미납으로 500여 가옥이 차압되었다. 그 미납액은 총 700원으로 최고가 30원, 최하 13전의 세액에 지나지 않았다. 그러나 이 금액을 납부하지 못해 차압당하기에 이른 것이다. 이처럼 주택문제가 여타 농촌의 토지문제에 못지않게 쟁의가 첨예화되었

---

135) 『東亞日報』 1934년 5월 3일.

136) 『東亞日報』 1934년 5월 6일.

137) 『東亞日報』 1935년 11월 1일.

138) 『東亞日報』 1934년 5월 3일 ; 1935년 7월 28일.

139) 『東亞日報』 1935년 6월 2일 ; 1935년 10월 13일.

140) 『東亞日報』 1933년 11월 16일.

다.

또한 조선인 토막민의 불결한 위생도 날로 심각해졌다. 이 중 조선인 토막민들이 거주하는 개복동과 장재동 두 곳의 위생시설이 불결하여 전염병의 원천이 되었다.[141] 더욱이 조선인 중 수도 사용자가 40%에 불과한 가운데 물값을 내지 못하여 공용전이 폐지될 지경이었다.[142] 이는 이후에도 좀처럼 개선되지 않아 일부 언론에서는 이를 두고 "일반시가 시설에 조선인촌을 무시"하는 처사라고 비판하였다.[143]

반면에 도시 빈민이 이처럼 크게 증가하면서 전당포업이 성황을 맞았다. 1년간 물건을 저당잡혀 빌린 돈이 50여 만원에 이르렀다.[144] 그리고 이 중 1/25을 차지하는 府營 典當鋪의 이용자는 7천 명가량이었다. 여기에는 조선인 노동자, 소상인 등 도시 빈민이 주를 이루었다. 그래서 1인당 금액도 소소하였다.

당시 신문기사에서 군산부 도시 빈민의 이런 참상을 두고 '大港都 群山', '湖南의 雄都'에서는 많은 조선인들이 "인간생활권에서 축출당"했다고 비판하였다.[145] 그리고 이는 이전부터 계속 증가되어 왔고 앞으로도 증가될 것이라 전망하였다. 미곡 이출에만 기반하여 급속하게 성장한 米穀 都市의 暗雲이었다.

한편 中商工業者들이 이즈음에 몰락하여 이들 상공업자의 破産, 倒産, 去來 杜絕 등이 빈번해졌다.[146] 당장 부도 어음이 1930년에는 그 금액이 32,000여 원이었는데 1931년에는 43,000여 원으로 증가하였다. 또 금융조합의 대출 연체액이 1930년에는 대출액 1,087,000원대 연체액 170,000원

---

141) 『東亞日報』 1935년 7월 31일.

142) 일본인의 경우, 수도사용자가 80%였다(『東亞日報』 1935년 8월 1일).

143) 『東亞日報』 1936년 3월 29일.

144) 『東亞日報』 1933년 7월 19일 ; 1933년 9월 29일 ; 1936년 1월 31일.

145) 『東亞日報』 1935년 8월 24일 ; 1935년 11월 6일.

146) 群山府, 1933, 『府稅槪要』, 29쪽.

이었는데 1931년에는 1,052,000원대 192,000원에 이르렀다.

이에 군산부청과 일본인 유력자들을 중심으로 이러한 위기를 타개하기 위해서 다양한 방법을 강구하였다. 그것은 크게 두 계통으로 진행되었다. 하나는 군산부 일본인 유력자들이 米穀統制法의 시행을 저지하는 한편 군산부의 공업화에 힘을 기울이는 경우이다.[147] 또 하나는 군산부청을 중심으로 家計 收支를 개선하기 위해 부업을 장려하는 한편 실업자를 구제하기 위해 이들을 북부 조선 지역이나 인천 등 공업지대로 송출하는 경우이다.

우선 전자의 경우이다.[148] 미곡상으로 시작하여 대지주로 성장한 森菊五郎은 도쿄까지 출장하여 미곡통제법의 시행을 저지하려고 하였으며 군산부 상공회의소 회장인 赤松繁夫는 경성으로 상경하여 군산부에 공장을 유치하고자 하였다. 또 군산부윤과 함께 神戶에 출장하기도 하였다.[149] 그러나 일제가 대륙 침략을 위해 북부조선을 중심으로 병참기지화를 추진하는 터라 군산부 유력자들만의 힘으로 될 수 없는 문제였다. 따라서 군산부 차원에서 소극적인 방식으로 해결 방안을 강구해야 했다.

이를 위해 군산부청은 가계 수지를 개선하기 위해 부업 장려책을 제시하였다.[150] 나아가 부업으로 생산한 제품의 판로를 확보하는 데 앞장섰다.[151] 그러나 이는 군산지역의 불황으로 실업자가 속출하고 가계가

---

147) 물론 군산부 일본인 유력자들의 이러한 활동은 조선인 도시 빈민 문제의 해결보다는 일본인 지주제의 위기를 해소하는 데 중점을 두고 있다. 그럼에도 이들 유력자가 미곡 통제법의 저지와 함께 군산부의 공업화에 중점을 두기 시작하였음은 공업화를 통해 실업 노동력을 흡수하려는 의도에서 비롯되었다고 하겠다.

148) 이에 관해서는 이준식, 2006, 앞의 논문 참조.

149) 『東亞日報』 1936년 3월 20일.

150) 群山府, 1933, 『副業調査書』, 緖言.

151) 군산직업장려관에서 제조한 제품이 만주와 중국 각 시장에 진출하기도 하였다(『東亞日報』 1938년 4월 23일).

어려워지자 고육지책으로 내세운 방안이었다.

이어서 군산부청을 중심으로 공공기관들은 실업자 구제에 관심을 기울였다. 1928년 군산부청은 실업자들을 자갈 채취 작업에 투입한 이래 1930년대에 이르러서도 지속적으로 수행하였다.[152] 그러나 군산부청의 이러한 노력은 저임금에 따른 주민들의 반발로 인해 빛이 바랬다. 예컨대 1931년 5월 11일 石割場 여공 40여 명이 군산부청에 쇄도하여 임금 인상을 진정하였다.[153] 당시 작업장 여공들의 임금이 4~5일간 노역에 겨우 16전을 받을 정도였으며 이 금액도 이전보다 삭감된 액수였다.

또한 1934년 11월 群山職業獎勵館을 준공하고 강습생을 모집하였다.[154] 이어서 직업소개소를 설치하였다.[155] 여기서 직업을 알선함으로써 실업률을 낮추고자 했기 때문이다. 그리고 이들 기관은 군산부 관내에 국한하지 않고 군산부 이외 타도시의 노동력 수급에 맞추고자 하였다. 그래서 이들 기관은 군산부 청소년들을 알선하여 인천방적공으로 취직시키거나[156] 안양 朝鮮織物會社와 京城京畿 染織工場에 연결시켜 주었다.[157] 특히 공업노동자에 대한 요구가 많았던 북부조선에 많은 노동력을 송출하였다. 군산직업소개소의 경우, 1936년 4월 북조선수송직공 870명을 모집하였으며[158] 그 밖에 1939년에는 鐘紡 平壤工場으로 70명, 鐘紡 光州工場으로 63명을 알선하여 취직시켰다.[159]

---

152) 실업 구제책의 일환으로 자갈 채취 작업에 매일 100여 명을 투입하였다. 그 결과 매년 연인원이 3만여 명을 넘기도 하였다. 이에 관해서는 群山府, 1933, 『府稅槪要』, 28쪽 ; 『群山日報』 1930년 4월 15일 ; 1932년 3월 23일.

153) 『東亞日報』 1931년 5월 24일.

154) 『東亞日報』 1934년 11월 12일 ; 1934년 11월 15일.

155) 『東亞日報』 1935년 8월 5일.

156) 『東亞日報』 1935년 8월 16일.

157) 『東亞日報』 1935년 9월 19일 ; 1939년 8월 28일.

158) 『東亞日報』 1936년 4월 23일.

159) 『東亞日報』 1939년 8월 28일.

당시 일제 지방행정기관의 이러한 노동력 이동 정책은 북부조선을 비롯한 공업 지대의 노동력 수요에 대처할 뿐더러 내부 도시 문제를 해결하려는 시도였다.[160] 전라북도의 경우, 서북조선으로 1만 3천 명의 노동자를 대량적으로 송출하였다.[161] 그런데 이러한 노동력 이동은 가족을 동반하기 때문에 단지 개인 노동력의 송출에 국한되지 않고 대규모의 인구 이동을 초래하는 것이었다. 물론 군산부의 조선인 노동자가 다수 포함되었다는 점을 감안할 때 군산부의 전출 정책이라고 할 수 있다. 나아가 일제는 모든 행정기관을 활용하여 이러한 조선인 빈민들을 그들의 침략 전쟁에 강제 동원하였다. 이는 조선인의 大規模 離散을 초래하는 계기가 되었다. 이 중에서 토막민이 많이 거주하였던 군산부의 인구 이동은 가장 극심했을 것이다.

이와 같이 일제하 지주제의 모순으로 옥구 등 배후지 농촌에서 압출되어 군산부에 전입한 조선인의 대다수는 미곡 이출에만 의존하는 일제하 農工分業體制와 民族別 階層構造에 포섭되어 저소득자, 하류 계층으로 살아가야 했다. 나아가 1930년대 미곡통제법으로 이출량이 감소되면서 이들은 土幕民으로 전락한 가운데 일자리를 구하기 위해 군산부에서 압출되어 북부 조선 등 여타 공업지대로 이동해야 했다. 반면에 이주 일본인들은 일제의 정치경제적 지원과 함께 혈연·지연 등에 의해 이미 민족별로 양극화된 계층 구조에 지지되어 상류계층을 차지한 가운데 경제적·정치적 기반을 확고히 함으로써 일제하 경제구조의 동요에도 불구하고 그들의 이런 기반을 좀처럼 상실하지 않았다. "쌀의 군산"에 거주하였던 조선인과 일본인 양 민족의 생활 세계는 이를 극명하게 보여준다.

---

160) 일제의 실업자 대책과 노동력 동원에 관해서는 姜萬吉, 1987, 『日帝時代貧民生活史研究』, 創作社, 384-391쪽 참조.

161) 『東亞日報』 1940년 6월 25일.

Ⅳ. 結語

군산부는 1899년 개항을 거쳐 일제의 강점 아래 農工分業體制에 편제된 가운데 미곡 생산 지대를 배후지로 삼고 이에 기반하여 급속하게 성장한 도시이다. 그리고 이 과정에서 많은 조선인들과 일본인들이 전입하거나 이주해 왔다. 이들 공히 출신지에서 경제적으로 압출된 나머지 사업투자형 이주보다는 생계형 이주가 주를 이루었다. 아울러 일본인 대다수는 인적 · 지역적 연망에 근간하여 정착하였고 성장 기반을 확보할 수 있었다. 그리고 지주 · 자본가 출신 일본인의 경우, 일본 정부의 적극적인 척식정책에 힘입어 농장을 설립하여 미곡 생산과 무역의 독점적 주체로 떠올랐다. 물론 많은 이주 일본인들이 인적 · 지역적 연망으로 이들 지주 · 자본가의 지원을 받았다.

이어서 1920년대 산미증식계획의 실시에 따라 군산의 미곡 이출량이 급증하면서 일본인 지주는 물론 일본인 소상공인들도 경기의 호황과 이미 확보해 두었던 연망을 활용하여 상류층으로 상승할 수 있었다. 반면에 전입 조선인들은 극히 일부를 제외하고는 생계형 전입에서 나오는 취약성을 견디지 못해 부분적인 계층 상승에 머물거나 오히려 하락하였다. 물론 조선인들 중 일부는 군산 경기의 호황에 힘입어 근대적 직종인 의료업, 변호사업 등 다양한 분야에 종사하기도 하였다. 그러나 이러한 사례는 일본인의 경우에 비해 미미하였을 뿐이다. 오히려 일제하 고용구조 아래 민족별 임금 차별을 감수하는 현실에서 조선인들의 대다수는 일용직, 하급노동자, 부두 하역노동자 등 사회하류층으로서 생계를 이어나갔다. 이는 이 시기 조선인과 일본인의 각종 세금 부담액을 통해 추정할 수 있는 소득액과 소유 재산에서 극명하게 나타났다.

군산부 계층 구조의 이러한 민족별 양극화는 1930년대 미곡통제법의 시행에서 볼 수 있듯이 일제하 지주제의 모순과 연계되면서 극에 달했다. 즉 배후지 농촌에서 전입하는 조선인 소작농과 부랑 세대는 군산부 조선인 노동시장을 위축시키는 동시에 失業率의 증가를 비롯한 각종 도시 문제를 야기하였다. 이 중 土幕民이 급속하게 증가함으로써 도시 총인구 대비 土幕民의 비율이 전국에서 최고일 정도였다.

이에 군산부와 일본인 유력자들은 군산지역의 불황에서 그 이유를 구한 가운데 군산의 공업화 전략이라든가 미곡통제법의 완화를 통해 이 문제를 해소하고자 하였다. 그러나 일제하 지주제와 농공분업체제가 조정되지 않는 한 이러한 방책들은 임시고육책에 지나지 않았다. 그리하여 군산부의 조선인 노동력을 여타 공업 지대로 송출시킴으로써 실업 문제를 완화하는 동시에 兵站基地化에 필요한 노동력을 공급하고자 하였다. 군산부 조선인들의 또 다른 이동이 시작되었던 것이다. 이는 '강요된 이동'이었고 궁극적으로는 일제의 침략 전쟁에 동원되는 형태로 이어졌다.

결국 일제하 지주제와 농공분업체제의 모순은 이들 양 제도가 상호 결합되어 있었던 군산지역의 조선인 주민들에게 전가된 셈이다. 반면에 군산부에서 경제적·사회적 기반을 확고하게 구축한 일본인들은 일본 자본주의 체제의 동요에도 불구하고 이런 기반을 상실하지 않았다.

◆참고문헌◆

1. 저서

A.J. 그라즈단제브(李基白 譯), 1973, 『韓國現代史論』, 一潮閣.

姜萬吉, 1987, 『日帝時代貧民生活史研究』, 創作社.

京城帝國大學 衛生調査部 編, 1942, 『土幕民の生活·衛生』, 岩波書店.

高崎宗司(이규수 옮김), 2006, 『식민지조선의 일본인들-군인에서 상인, 그리고 게이샤까지』, 역사비평사.

구해근(신광영 옮김), 2002 『한국 노동계급의 형성』, 창작과비평사.

김민영·김양규, 2005, 『철도, 지역의 근대성 수용과 사회경제적 변용-군산선과 장항선-』, 선인.

金永謀, 1982, 『韓國社會階層研究』, 一潮閣.

김영정·소순열·이정덕·이성호, 2006, 『근대 항구도시 군산의 형성과 변화-공간, 경제, 문화』, 한울아카데미.

金容燮, 2000, 『增補版 韓國近現代農業史研究-韓末·日帝下의 地主制와 農業問題』, 지식산업사.

木村健二, 1989, 『在朝日本人の社會史』, 未來社.

서관모, 1984, 『현대 한국사회의 계급구성과 계급분화-쁘띠부르조아지의 추세를 중심으로』, 한울.

李喜演, 1989, 『人口地理學』, 法文社.

坂本悠一·木村健二, 2007, 『近代植民地都市 釜山』, 櫻井書店.

홍두승 외, 1999, 『한국의 직업구조』, 서울대학교출판부.

홍성찬 외, 2006, 『일제하 만경강 유역의 사회사』, 혜안.

홍순권, 2010, 『근대도시와 지방권력: 한말·일제하 부산의 도시 발전과 지방세력의 형성』, 선인.

2. 논문

金柄夏, 1972, 「開港期의 居留日本人과 그 職業」, 『慶熙大學校論文集』 7.

金子文夫, 1986, 「第一次大戰後對植民地投資－中小商工業者の進出中心に」, 『社會經濟史學』 51-6.

金泰雄, 2006, 「大韓帝國期 群山 客主의 商會社 설립과 경제·사회운동」, 『지방사와 지방문화』 9-1.

尹正淑, 1985, 「開港場과 近代 都市 形成에 關한 歷史地理的 硏究－群山港을 中心으로」, 『地理學』 32.

林承豹, 1990, 「開港場居留 日本人의 職業과 營業活動－1876年~1895年 釜山·元山·仁川을 中心으로－」, 『弘益史學』 4.

최원규, 1993, 「日帝의 初期 韓國殖民策과 日本人 '農業移民'」, 『東方學志』 77·78·79.

홍순권, 2004, 「일제시기 부산지역 일본인사회의 인구와 사회계층」, 『역사와 경계』 51.

/제4장/ 일본인의 생활세계와 식민지인식*

김 민 영 군산대학교 경제학과

Ⅰ. 서론

1. 문제의 소재

한국경제사에서 근대의 기점으로 이야기되는 '개항(開港)'은 한편에서는 일제의 수탈을 용이하게 하기 위한 침탈과정으로, 다른 한편에서는 강압적 개화 혹은 세계자본주의체제로의 편입과정으로 이해되기도 한다(인하대학교 한국학연구소 편, 2009: 9-15).[1] 더욱이 그 구체적인 공간으로서의 개항지는 다양한 변화를 역동적이고 복합적으로 포괄하는 구조적 모순의 도가니였다.

그러한 의미에서 1899년 5월 1일에 개항한 군산·옥구지역은 금강을 중심으로 하는 중부 내륙과 만경강, 동진강 주변의 호남지역 곡창지대

---

* 이 글은 『한국도서연구』(2011)에 게재된 필자의 논문 「식민지시대 개항장도시 일본인의 생활세계와 식민지인식에 대한 실증연구」를 수정·보완한 것임.

1) 이와 관련하여 근래 서구와의 단선적 관계라는 폐쇄주의를 넘어 동아시아로 열린 관계망을 자유롭게 넘나듦으로써 개항의 역사 문화적 의미를 역동적으로 다시 읽고자 하는 시도가 있어 참고가 될 수 있다.

에 위치해 있으면서 개항기 사회관계의 형성과 그 특징의 표출이 전형적으로 나타난 곳이었다.

주지하듯이 근대시기 지역연구는 흔히 다음과 같은 몇 가지 차원으로 나눌 수 있다. 첫째 새로운 계급관계를 만들어내는 자본-노동관계 중심의 분석, 둘째 이의 사회적 관계 형태인 산업과 제도, 사회조직 중심의 분석, 셋째 문화, 정치, 이데올로기와 같은 상부구조 중심의 분석이 그것이다. 그러나 지역사회는 이들 분석의 차원을 상호 연관시켜 분석함으로써 종합적으로 바라볼 수 있다고 생각된다.

즉 지역의 사회경제에 대한 이해는 결국 이러한 변수들로 구조화된 전체 사회의 실체에 대한 이해로부터 도출되어야 할 것이다. 따라서 지역사회에 대한 연구를 근대의 형성기에 맞추었을 때, 이는 국가라고 하는 전체적 수준에서의 근대 형성 논의로부터 지역사회 수준으로 확산시켜야 함을 의미하며, 이는 지역적 특성을 바탕으로 근대 형성 과정상의 여러 특징에 대한 새로운 이해를 가능하게 할 수 있을 것이다.

특히 군산지역은 호남의 다른 지역에 비해 교통이 발달했고,[2] 곡창지대에 인접하였으며, 일본인의 인구집중과 새로운 사회경제제도의 도입 등이 활발히 추진되어 근대 형성의 일정 조건을 구비하고 있었다.

따라서 여기에서는 식민지시대 개항장 도시 일본인사회의 미시구조를 파악하기위한 일환으로, 1930년대 전후 군산지역 일본인사회 존립의 사회경제적 여건 파악에 기초하여 그들이 일본으로 귀환한 후 자생적으로 만든 동창회이자 향우회인 '월명회(月明會)'의 명부 검토와 1965년 이후 과거를 회상하며 만든 일련의 자료들(群山の思い出(1~5집)과 追憶の寫眞帖 등)을 분석함으로써 '일본인 공동체사회의 아이덴티티(정체성, identity)와 식민지 인식'에 대해 검토하고자 한다.

---

2) 군산과 옥구지역은 금강 수운과 조창을 비롯하여 개항 이후 항만 도로와 철도의 개설 등을 통한 수륙 물류 기능이 그 특징을 이루는 지역이다.

이는 무엇보다 한국에 있어서 근대의 기점으로 논의되는 개항과 관련하여 개항지의 사회경제적 모습에 대한 미시적 연구가 필요한 가운데, 지금까지의 개항지 연구가 부산, 인천 등 대규모 항구에 관심이 모여졌고, 특히 군산지역 일본인사회에 대한 구체적 연구가 미진했기 때문이다.

2. 선행연구 검토

식민지도시로서 '군산'을 이야기할 때, 그 중요한 계기는 19세기 말의 개항과 개항장의 지정이었다. 즉 1899년 개항 이후 특히 일본인이 거주하는 지역을 중심으로 '시가지'라는 새로운 공간이 출현하였으며, 더욱이 1914년 조선총독부에 의해 '군산부'로 지정됨으로써 오늘날 '군산'의 주요한 도시계획구역이 탄생한 것이다. 일제 강점기 내내 군산은 일본인을 위한 도시와 같은 성격을 지니고 있었다. 그러한 의미에서 근대시기 군산의 도시형성과 전개는 일제의 식민지 정책과 밀접한 관련을 갖고 있다.

일제 강점기 군산에 대해서는 그동안 적지 않은 연구가 축적되었다. 우선 '개항과정과 그 사회경제적 의미'에 대한 연구가 있다(최낙필, 2003 ; 김민영, 2006). 또한 '도시계획 및 공간연구'와 관련해 도시연구(김영정, 1996)가 이루어졌다. 아울러 '인구와 사회계층구조를 비롯하여 일본인농장과 토지수탈과 일본인 이민' 등(최원규, 1993 ; 이규수, 2003 ; 김민영, 2005)에 대해서도 연구가 진행되었다.

아울러 군산시사와 옥구군지를 비롯해 각종 단체사(수산업협동조합 50년사 및 70년사, 군산상공회의소 100년사, 군산수산전문대학 30년사, 군산대학교 50, 60년사 등) 관련 저술도 간과할 수 없는 성과들이다. 나아가 '민족사회운동사' 관련 연구나 경제 및 철도(김민영, 2005), 항만 등 '사회간접자본' 관련 연구도 잇달았다. 특히 2009년에는 군산개항 110년을 맞아 그간 지역을 중심으로 활동했던 연구자들이 '군산의 과거와 미래'를 묶었던 것도 주요한 성과라 할 수 있겠다(김종수·김민영 외, 2009).

그 결과 개항의 의미와 도시성장을 비롯하여 이후 사회 경제적 변화와 민족, 사회운동의 전개 과정 등에 대해서는 어느 정도 기초적인 자료 정리와 설명이 이루어진 상태이다. 반면 군산지역 '일본인사회'를 미시적으로 해부하기 위한 본격적인 시도는 여전히 과제로 남아있는 실정이다.

비슷한 역사적 맥락을 가진 다른 개항장의 경우, 부산이나 인천은 말할 것도 없이, 목포지역의 경우에도 상업회의소 등에 대한 연구로서 상공회의소로 개칭되는 과정, 조선인·일본인 자본가들의 대응, 경제침탈(박재상, 1999) 등에 대한 검토가 있다.

그러한 면에서 근래 국내지역연구 차원에서 서울에 이어 일본인의 주요 근거지였던 부산지역의 일본인사회를 다면적으로 검토하는 가운데 부산의 도시발전과 지방세력의 형성을 다룬 연구들(차철욱, 2004 ; 홍권, 2010: 17-35)이 가장 뚜렷한 성과로 볼 수 있겠다.

요컨대 지금까지의 군산지역 개항장 연구는 그 지역이 일본인에 의해 개항되었고 일본인을 중심으로 개발되었다는 점을 강조하면서도, 정작 지역 일본인들의 사회경제적 위상과 그것을 존립하게 만들었던 식민지 지배정책 및 각종 기제의 내용, 나아가 지역의 '개발' 과정에서 소외된 조선인들과 일본인들 사이에 어떤 관계가 나타나고 있었는지, 특히 일본인들의 생활세계와 식민지시대 인식에 대한 고찰은 과제로 남아있었다.

II. 식민지시대 군산지역의 일본인사회

군산은 1899년 개항과 동시에 재류민의 거주구역을 한정하여 '각국거류지'라 칭하였다. 이후 1905년에는 일본인 '거류민단법'이 공포되어 1906년부터 시행되었는데, 실제로는 그 이전부터 거류 일본인들이 각종 기구를 통해 그 세력의 확장을 도모하며 상호유대와 연락체계를 가지고 있었다. 즉 군산지역은 1899년 5월 1일 개항된 바로 그해 12월에 일본민회인 자치단체가 조직된다. 아무튼 이후 군산으로 이주하는 일본인 수의 증가는 괄목할 만한 것이었다. 특히 러일전쟁 기간인 1904년부터 시작하여 그 뒤부터는 놀랄 만큼 급증하였다.

주지하듯이 이미 1905년 이전에 일본정부는 조선에서의 세력의 과시, 지배의 강화를 꾀하기 위해 일본인에 대한 갖가지 편의·보조정책을 실시했다. 나아가 불평등조약의 체결을 통해 치외법권과 무관세권, 거류지에서의 일본화폐유통권 등의 형태로 일본상인의 영업활동을 위한 조건을 마련한다. 특히 부산·원산·인천에서 군산 등지로 이어지는 개항·개시와 거류지에서 전관거류지의 확보나 점포의 건설, 항로의 개설 등의 편의가 주어진다.

이러한 보호·보조책 속에서 상인층을 중심으로 한 도항이 이뤄졌는데, 이른바 '모험상인'이나 '일확천금'을 노리는 '도수공권'이라 불리는 자들도 포함되어 있었다. 그들은 공동으로 상점을 세우거나, 거류민회나 상업회의소를 조직해서 자신들의 요구를 반영시키는 한편, 무기를 휴대해 내륙부로 행상하는 단체를 조직하여 거래를 하고, 이익을 올리는 데 급급하고 있었다.

이후 러일전쟁과 '보호조약' 이후 일본인들의 정주화에 따라 불가결한 교육·의료의 체제가 정리되고, 현안이었던 「거류민단법」이 제출되어 「거류민단법시행규칙」이 제정된다. 특히 1910년을 거치며 총독부의 관리·감독은 한층 강화되고, 1913년 부제의 시행에 의해 거류민단은 폐지되지만, 일본인 거류민의 '자치'로 남겨진 것은 교육사업으로서 이른바 「학교조합」의 설치를 통해 이후에도 독자로 운영되어 갔다. 뿐만 아니라 각종 일본인 자치기구, 출신별 현회, 행정자문기구 등이 있었는데, 경제

관련 단체 가운데 중요한 것이 바로 군산상업회의소와 군산미곡상조합
이라 할 수 있겠다.[3]

아무튼 이 시기 일본인 상인의 대표기관이었던 상업회의소는 러일전
쟁 직후쯤부터 경성·부산·인천 등이 합동해서 연합회를 조직하고, 1915
년의 조선상업회의소령의 발포에 의해 군산에도 '상업회의소'가 만들어
지기에 이른다(군산상공회의소, 2009: 125-129).

〈표 1〉 식민지시대 주요 도시별 일본인 인구의 추이 (단위 : 명)

도시	1890년	1900년	1910년	1930년	1940년
서울	609	2,115	38,397	105,639	124,155
부산	4,344	5,758	24,936	47,761	52,003
인천	1,612	4,208	11,126	11,758	13,359
목포		894	3,612	7,922	9,174
군산		488	3,737	8,707	9,400
평양		159	6,917	20,073	25,115
대구			6,492	19,426	21,455
대전					9,576
전주			1,541		5,494
광주			1,326		8,085

*자료: 內閣統計局, 『日本帝國統計年監』 ; 韓國統監府, 『韓國統監府統計年報』 ; 朝鮮總
督府, 『朝鮮總督府統計年報』 ; 朝鮮總督府, 『朝鮮國勢調査報告』의 각년도에서 작성.

이후 쌀의 집산과 일본 상품의 거래로 군산의 일본인 수는 1940년에
약 1만 명에 근접하여 전국에서도 손꼽힐 정도였으며, 이는 당시 군산지
역 전체 인구 가운데 25%에 해당되는 것으로 그만큼 일본인들의 밀집
도가 매우 높았던 지역이다. 따라서 당시 전북의 도청소재지인 전주를
훨씬 상회하여 마치 일본인 인구 밀집도시가 되어 있었다(〈표 1〉 참조).
특히 1930년대에 이르면 군산의 주요 상가는 점차 일본인들이 차지하

---

3) 군산지역의 일본인 동향에 대해 살피는 경우, 「학교조합」과 군산상업회의소 및 군산
   미곡상조합에 대한 연구는 매우 중요하다. 이에 대해서는 앞으로의 과제로 남겨둔다.

고 있었고, 아울러 생활양식에 이르기까지 도시 전체가 점차 '일본화' 되어가고 있었다. 반면 인근 농촌에서 유리되어 변두리와 산비탈에 불량주택인 '토막(土幕)'이라는 집단거주지를 형성하여 도시빈민으로 살아가는 사람들이 늘어가고 있었다.

당시 군산의 일본인 도시화에 대해 옥구군 임피 출신의 채만식은 그의 소설 『탁류』에서 무척 잘 묘사하고 있다. 즉 일인들 중심의 번화가와 한국인들이 모여 사는 빈민가로 구획되는 식민지적 이중도시 구조를 예리하게 포착하고 있다.

한편 군산지역 일본인의 직업 구성과 관련해서는 1899년 개항 이후 10년이 지난 1909년과 1930년 자료가 있어 그 추이를 알 수 있다(〈표 2〉 참조). 즉 1909년 농업 구성은 남녀 각각 14.5%, 2.0%에서 1930년에 이르면 1.3%, 0.9%로 현저히 줄어들고 있으며, 대신 광공업의 비중이 현저히 늘어나고 있음을 확인할 수 있다. 더욱이 상업 비중 역시 30%를 상회하고 있어 1930년대 군산은 일견 식민지 상공업도시라는 면모마저 지니고 있었다.

〈표 2〉 1909년과 1930년의 군산지역 일본인의 직업 구성 (단위 : %)

구분	1909년		구분	1930년	
	남	녀		남	녀
농업	14.5	2.0	농업	1.3	0.9
어업	1.7	-	어업	2.8	0.3
광공업	7.1	-	광공업	20.8	5.2
상업	30.8	25.6	상업	34.1	66.0
공무 자유업	22.9	4.3	공무자유업	21.3	11.3
잡업	15.4	20.1	가사사용인	0.1	9.7
노력	7.5	0.9	기타	2.5	1.3
예기창기작부	-	47.1			

*자료: 朝鮮總督府, 1911, 『第4次 朝鮮總督府統計年報』; 朝鮮總督府, 1930, 『朝鮮國勢調査報告』.

이는 〈표 3〉에 나타나 있듯이 1935년 현재 상공회의소 회원 444명의 직업 분포를 볼 때, 생산과 관련된 업종에 종사하는 상공업자는 여전히 극소수였고 대다수가 상인이었음을 확인할 수 있다. 즉 군산지역 일본인들은 1930년대 후반에 이르면 전체 인구의 25%를 차지하는데, 관리층과 상인 및 농장주 등을 중심으로 그들의 공동체(community)를 유지하며 사회경제적 조건의 변화에 대처해가면서 지역유지전략을 공고히 해나가고 있었던 것이다.[4]

<표 3> 군산상공회의소 회원의 직업 분포 (1935년 10월 현재)

직업	명	직업	명	직업	명
인쇄업	5	가구건구	4	우유	1
실	1	회조업[5]	5	면사포잡화	16
음식점	9	해운업	3	식료품잡화	17
금속제품[6]	10	양복	5	신탁	1
카페	10	창고	1	자동차	2
육류	4	총포화약	1	인력거	1
미곡(도매)	16	종이류	2	자전거	5
미곡(소매)	33	간장양조	3	사진	2
시계귀금속	3	조선	4	신탄	4
고물	3	중립업[7]	6	주선	11
고무신[8]	7	가마니	3	주류	6
포목비단	4	라디오-전기구	1	비료	8
토목건축청부	18	상호신용계	1	선구	5
도자기	5	운송취급	3	청주양조	5
축음기	3	절구제조	1	조선주양조	11
여관	7	약품및화장품	9	원염	2
요리점	9	야채 과일	5	문방구서적잡지	5

---

4) 따라서 식민지도시화가 극을 달하던 1930년대 전후 군산지역 일본인사회를 다양한 각도에서 입체적으로 재구성하며 검토해야 할 것이다. 군산지역의 경우에도 이들 주요 사회경제단체 구성원들의 활동과정의 검토를 통해 1930년대 전후 지역 일본인사회의 미시구조와 생활세계를 해부하는 것 또한 주요한 과제 가운데 하나일 것이다.

대나무술단지	1	화로	1	석탄	5
일본서양잡화	14	철도	1	석유	4
철물	10	전기공급	1	염료	1
은행	5	철공	1	석재	1
금전대부	25	청죽	1	비누	1
전당포	15	미장재료	1	청량음료	1
과자가게	8	재목	10		
유리	1	설탕맥분면류	4		
해산물	19	기계류	5		

*자료: 군산상공회의소, 2009, 『군산상공회의소 100년사』.

하지만 1930년대에 들어서면 군산의 사회경제적 위상은 특히 일본인 유지층 사이에서 위기의식이 높아지기 시작한다. 이는 무엇보다 원래 일제의 식민지 지배정책에 편승해 성장한 도시로서 군산이 일제의 식민 정책에 따라 부침을 겪을 수밖에 없었음은 말할 나위도 없다. 역설적이지만 일본에서 조선의 미곡이 차지하는 위상 변화와 함께 미곡 유출에 대한 의존도가 높았던 군산으로서는 당연한 귀결이었을지도 모른다.

또한 전시체제의 성립에 따라 조선총독부의 지역정책이 변화하기 시작한 것을 들 수 있다. 즉 군부에 의한 전쟁동원의 논리와 힘이 지역 사회에의 위상을 좌우하기에 이른 것이다. 1931년 경남철도 장항선과 남조선철도의 전라선 개통에 따른 장항과 여수의 급부상, 그리고 목포미두취인소의 설립으로 인해 대표적 미곡 반출항으로서의 군산항을 대신할 수도 있다는 위기의식이 고조된 것으로 이해된다.

한편 이러한 변화에 대해 군산의 일본인 유지층은 공업도시를 표방하며, 군산항 2차 축항 및 군산항과 장항항을 잇는 금강철교 가설에 전

---

5) 해양운송업으로 추정됨.
6) 금물상으로 금속류 제품을 취급하는 가게로 추정됨.
7) 곡물 도매상으로 추정됨.
8) 고무신가게로 추정됨.

력을 경주한다. 또한 군산과 장항을 행정적으로 통합하여 새로운 행정구역을 만들자는 주장과 함께, 공업화 정책이 한창 추진되고 있던 함경도 지방에 대한 관심을 표명하기 시작한다.

그러한 맥락에서도 1930년대 이후 일본인들의 공동체의식과 아이덴티티(Identity)의 실체를 검토하는 것은 중요하다고 생각된다. 즉 그들이 만든 자료에 대한 재검토는 물론 그들의 식민지시대 인식을 추론하고 그 현재성의 의미를 살펴보는 것이 주요한 과제이기 때문이다.

III. 군산지역 일본인의 식민지인식

1. 해방 전후 군산지역 일본인의 동향

전라북도내 일본인 인구는 1944년 5월 현재 33,068명에 이르고 있었다. 당시 전북의 총인구가 1,674,692명이었음을 감안한다면 2% 정도에 해당된다. 반면 군산부의 일본인 인구는 같은 시기 8,261명에 이르고 있어 전라북도 전체 일본인 가운데 25%를 차지하고 있을 정도로 그 비중이 높았다. 해방직후 군산에서는 8월 18일 군산신사에서 '승신식(昇神式)'과 함께 '본전(本殿)'과 '신체(神體)'의 소각이 있었다. 이어 일본인의 '인양(引揚)'이 시작되었다. 또한 이를 위해 8월 19일 '세화회(世話會)'도 발족된다.

당시 일본인들은 전북도내 주요지역인 전주, 군산, 이리, 김제, 남원 등지에서 1945년 말까지 2만여 명이 철수를 하고 있었다(〈표 4〉 참조). 이는 군인들의 집단철수는 제외된 숫자이며, 지역에 따라 누락된 숫자도 있을 것으로 생각된다.

그럼에도 1945년 말까지도 전북지역에는 잔류 일본인이 200여 명에서 400여 명 정도 있었던 것으로 파악된다(〈표 5〉 참조).

　이처럼 해방직후 군산지역의 사정에 대해서는 많이 알려지지 않았고 앞으로의 연구 과제라 할 수 있지만, 노무자들의 퇴직금 요구, 귀환 노무자의 임금 요구, 일본군의 무장해제와 수송 등이 주요한 이슈였던 것이다.

〈표 4〉 전라북도 일본인의 철수 (1945년 8월 23일~12월 29일)

월	출발지	회수	인원	비고
11	전주	8	7,056	
	이리	1	1,622	
	군산	5	5,109	
	김제	1	948	
12	전주	2	879	
	군산	6	3,593	
	남원	1	712	

*주: 군인 집단철수 제외, 일본인 세화인회 자료에 의함. 집결지에 따라 누락 있음.
*자료: 森田芳夫/金良圭 주역, 1993, 「朝鮮 終戰의 記錄－全羅北道의 全州와 群山을 중심으로」, 『全羅文化硏究』, 전북향토문화연구회, 155-173쪽.

〈표 5〉 전라북도의 잔류 일본인 (1945년 12월 현재)

지명	잔류자수(명)	경성일본인 세화회 조사	비고
전주	160	100	
군산	108	0	
정읍	100	0	
이리	50	50	
남원	0	64	
총수	418명	214명	

*자료: 〈표 4〉와 같음.

2. 문집 『군산의 추억』(1~5집)의 주요 내용

　그러면 해방 이후 철수한 군산지역 거주 일본인들 가운데 '월명회' 구성원들이 남긴 문집을 중심으로 그 내용을 검토하기로 한다. 이 문집의 편집인은 히라카와 다케시(平川武士)인데, 군산 부임 초임의 교사 출신으로 오이타현 출신이다. 그는 식민지시대 18년간 조선 거주에 관한 많은 기록을 남긴 것으로 알려지고 있는데, 그 가운데 이 문집은 당시 군산지역 일본인들의 생활과 내면세계의 일단을 잘 보여주는 자료들이다.

먼저 제1집은 1965년 6월에 발간되는데, 이 해는 전후 20년이 지난 시기로 마침 '한일기본조약'이 논란 끝에 타결된 때였다. 그 주요 내용은 당시의 운동회, 학예회, 수학여행 등 추억과 합동 동창회에 관한 것들이다. 또한 '내선일체'에 대한 내용도 포함하고 있는 등 식민지시대에 대한 강한 그리움 등이 피력되고 있어서 시대의 단절과 연속의 이중주를 보여주고 있다.

제2집은 1967년에 간행되는데, 그 주요 내용은 행복했던 사람들과 고생한 사람들의 글이 교차하고 있으며, 군산이라는 연결고리와 관련하여 싫다는 소수 의견이 피력되기도 한다. 특히 식민지시대에 대한 추억의 공유와 함께 귀국시기, 거주지역, '기억과 회상, 추억', 기타 등으로 나누어 앙케이트 조사 내용이 실려 있어 주목을 끈다.9) 또한 해방과 함께 일본으로의 귀환 이후 어려웠던 애환에 대한 내용과 추억의 앨범 등 당시 사진들이 소개되고 있다.

제3집은 1971년에 간행되는데, 문집발간에 대해 한편에서는 "무의미하게 과거를 되돌아보거나 향수나 그리운 일에 빠지는 일"이라는 소수 의견이 제시되기도 한다. 그 가운데 금강의 작은 배, 벚꽃, 쌀, 유도, "한국농촌의 근대화" 등이 언급되고 있다. 또한 패전 후 전황에 대한 생각(27쪽), 군산에 대한 역사적 고찰, 쌀을 싣던 항구 등에 대한 내용도 나오고 있다.

특히 이 시기부터 문집에 교사, 학생과 함께 직원들도 참여하는데,

---

9) 그 자세한 내용은 생략하지만 27명의 설문결과를 통해 볼 때, '군산 재주 경험'을 둘러싼 인식의 차이를 인정하지 않을 수 없다. 즉 모임에 있어서 동기(動機)의 공동성을 기본으로 하지만, 반발과 다양성이 혼재된 기억을 갖고 있는 것으로 분석된다.

'군산찬미' 노래(29쪽), 의료문제, 식민지시대의 비참함과 조선인들에 대한 동정심(31쪽), 물가가 싸서 여러 가지가 가능했던 곳(32쪽), 한국어를 몰라도 불편한 점이 없었던 내용(32쪽) 등이 소개되고 있다.

또한 해방 이후 처음으로 가능하게 된 군산방문에 대한 내용과 금강 하구 풍경의 변화(증기선이 없어짐)에 대한 소개와 함께, 소수이지만 '내선일체(33쪽)'에 대한 언급과 추억 그리고 일본 각 지역의 '군산사람들'에 대한 소식이 소개되고 있다.

제4집은 그로부터 15년 정도가 지난 1985년에 간행되는데, 이 시기는 해방으로부터 40년이 되는 해로 문집 주요 참여자들의 평균적인 연령대가 60대에 이르는 시기이다. 그 내용을 보면, 문집 발간 초기부터 분분했던 '과거를 되돌아 보지마, 단지 전진만 있을 뿐'이라는 의견이 여전히 나오고 있는 가운데, '생활의 오아시스'와 같은 '월명회', 동창회 반창회 모임 등을 소개하고 있다. 또한 귀환자 가운데 군산인의 '근성(根性)'과 선생님에 대한 추억, 군산의 사계절 등이 소개되고 있다. 또한 귀환후의 생활에 대한 회고(43쪽)와 제3집이 발간되던 1970년대부터 그 빈도가 증가하기 시작한 한국여행과 군산방문에 대한 내용, 식민지시대의 그리움 및 '추억 일람표(46쪽)' 등이 소개되고 있다.

제5집은 1995년 발간되는데 마지막 호인 셈이다. 이 시기에 이르면 주요 참여자들의 연령대가 70대를 넘어 고령에 이르기 시작했고, 보다 직접적으로는 편집인인 히라카와 씨가 고령으로 발간을 종료하기에 이른다.

<표 6> '月明會' 일본 전국대회 개최 현황

회차	장소	년 월 일	교사	일반 小國商	중학	여학	계
1	쿄토 건인사	1965. 6. 9	81	47	133	291	532
2	도쿄 구단회관	1968. 6. 9	51	23	103	241	418
3	쿄토 화원회관	1970. 5. 17	40	14	150	274	478
4	벳부 스키노이 호텔	1972. 5. 13	37	58	152	257	417

5	히로시마 그랜드 호텔	1974. 5. 22	78	66	195	311	650
6	도쿄 하코엔	1977. 5. 20	34	29	145	267	475
7	고베 포토피아 호텔	1980. 5. 23	41	76	221	374	712
8	하까다 뉴오타니	1982. 5. 26	35	71	219	401	726
9	히로시마 全日航 호텔	1986. 5. 22	28	119	313	406	866
10	도쿄 힐튼 호텔	1991. 5. 26	21	64	213	314	612
11	오사카 뉴오타니	1993. 5. 5	18	70	216	264	568
12	후쿠오카 호텔 日航	1995. 5. 20	-	-	-	-	-

*자료: 平川武士 編, 1995, 『群山の思い出』第5集.

그 중심 내용을 보면, 월명회 전국대회(〈표 6〉 참조) 자료와 함께 뿌리 깊게 언급되고 있는 '내선일체'에 대한 내용과 더욱 빈번해진 한국과 군산방문의 소감, 손기정 선수와 관련하여 가슴이 아팠다는 내용, 학창 시절 기차 통학의 추억이 반추(反芻)되는 가운데 기억의 단절과 연속이 여실히 나타나 있다. 그러나 역시 당시를 추억하는 문집에는 한국인이 배제되고 있었으며, 새삼 식민지 정책의 무서움을 실감한다는 내용도 언급되고 있어 시대의 변화를 읽을 수 있다.

이 가운데 특히 우리의 관심을 끄는 것은 12차례에 걸쳐 진행된 '月明會' 일본 전국대회 개최에 관한 것이다. 그리고 이 대회는 문집의 발간과도 매우 밀접한 관계를 갖고 있다. 무엇보다 2~3년 만에 한 번 개최되는 전국모임이기 때문에 '추억'을 주 내용으로 하고 있는 문집의 배포에도 중요했을 것이기 때문이다.

전국 모임은 1965년부터 시작하여 1995년까지 12차례 개최되었다. 이는 마지막 문집이 발간된 것과 동일한 해이다. 적게는 400여 명에서 많게는 800여 명이 모이는 대규모의 모임이다. 지역적으로도 도쿄에서 교토, 오사카, 고베, 히로시마, 후쿠오카, 벳부 등 일본 전국을 망라하고 있다.

3. 동창회 명부

문집과 함께 또 하나의 중요한 자료는 동창회이자 향우회인 월명회 명부이다. 현존하는 명부 역시 1995년에 작성된 것이 마지막이다. 작성과 관련하여 안내장 2,408명분을 발송하여, 그 가운데 127명은 주소불명으로 나타났으며, 850명은 답장이 없었던 것으로 파악된다.

여기에서 특이사항은 한국의 동급생에게도 발송되었다는 점이다. 연락 등 관련하여 일본 내 주요지역에 사무국을 두고 있었다(東京, 關西, 中部, 九州). 명부는 다음과 같은 순서로 되어있다. 우선 은사편으로, 당시 군산에 있었던 교육기관을 총망라하여 군산공립심상고등소학교에서 군산공립상업학교, 군산공립중학교, 군산공립고등여학교, 군산가정여학교로 되어있다. 또한 극히 소수이지만 직원 등 일반인도 포함되어 있다.

각 교육기관은 우선 소학교(공립심상고등소학교, 공립초등학교)와 상업학교(공립상업학교, 군산12연성비행대, 군산공립공업학교), 중학교(군산공립중학교), 여학교(군산공립실과여학교, 군산공립고등여학교, 군산가정여학교) 등으로 세분되어 있다.

하지만 세월의 흐름에 따라 상당수가 고인으로 되어가고 있으며, 주소 불명의 경우도 상당히 나타나고 있다.

4. 군산지역 일본인의 식민지인식 – 월명회를 중심으로

이상에서 살펴보았듯이 군산 '월명회'는 식민지시대 군산에서 태어났거나 학창시절 등을 보낸 일본인들이 전후 일본으로 돌아가 만든 자생적 모임으로 향우회이자 동창회라 할 수 있다. 한때 일본의 주요지역별로 4지부를 두며, 2~3년에 한 번씩 개최했던 전국모임은 1995년을 끝으로 해체되었고, 현재는 매년 4월부터 5월 사이에 주요 지부별 모임을 갖고 있다.

　구성원은 교사, 군산중학교, 군산여학교를 비롯하여 군산소학교 및 일반인 등도 일부 포함되어있다. 그밖에 각 학교별 동기별 소그룹 모임이 현재까지 비정기적으로 지속되고 있다. 각 지부의 최근 상황을 보면, 중부지부는 2006년 해산되었으며, 동경지부는 2008년, 관서지부 역시 2011년 4월 해산되어 현재에는 구주지부만 운영중이다.[10]

　한편 2010년 5월 후쿠오카 현지에서 개최된 모임에서 실시한 설문조사 내용을 토대로 그들의 식민지시대 군산지역 재주 경험에 대한 소감을 정리 분석해보기로 한다.

　당시 모임에 출석한 30여 명 가운데 23명이 설문에 응했으며, 그 남녀 구성은 각각 12명, 11명으로 나타났다. 생년월일을 보면 1923년생을 최고로 1934년생까지 다양한 연령층이었는데, 대체로 80대가 주된 연령층이었다. 큐슈지역 모임이기도 했지만, 본적을 보면 후쿠오카, 구마모토, 오사카, 사가, 야마구치 등지였다.[11] 식민지시대 국내 거주시기는 1920년대를 중심으로 1930년대부터 거주한 사람이 주류를 이루었으며, 설문 답변자 전체 23명 가운데 8명이 군산 출생으로 나타났다. 이들이 당시 학생이었음을 감안하여 부모의 직업을 알아본 결과, 농장경영에서부터 은행 지점장을 비롯하여 〈표 3〉에 나타난 일본인 직업 구성이 골고루 나타나고 있었다.

　또한 이들의 큐슈 월명회 모임 참가 회수를 보면, 5회 이상 참가한 사람이 절반을 상회하였으며, 전체 12회 개최된 월명회 전국대회의 경

---

10) 2010년 5월 필자가 참석한 구주지부의 모임에서 얻은 정보로는 관서지부가 2010년 4월 25일(일) 30여 명이 모였었고, 구주지부의 경우 2010년 5월 30일(일) 모임에 참석한 30여 명에 대해 인터뷰 등을 실시했다. 이후 월명회원과 연락 결과 2011년 4월 관서지부가 마지막 모임을 갖고 공식적으로 해체되었으며, 현재로는 구주지부만이 같은 해 5월 모임을 갖는 등 존속되고 있는 것으로 확인되었다.

11) 참고로 1911년에 발간된 조선총독부가 발간한 『통계연보』를 보면, 군산지역 일본인의 출신지는 야마구치, 오이타, 구마모토, 나가사키, 후쿠오카, 히로시마, 사가, 에히메, 교토, 시마네 등의 순이었다.

우에도 10회 이상 참가자가 절반을 넘고 있었다. 특히 4명은 전부 참가한 것으로 나타나 주목을 받기에 충분했다. 그들 가운데 5명을 제외한 대부분이 전후 군산을 방문한 경험이 있었으며, 10회 이상 방문자도 3명이었는데, 23차례나 방문한 사람이 있어 눈길을 끌었다.

아울러 그들에게 있어서 군산의 의미와 방문의 소감 등을 물은 결과, 앞에서 검토한 문집에 나타나있는 내용들이 재차 확인될 수 있었다. 즉 그들에게 있어서 군산은 '젊은 시절의 꿈이며 이상향이자 추억, 마음의 고향'이었으며, 많은 사람들이'전후 일본 정착과정의 어려움과 세월의 무상함' 등을 토로하고 있었다.

그렇다면 앞에서 소개한 문집의 주요 내용과 동창회 명부 및 인터뷰 등을 통해 얻은 정보를 토대로 군산지역 일본인의 식민지 인식에 대해 분석 정리하고자 한다.

첫째 그들은 식민지시대 '군산'을 자기 생애에서 '절실한 장소'로 인식하고 있고, 마치 '판도라 상자'와 같은 곳으로, '공통의 집합적 기억을 공유하는 공감의 공동장소'라는 특징을 갖는다. 이 경우 전후의 방문 및 재방문과 사진 등은 기억의 보조장치로서 그 공동성을 고착화하는 기능을 하고 있는 것으로 이해된다.

둘째 이는 그들이 경험했던 사건, 전시체제기와 해방 이후의 일본 귀환, 그리고 이후의 일본 생활 등과 관련하여 동시대적 동질감을 갖고 있으며, 그 가운데 시간과 공간기억을 공유하고 있다는 사실이다. 이는 역사, 언어, 시간, 공간, 이동 등과 관련하여 과거가 현재를 거쳐 미래로 향하는 과정에서 일본사회에 대한 일종의 단절감과 소외감 등 시공간적 일체성에 기인한다고 해석된다. 더욱이 그 과정에서 일종의 '군산 근성(根性)'이 형성되고 있었으며, 그들은 이를 일종의 '애향심'으로 표현하고 있었다. 그리고 이렇게 형성된 일체감과 의식은 문집발간과 동창회보 발행 등을 통해 재생산되고 있었다.

셋째 그러나 문집에 나온 27명의 설문결과를 통해 볼 때, '군산'을 둘러싼 인식의 차이를 인정하지 않을 수 없었다. 즉 모임에 있어서 '동기(動機)의 공동성'을 기본으로 하지만, '반발(反撥)과 동화(同化)', '다양성과 중층성(中層性)' 등이 혼재된 기억을 갖고 있었다.

넷째 해방 이후 55년이 지난 최근에 실시한 그들에 대한 면담에서도 이러한 기억과 소견은 반복되고 있어서 기억의 단절 가운데 식민지시대에 대한 다양한 경험을 피력하고 있었으며, 인생 황혼기 특유의 교차된 만감과 현실과 미래에 대한 모종의 회한이 착종되어 있었다.

다섯째 이상의 연구는 식민지 경험을 한 일본인들의 인식에 대한 시론적인 접근이며, 일정한 연구방법상 한계를 지니고 있어서 향후 보완이 필요하다고 생각된다. 즉 동창회이자 향우회의 성격을 갖는 '월명회' 등과 같은 모임은 국내에도 상당히 있는 것으로 알려지고 있다. 따라서 그 유사성과 차별성을 포함하여 비교 검토하는 것도 필요할 것이다. 아울러 이 연구에서는 문집에 대한 검토와 부분적인 인터뷰에 그치고 있어서, 예컨대 거주지, 직업, 학교 등 회원내역에 대한 보다 엄밀한 교차 분석이 필요하다고 생각된다.

Ⅳ. 결론에 대신하여

다카사키 소지는『식민지 조선의 일본인들』에서 식민지시대 조선에 살았던 일본인들이 조선을 바라보는 형태를 크게 세 가지로 구분하고 있다(다카사키 소지, 2006: 190-201). 즉 제1유형은 자신들의 행동이 훌륭한 것이었다고 말하는 부류, 제2유형은 순진하게 식민지 조선을 그리워하는 부류, 그리고 제3유형은 자기비판을 하는 부류이다.

그 가운데 제2유형에 대한 설명으로 1922년부터 1945년까지 조선에서 생활한 한 화가의 수필집과 청춘시절을 천진난만하게 노래하고 있는 소설의 예를 이야기하고 있다. 특히 동향회와 동창회를 만들고 기관지나

단행본이 나온 크고 작은 단체들의 사례를 들고 있다. 더욱이 동창회는 200여 개가 넘는 것으로 이야기하고 있다. 이들의 회고담을 보면 매우 흔하게 그리움을 표출하고 있다는 것이다.

1965년부터 시작하여 1995년까지 발간된 군산 월명회의 문집『군산의 추억』에도 역시 대부분 그 시절에 귀환한 일본인들의 당시에 대한 그리움, 추억 등이 담겨져 있었다. 하지만 같은 시기 같은 공간에 있었던 조선인들에게 할애된 지면은 거의 없거나 매우 한정적이었다.

식민지시대 개항장 군산사회에도 엄연히 지배자인 일본인과 피지배자인 조선인이 공존하고 있었다. 물론 일본인 내에도 계층차이가 존재했지만, 분명 일본인들은 조선인 위에 군림하고 있었다. 분명 식민지지배구조는 지배계층의 비호 아래 이름 모를 일본인 민간인들을 통해 유지되고 있었다.

군산이라는 같은 도시 공간 내에서도 거주 영역이 달랐으며, 그러한 의미에서 대다수 일본인들은 조선인과 유리된 일상생활을 영위하고 있었고, 그들만의 세계에서 '별천지'처럼 지낸 것이다. 따라서 개항장 일본인들의 식민지인식 속에는 그러한 삶의 존재방식이 일종의 '추억과 그리움'으로 강하게 나타나 있는 것으로 이해된다.

해방 이후 이른바 '귀환'과 함께 격동의 삶을 영위했을 군산 거주 경험을 가진 일본인들 역시 1965년부터 발행한 문집에서, 대다수는 마치 다카사키가 유형화한 제2유형처럼 그 시기를 그리워하고 있었다. 하지만 제1유형 역시 적지 않아 보였고, 그만큼 제3유형은 극히 찾아보기 어려웠다.

해방으로부터 67년이 지나고 특히 강제병합 100년이 지난 오늘, 그 식민지시대의 역사 현장은 이제 하나의 풍경처럼 남아있다. 향후 생존자들에 대한 면담과 함께 동시대를 살았던 한국인들에 대한 교차 인터뷰를 통해 식민지인식을 입체화해야 할 과제가 남아있다고 생각된다.

◆참고문헌◆

1. 자료

平川武士 編, 1965~1995,『群山の思い出』, 第一集~第五集, 大分プリズン.

全國群山月明會 編, 1995,『群山月明會名簿』.

2. 저서

군산상공회의소, 2009,『군산상공회의소 100년사』.

김민영·김양규 공저, 2005,『철도, 지역의 근대성 수용과 사회경제적 변용－
　　　군산선과 장항선－』, 선인.

김민영·김중규, 2006,『금강 하구의 나루터 포구와 군산·강경지역 근대 상
　　　업의 변용』, 선인.

김종수·김민영 외, 2009,『군산개항 110년, 군산의 과거와 미래』, 선인.

다가사키 소지(이규수 옮김), 2006,『식민지조선의 일본인들』, 역사비평사.

인하대학교 한국학연구소 편, 2009,『동아시아, 개항을 보는 제3의 눈』, 인하
　　　대학교 출판부.

최낙필, 2003,『지방경제의 이해』, 박영사.

홍순권, 2010,『근대도시와 지방권력』, 선인.

3. 논문

김민영, 2005,「1910年代 全北地域 日本人 移住漁村의 存在形態와 構造」, 한일
　　　민족문제학회,『한일민족문제연구』8.

김영정, 1996,「일제시대의 도시성장－군산시 사례」, 한국사회학회,『韓國社會
　　　學』30.

박재상, 1999,「한말·일제초기 목포 일본인 상업회의소의 경제침략, 1897~1915」,
　　　한국문화원연합회,『全南文化』12.

森田芳夫·金良圭 註譯, 1993, 「朝鮮 終戰의 記錄－全羅北道의 全州와 群山을 중심으로」, 전북향토문화연구회, 『全羅文化研究』.

李圭洙, 2003, 「20세기 초 일본인 농업이민의 한국이주」, 동아시아학술원, 『大東文化研究』 43.

차철욱, 2004, 「개항기~1916년 부산 일본인상업회의소의 구성원 변화와 활동」, 부경역사연구소, 『지역과 역사』 14.

최원규, 1993, 「1920·30年代 日帝의 韓國農業植民策과 日本人 自作農村 건설 사업－不二農村 事例－」, 연세대학교 국학연구소, 『동방학지』 82.

/제5장/ 군산화교소학교와 화교문화*

김 중 규 군산근대역사박물관

Ⅰ. 머리말

1. 연구의 목적

군산화교소학교는 인천과 서울에 이어 한국에서 세 번째로 건립된 화교학교로 한강 이남에서 최초로 건립되었다고 전한다. 하지만 2001년 구 화교소학교 건물의 화재로 학교의 거의 모든 기록물이 소실되어 군산화교소학교의 설립 당시 내용을 확인할 길이 없었다. 그러던 중 최근 학교 내에서 나무판에 새겨진 학교 연혁이 발견되어 초창기 학교의 설립 과정과 당시 화교들의 교육환경을 확인할 수 있게 되었다.

발견된 목판은 중화민국 42년(1953)년 10월 10일 화교학교 개교 11주년을 기념하여 작성한 연혁의 글로 글쓴이는 교장 동을신(佟乙新), 교사 왕서오(王序五)이며 내용은 군산화교소학교의 설립 및 이전 과정과 학교운영을 위한 화교들의 기금 모금 등이 기록되어 있다.

본 연구의 목적은 목판으로 전해지는 화교학교 연혁을 통하여 화교

---

* 이 글은 『지방사와 지방문화』(2010)에 게재된 필자의 논문 「화교학교의 역사를 통해서 본 화교문화의 형성과 변화」를 수정·보완한 것임.

들이 자신들의 정체성 보존을 위하여 건립한 화교학교가 화교들의 문화 형성에 어떤 영향을 끼쳤는지를 살펴보고자 하는 데 있다. 연구자가 이처럼 화교학교라는 대상을 통하여 한국화교의 정체성 및 생활문화의 형성과정을 살피고자 하는 이유는 학교라는 공간과 그 안에서 이루어지는 교육이라는 행위의 문화적 특수성에 주목했기 때문이다. 교육은 특정 집단이 자신들의 문화를 보존 전달하기 위한 원초적 행위로 이와 관련하여 황익주는 「종족과 민족」(2005)에서 "북아일랜드의 민족 갈등과 일상에서 타자성 경험"을 통하여 북아일랜드 신교와 구교 학생들이 초등학교부터 10년이 넘게 집안의 배경에 따라 분리된 학교교육을 통하여 각자 집단의 정체성을 세습함으로써 상대방을 타자화하게 됨을 논한 바 있다. 또 다른 이유로는 화교학교라는 공간이 화교에 대한 이제까지의 주요 연구주제이던 화교의 정체성, 관계망의 구성, 화교의 세계화, 국제적인 이주와 재이주 그리고 정착, 이주국 국민으로의 동화와 이화, 소수 민족으로서의 타자화 및 새롭게 주목받는 다문화사회 등 이른바 디아스포라(diaspora) 문화와 연관된 많은 의문점을 풀어줄 수 있는 단서들을 포괄적으로 내포하고 있는 중층적 공간이라는 연구자의 개인적인 의미부여 때문이다.

2. 선행 연구 검토 및 연구 방법

화교와 관련된 연구는 1950년대(프리드만, 1979 ; 크리스먼, 1975)에 시작되어 우리나라에서도 1980년대부터 본격적으로 연구가 이루어져왔다. 한국의 화교연구 동향을 주제와 내용별로 살피면 크게 두 방향으로 나누어 볼 수 있다. 첫째 화교문화와 정체성 형성과정을 주목한 내용으로는 먼저 초창기 화교연구서였던 박은경의 『한국화교의 종족성』(1986)을 들 수 있다. 박은경은 이 연구에서 이주국 정부의 화교정책이 화교의 종족성 강화를 촉발하였으며 이를 경계한 한국정부의 차별정책이 화교의 재이주를 초래하였다고 주장하였다. 또한 카세타니 타모오(1997)의 경우 화교가 한국사회에서 타자화의 피해자라는 인식하에 타자화에 대한 대응방법으로 한국인과의 결혼이 적극 수용되고 있음을 밝힌 바 있다. 이밖에도 김기호(2005)는 제3의 중국인으로서의 자아인식 및 행위자로서의 화교에 주목하여 화교들이 특정체제의 제도에 속하지 않고 고대로부터 이어져오는 중화사상을 모태로 정체성을 유지한다고 주장한 바 있다. 둘째는 화교의 문화적 구조와 체제 및 특정 거주공간을 중심으로 화교사회를 분석한 연구를 들 수 있다. 그 사례로 이창호(2007)는 화교들에게 있어 사회적 공간과 장소가 어떤 의미를 갖는지에 주목하여 화교 내부의 사회적 지위 및 관계망이 거주 장소 및 공간과 어떻게 결합되어 나타나는지 분석하였다. 이밖에도 문은정(2002)의 마산지역 화교거주지 연구와 이정재(1993), 안민수(2003)의 인천화교연구 등 특정 지역단위의 화교연구가 있었으며 화교 네트워크와 화상에 관한 내용을 담고 있는 이덕훈(1997)의 연구 등이 있었다.

이러한 선행연구를 바탕으로 본 연구는 지금까지의 화교연구에서 소홀히 다루어온 학교와 교육영역에 주목하여 화교학교의 교육이 화교의 문화형성과 어떠한 관련을 맺고 있는지를 밝히고자 한다. 또한 화교 학교와 교육을 분석하기 위해서 본고에서는 역사인류학적 방법을 이용하여 문제에 접근해 보고자 하는데 그 이유는 무엇보다 역사인류학적 방법이 화교의 역사와 문화를 분석하는데 유용하다고 보기 때문이다. 특히 화교의 문화가 고정불변한 것이 아니라 상황에 따라서 구성되어지는 것이라는 점을 강조할 수 있기에 더욱 그러하다. 그런데 화교연구에 역사인류학적 방법론을 적용한 사례(김중규, 2007)는 그리 많지 않기에 이 방법론이 문화사 연구에 적합한 이유를 부연하여 설명하면 역사인류학적 연구방법은 역사적 자료를 민족지적인 시선을 가지고 분석, 해석하는 특징을 지니는데 이러한 인류학적 역사쓰기의 장점은 기록을 촘촘하게 (또는 두텁게) 읽음으로써 일상생활문화를 재구성하여 당대인의 삶과 인식을 잘 드러낸다는 데 있다. 그런데 문제는 기록 자료만으로 역사를 재구성하는 대에는 한계가 있다는 점이다(함한희, 1991). 이러한 문제점을 해결하고자 함한희(1991, 1992)는 역사학과 인류학의 연구방법을 동시에 사용하는 의미있는 시도를 통하여 구술과 기록물을 총체적으로 수집 정리하는 방법의 필요성을 강조하였다. 또한 구술 속의 과거와 기록 속의 과거가 다를 경우 구술자와 기록자의 의도·입장·처지의 확인과 사회적 여건 등을 종합적으로 병행 분석하는 cross-checking 방법의 적극적인 활용을 강조하였다.

이처럼 오래된 과거를 다룰 때는 남아있는 기록이 전부이기에 선택의 여지가 없지만, 다행히 본 연구는 20세기 초중반 이후의 시대를 다루게 되므로 그 시대를 살았던 사람들의 증언과 기억을 기록 자료와 더불어서 활용할 수 있는 장점이 있다. 이러한 역사인류학적 방법론에 힘입어 이 글에서는 역사학의 문헌기록인 화교학교 연혁지를 중심축으로 하여 관련 문헌기록과 사진자료 그리고 당시 학교를 다녔던 화교들에 대한 구술조사를 최대한 병행하는 방법을 활용하고자 한다. 기억과 기록의 만남은 이제까지 기록된 기록에만 의지함에 따른 경직성과 산포된 기억의 분석이라는 분만함의 한계를 넘어설 수 있는 적절한 대안으로, 이처럼 기록과 기억을 모두 중요시하는 연구방법은 인과관계의 확인도 중요하지만 원인과 결과의 사이에 위치한 과정을 주의 깊게 주목하는 역사인류학의 특징이며 이 글이 추구하는 연구목적이기도 하다.

II. 학교연혁지에 반영된 화교문화

한국에 최초로 설립된 화교학교는 인천 각국조계지역에 설립된 인천화교소학교(1902)였다.[1] 이후 한성화교소학교(1912)가 설립되는데 이 학교는 서울의 상업화교들이 조직한 동향회 및 동업조직의 재정지원으로 건립되었다.[2] 그런데 한국에 화교가 들어온 시점이 1882년 임오군란 직후이고 이후 1894년 서울에 600명의 청국인이 거주함으로써 일본인들이 "정치적으로는 원세개가 있고 경제적으로는 동순태가 있어 일본은 청국 세력에 대항할 수 없었다"고 말할 정도의 상황이었음을 고려하면 서울에 1912년 최초의 화교학교 설립은 늦은 감이 있는데 이러한 현상은 당시 화교가 단기 거주를 목적으로 한 성인남성 위주의 집단이었음을 확인함으로써 이해할 수 있다.[3] 그러나 〈표 1〉에서와 같이 화교의 거주가 장기화되기 시작하며 가족단위로 거주하는 경우가 증가하자 화교들은 자녀들을 중국의 친척에게 맡기거나 아니면 한국학교에 입학시킬 수밖에 없었는데 이 두 가지 교육방법 역시 경제적·제도적 문제점이 컸기 때문에 화교가 많이 거주하는 지역에서는 자연스럽게 학교설립을 중요한 과제로 생각하게 된다.

1899년 개항한 군산은 각국조계지역[4]으로 지정되어 공식적으로 외국인의 거주가 이루어진 곳이다. 그러나 실제로 군산에 화교가 거주하기 시작한 것은 개항 이전인 1880년대 후반으로 추정하고 있다. 그 이유는 군산지역이 금강 수운의 중심지였으며 호남지역 세곡을 관리하는 조창[5]이 운영되는 서해 중부지역 물류의 중심이었기 때문에 수륙무역장정의 체결로 조선 지방관원의 허가를 받으면 내륙에 진출할 수 있었던

---

1) 여건방, 2008, 구술 ; 박은경, 1986, 『한국화교의 종족성』, 171쪽

2) 박은경, 1986, 앞의 책, 101쪽

3) 조선총독부, 1924, 1910년 "화교남녀비율 9:1"

4) 김중규, 2001, 『군산역사이야기』, 131쪽 "1899년 개항 일본, 프랑스, 영국, 러시아, 독일 각국 사신과 조계장전 체결"

5) 조창(漕倉)은 각 지방에서 거두어들인 세곡을 배(漕船)에 싣기까지 보관하는 일종의 창고라고 볼 수 있는데 조창이 설치된 곳에는 세곡의 저장 창고와 조창의 관리들이 거주하는 봉세청, 그리고 조운선(漕船)을 운영하는 선원의 거주공간으로 구성되어 있었다. 조창은 세분하여 바다와 접하고 있는 곳은 해창(海倉)이라 칭하고, 내륙의 강변에 자리한 곳은 강창(江倉)이라 하는데 일반적으로 수운교통의 요지인 포구(浦口)에 위치한다.

청국상인이 일찍부터 진출했으리라 보기 때문이다.

<표 1> 군산 옥구지역의 중국인 인구 비율(남녀)

구분	군산시 (군산·옥구 통합, 1995)	총계	남	여	가구
1916	군산부	84	82	2	27
	옥구군	47			18
1940	군산부	209	167	42	46
	옥구군	67	45	22	19
1944	군산부	352	226	126	
	옥구군	29	19	10	

*자료: 1916 『군산안내』 ; 1940 『조선국세조사보고서』 ; 1944 『조선국세조사보고서』 발췌

이렇게 시작된 화교의 군산 이주는 1910년이 되면 499명[6]이 군산의 각국거류지역에 거주하였고 일제강점기 최고 1,200여 명이 거주하게 된다.[7] 하지만 이러한 언론사의 거주자 통계는 <표 1>의 식민정부의 통계와 일치하지 않는데 그 이유는 식민정부의 통계가 단순 노동자 등 한시적 거주자를 제외한 서류상의 정식등록자를 기록함에 따른 차이로 보인다.

이처럼 군산에 이주하던 화교들은 만보산사건[8]과 만주사변[9]을 겪으

---

6) 『황성신문』 1910년 8월 10일 잡보, "6월말 거류각국인의 통계 군산 — 청나라 499명, 미국 35명, 영국 1명, 프랑스 7명, 독일 1명, 러시아 1명으로 기록"

7) 김중규, 2007, 「화교의 생활사와 정체성의 변화과정」, 『지방사와 지방문화』 제10권 2호, 115-122쪽

8) 1931년 5월 하순부터 중국 잔춘 근교의 만보산 삼성보에서 조선인 농민과 중국인 농민 사이에 농수로 개설문제를 둘러싸고 일어난 분규로 6월초 중국경찰이 개입하여 조선농민을 몰아내자 일본영사관에서 조선인은 법적으로 일본인이라며 개입하여 일본경찰을 동원하여 수로 공사를 강행하던 중 중국농민과 조선농민이 충돌한 사건으로 이 사건은 만주침입의 기회를 노리던 일본의 계획과 사건을 잘못 보도한 『조선일보』의 오보로 1931년 7월 3일부터 인천에서 조선인의 반중 폭동이 일어나 7월 4일에는 전국적으로 폭동이 번져나가 엄청난 참극을 낳게 되는데 조선인의 습격의 피해는 총

며 귀국과 재입국을 반복하였는데 이후 중일전쟁으로 중국 본토가 전쟁터로 바뀌는 1940년 초가 되면 군산에 와있던 화교들이 전쟁을 피하여 그들의 가족들을 군산으로 이주시킴으로써 가족단위 거주가 급격하게 늘어나게 되어 군산의 화교들도 학교의 필요성을 절감하게 된다. 이러한 이유로 창립된 군산화교소학교가 이후 화교문화 형성에 어떤 영향을 끼쳤는지를 확인하고자 이 글에서는 화교학교 연혁을 바탕으로 학교의 건립 과정 및 학교의 이전 그리고 수업내용 등을 당시 관련 자료 및 구술내용과 비교하여 살펴보고자 한다.

1. 창립기(장미동시대 중국어문강습소)

1) 중화상회 중심의 자발적 모금으로 설립

군산화교소학교 연혁지(이하 연혁지)에서는 "본교는 민국 30년(서기 1941년) 10월 10일 창건했다. 창건 당시 군산중화상회 회장은 녹암정(鹿岩亭)씨였고 군산거주 화교는 약 1,200명 정도였으며 취학 아동은 약 50여 명이 있었다. 이때 남한에는 서울과 인천에 각각 소학교가 한 곳씩 있어 타 지역에 살고 있는 화교 자제들은 교육을 받을 기회가 적었다. 화교 자녀들이 학교에 다니려면 일본인 학교에 갈 수밖에 없었다"고 글을 시작하여 군산 화교소학교의 설립이 필요했던 원인과 취학 아동의 숫자 및 화교의 현황을 밝히고 있다.

〈표 1〉를 참고해 볼 때 1940년 군산시(옥구군 포함)에 거주하는 화교

독부 경무국 자료에 의하면 사망 100여 명, 부상자 190명, 중국영사관에 피난한 중국인이 당시 화교의 1/3인 1만 6천8백 명이었다.

9) 1931년 9월 18일 심양 북방의 유조구에서 일본군이 만철선로를 폭파하고 그것을 중국군의 행위라고 날조하여 일으킨 중일전쟁으로, 이를 기화로 일본은 만주에 1932년 3월 1일 만주국을 건설한다.

가 공식적으로 276명이고 그중 여성이 64명으로 이들 64명의 여성 중에
어머니와 딸을 반반으로 봤을 때 군산지역에 적어도 32가구(부녀자 1명
당 1가구)가 거주했다는 가정은 가능하였는데 연혁지는 초기 학생 숫자
가 50명이었음을 밝히고 있다. 또한 거주 인구가 〈표 1〉에서는 276명인
데 연혁지에서는 1,200명으로 밝혀 큰 차이가 난다. 이러한 이유는 앞서
언론과 식민정부의 1910년 인구통계 차이에서 언급했듯이 당시 행정기
관은 정착 인구를 기록하였는데 반하여 화교들은 일자리를 찾아서 움직
이는 단순 노동자(쿨리) 등 모든 거주 화교를 포함한 데서 발생하는 차
이점으로 보인다. 또한 학교가 없음으로 인하여 군산의 화교 자녀들은
서울과 인천의 화교학교에 극소수가 진학을 하였고, 대부분은 진학을
포기하였기에 화교 2세들의 교육기회는 열악한 실정임을 밝히고 있다.

그런데 "남한에는 서울과 인천에 각각 소학교가 한 곳씩"만 있었다는
연혁지의 내용은 신중한 검토가 필요하다. 왜냐하면 기존의 다른 자
료[10]에서는 1920년대 화교소학교가 전국에 3개소가 있었고, 1942년이
되면 인천, 서울, 부산, 영등포, 군산, 대구 등 6개소가 운영되며, 같은
해 서울에 화교중학교가 설립[11]된다고 기록하기 때문이다. 이처럼 연혁
지의 내용이 이전의 자료들과 일치하지 않는데도 불구하고 구술조사에
응한 군산지역 화교들은 군산의 화교학교가 한강 이남에서 최초의 학교
였다고 일관되게 주장한다. 그러나 관련학교들의 연혁이 부재하고 한국
화교의 역사자료가 부족하여 사실 확인은 어려운 실정인데 영등포[12]와
대구[13]의 경우 정식 설립연도가 면담조사 과정에서 해방 이후로 밝혀
져 연혁지에 힘을 실어준다.

---

10) 박은경, 1986, 앞의 책, 101 · 172쪽

11) 화교지 통계, 1958.

12) 여건방, 전 군산화교소학교 교장 현지 확인, 2008, "1938년 정식인가 없이 서당식으로
　　시작하여 1949년 정식학교가 설립."

13) 여건방, 전 군산화교소학교 교장 현지 확인, 2008, "1946년 설립됨"

이밖에도 연혁지에서는"화교 자제들이 학문을 하려면 어쩔 수 없이 일본학교에 갔어야 했다"라고 적고 있다. 그런데 이 내용은 글쓴이가 식민지시대 지배자였던 일본인과 이주민인 중국인을 동일시함으로써 원주민이었던 한국인과 다른 지위였음을 무언중에 암시한다고도 이해할 수도 있다. 그렇게 보는 근거로는 당시 군산에 있던 일본인 학교는 군산심상고등소학교(현 군산초등학교)[14]가 있었으나 일본인만 입학이 허가 되었고 예외적으로 부부 중 한 사람이 일본인인 경우에 한해서만 입학이 가능[15]하였으며 한국인학교도 국적이 외국인이면 입학이 불가[16] 하였기 때문이다.

연혁지의 글을 보면 "민국 30년 봄 군산중화상회 녹암정[17] 회장께서 이런 상황에 대해 교포들에게 건의한 후 군산에 화교소학교를 건립해야겠다는 건의를 했다. 그래야 2세들이 본국의 교육을 받을 수 있다는 설명에 교포들은 모두 환영의 뜻을 표하고 바로 학교설립추진위원회를 설립했는데 로회장이 위원장을 겸임했다. 그러나 학교를 설립하는 데는 큰 문제가 두 가지 있었는데 그중 하나는 일본정부의 반대였다. 당시 한국은 일본의 통치하에 있었고 또 일본은 중국을 침략하는 중이라 우리 교포들에게 중국 교육을 하게 한다는 것을 매우 탐탁지 않게 생각해서 갖은 방법으로 막았고 노 위원장과 우강의(于江義)[18] 선생이 백방으

---

14) 김중규, 2001, 앞의 책, 191쪽

15) 등○○ 구술조사, 2006, 등씨는 아버지가 중국인이고 어머니가 일본인으로 형제들이 일본인 소학교를 다닐 수 있었음.

16) 김중규 · 은정태 · 장용경 · 박준형 공저, 2007, 『한국화교의 생활과 정체성』, 국사편찬위원회, 56쪽.

17) 여○○ 구술조사, 2006, "녹암정 씨는 포목상인 출신으로 학교설립 1년 후인 1942년 중국으로 귀국했다가 이후 돌아와 줄포에서 포목상을 하던 중 1948년 그곳에서 사망."

18) 여○○ 구술조사, 2006, "우강의 씨을 군산의 화교들은 신비한 인물이라 칭한다. 그는 일본어에 능한 지식인으로 특별한 직업이 없이 어려운 처지의 화교를 대신하여 일본 경찰과 싸워주고 친일성향의 화교들에 맞서 화교농민들을 조직화하여, 중화상회와 화교학교를 배후에서 지원한 인물로 대부분의 화교들은 화교소학교의 설립이 우강의 씨의 노력에 의해서 이루어졌다고 기억한다. 우강의 씨는 해방 후에는 미군정에 맞서

로 교섭하고 합리적으로 설명하고 어렵게 노력하여 중국어강습소라는 명칭으로 학교설립 허가를 받을 수 있었다. 또 하나는 경제문제인데 한국에 있는 화교는 부유하지를 못해서 마음은 있는데 능력이 없어 모금하는데 어려움이 많았다"라고 적고 있다.

위 내용을 볼 때 당시 군산의 화교들은 총독부에서 외국인학교설립법령의 제반조건을 갖춘 공식인가 학교설립이 목적이었음을 알 수 있다. 또한 학교설립의 추진주체를 화교들이 공식적인 자신들의 대표기관으로 인식하던 중화상회 군산분회[19] 회장인 녹암정 씨가 맡았기에 학교설립의 실질적인 주체가 군산중화상회였으며 군산지역 화교들의 경제력이 자체적으로 학교설립을 추진할 수 있을 정도의 규모였음을 알 수 있게 한다.

그런데 연혁지에서 밝히는 어려움 중에 먼저 일본정부의 반대는 정식학교로 허가 받지 못하고 학교보다 한 단계 낮은 교육기관인 중국어문강습소(개인학원개념)로 등록을 하여 고비를 넘기지만 개교하기까지 더욱 큰 문제점은 설립자금 확보의 어려움이었다. 이 문제를 해결하기 위하여 화교들은 자발적 모금을 추진하게 된다. 이러한 학교설립자금 모금은 많은 화교들이 자신들의 학교를 갖는 필요성에 공감하고 있을 때 가능한 일인데 결과적으로 기부금 모금은 큰 성공을 거두었다. 모금과 관련하여 연혁지에 의하면 "녹암정 씨와 임전갑(林殿甲)[20] 씨 등이 전

화교들의 권익을 보호하다 구치소에 감금된 적도 있었는데 감옥에서 독학으로 영어를 배워 스스로 미군장교 앞에서 변론을 하여 일을 해결하여 화교들의 기억 속에 각인되어 있다. 하지만 한국에 우익정권이 들어서며 물러났던 친일성향의 화교가 다시 득세하는 과정 속에 우씨는 어느 날 갑자기 군산에서 사라졌으며, 그와 가까웠던 사람도 이후 그의 소식을 못 들었기에 막연하게 본토로 갔을 거라는 추측만 하고 있다."

19)『동아일보』 1924년 3월 30일, "1924년 군산상회조직은 인천주제 중국영사의 인정을 득하여 인천 상무공회의 분회를 군산에 설치하고자 준비 중 1924년 인천 주재 중국 영사의 인정으로 인천상무분회를 군산에 설치하여 서울, 인천, 평양, 신의주, 원산, 진남포, 부산과 함께 화교 상인단체인 중화상회를 조직"

20) 여○○ 구술조사, 2006, "임전갑 씨는 우강의씨와 함께 행동을 한 인물로 소규모 포목

국을 돌며 화교들에게 모금을 했다고 한다. 그 결과 군산의 유풍덕(裕豊德)과 금생동(錦生東)[21]이 가장 먼저 일본돈 3,500원씩을 기부하였고 전국 모금액이 일본돈 1만원이 조금 넘었다 이에 바로 군산부 전주통 17번지에 위치한 군산중화상회 부지를 차용하고 내부수리와 도구를 구입하고 뒷마당을 운동장으로 만들어 학생을 모집했다"고 한다. 결국 학교설립자금은 군산의 대규모 포목 도매회사인 유풍덕과 금생동이 전체의 70%를 기부하여 모금의 중추적 역할을 하였고 나머지 30%는 군산지역 화교들과 전국의 중화상회 지부들에게서 모금을 하여 충당했음을 알 수 있다. 또한 학교 설립 장소가 중화상회 군산분회 건물의 일부를 차용하여 사용함으로써 애초부터 새로운 학교건물을 마련하겠다는 의도가 있었던 것은 아니고 중화상회 사무실 건물을 개조하여 중화상회에서 직접 운영하고자 하였음을 알 수 있어 화교사회의 중심에 중화상회가 있었음을 확인할 수 있다.

중국어문강습소는 전주통 17번지(현 장미동 만춘향)에 위치한 중화상회사무실[22] 건물에서 문을 열었다. 연혁지에는 "녹암정 씨를 교장으로 군산시내 학생 50여 명에 기숙사에 거주하는 시외학생 10명이 수학하는 6년제 학교로 문을 열었다. 교사는 북경에서 동을신과 화숙현 부부[23]를 초빙하여 운영하였다. 이후 민국 31년(1942) 가을 노교장이 병환으로 귀국하자 교장은 새로 중화상회 회장에 당선된 우○○ 씨가 겸임했고 적

상을 했으며 친일 세력에 맞서 협회회장 선거에 출마하고 해방후 회교협회구장과 회장을 역임한다."

21) 김중규, 2007, 앞의 논문, 119쪽 "유풍덕과 금생동은 영화동에 자리하 대규모 포목중계 상점"

22) 여○○ 구술조사, 2006, "중화상회는 일제시대에 존재했던 군산의 화교단체로 회장에는 녹암정, 우○○ 씨 등이 있었고 이 단체는 해방과 함께 군산화교자치구(구장: 임원형, 임정갑, 장경산 등)로 명칭을 바꾸었다가 1949년 화교협회로 개명하여 오늘에 이른다."

23) 여○○ 구술조사, 2006, "등을신 부부는 포목상을 하던 두형방이라는 분이 자비로 북경에 가서 모셔 옮."

극 교무를 정돈했다. 이때 학교명칭도 군산화교소학교로 명명했다"고 적고 있다.

당시 북경에서 초빙된 젊은 교사는 등을신(佟乙新), 화숙현(華淑賢) 부부였다.[24] 이들은 학교를 갓 졸업한 후 해외의 화교 2세 교육에 평생을 바치겠다는 사명감 하나로 군산에 왔기에 정작 본인들은 일본어와 한국어를 전혀 할 줄 모르는 가운데 수업에 임했다고 한다. 또한 학교 내에 기숙사를 운영하여 가까이는 서천과 전주, 익산의 화교 자녀들이 수학할 수 있게 하였다. 그런데 개교 1년 만에 학교는 운영진의 변화를 겪게 된다. 그 원인으로 연혁지는 평이한 문구로 학교의 운영 주체인 중화상회 회장의 교체를 적고 있다. 하지만 당시를 기억하는 화교들은 당시 회장교체 과정에서 화교사회내부의 큰 갈등이 있었다고 기억한다.

분란의 원인은 중화상회 회장이며 중국어문강습소 교장인 녹암정 씨가 42년 가을 병환으로 귀국하자 공석이 된 중화상회 회장 자리를 놓고 후보들이 경쟁을 하게 되면서 시작되었다. 그런데 유력한 후보자인 우○○[25] 씨가 군산부청(시청)의 일본인 관료들과 친분이 두터운 사람으로 평소 가난한 화교들을 무시해온 사람이라는 인식이 표면화되며 반발이 일어났다.

우씨의 후보등록에 전임회장과 행동을 같이해온 측에서는 우강의 씨를 중심으로 임정갑 씨(〈사진 1〉)를 후보로 내세워 화교농민과 소규모 화교상인들을 규합하여 대항하였다. 그러나 결과적으로 우○○ 씨가 회장에 당선되자 흥분한 임씨 측 화교농민들이 중화상회를 점거하여 물리적 충돌까지 있었다고 한다. 하지만 우○○ 씨의 회장당선이 공식화되자 이제까지 일본인들이 허가를 해주지 않던 학교의 등록도 바로 이루어져 "중국어문강습소"가 "군산화교소학교"로 정식 인가됨으로써 신임회

---

24) 여○○ 구술조사, 2006, "등을신 부부 교사 외에 강서우씨도 개교시 교사였다고 전함."

25) 여○○ 구술조사, 2006, "우○○ 군산부청(시청)인근에서 대형음식점을 경영, 신분적 우월의식이 강하고 일인과 친분이 두터움."

장의 정치력에 힘이 실리는 상황이 된다.[26]

당시 중화상회 회장선거는 여러 가지 점에서 외부세력이 관여하지 않았을까 하는 의문이 남는데 가령 학교의 설립과 운영에 의욕적이었던 녹암정 회장의 갑작스러운 귀국에도 사연이 있어 보이며, 1년 후 병이 나아 한국으로 돌아와서도 본인의 터전이었던 군산이 아닌 줄포에 거주한 점, 그리고 녹암정 씨의 측근인 임정갑, 우강의 씨의 신임회장 당선 저지노력, 신임회장 당선 후 갑작이 결정된 화교소학교의 허가 등은 이러한 의구심을 지울 수 없게 한다. 결국 이 사건은 이후 군산지역 화교사회의 내부 세력분할의 원인으로 작용하여 보이지 않는 파벌형성에 영향을 끼치게 된다.

2) 교육내용에 반영된 분리통치의 흔적

중화상회 사무실을 함께 사용하던 장미동 화교소학교는 2층의 기와집 형태로 건물 뒤에는 마당이 있었으며, 마당 뒤로는 일본인들의 학교인 군산공립심상고등소학교가 자리하고 있었다. 학교 인근지역은 일제강점기 군산의 대표적인 상업지역으로 지척에 군산부청(시청)과 미곡취인소(미두장), 조선은행과 나가사키18은행 등의 금융기관이 집중된 곳이었다. 또한 군산항이 3분 거리에 위치하여 대형 중국음식점과 중국인 상점들이 밀집되어 있었다.

학교건물은 북쪽을 바라보며 신작로 변에 자리한 ㄱ자 형태의 목조

---

26) 여○○ 구술조사, 2006, "전임회장이었던 노안정 씨가 중국으로 귀향하자 새로운 회장을 선출하게 되면서 화교들은 둘로 갈라졌는데 그중 하나는 노안정 회장과 함께 중국어문강습소 개교에 중추적 역할을 했던 우강의를 중심으로 소규모 포목상 임전갑 씨를 회장으로 추대하고자 하는 모임이었는데 이들은 반일적 성향이 강하여 많은 상인과 화교농민의 지지를 받고 있었다. 반면에 다른 한쪽은 군산부청 옆에 자리한 대형 중화요리점의 사장인 유○○을 회장으로 추대하는 사람들로 이들은 이미 1938년 친일적 성향의 행동을 했던 사람들로 비교적 세가 약했던 유○○가 회장에 선출되어 화교농민들이 중화상회사무실을 습격하는 충돌이 발생했다."

기와 건물로 1층에는 교무실과 교실이 3실 있고, 교실 중에는 기숙사로 이용하던 숙소도 있었다. 1층보다 작은 면적의 2층에는 교실 2실과 중화상회 사무실 1실이 있었다. 또한 1층 건물에는 운동장 쪽으로 식당건물이 붙어 있었다.〈그림 1〉

당시 학생 60명은 취학연령의 학생들만 있었던 것이 아니고 8살의 취학아동부터 공부할 기회를 놓쳤던 20세 정도의 남녀들도 함께 공부를 하였다. 남녀의 비율은 남자가 70% 정도 되었다.[27] 화교소학교는 중국 총영사관 내에 설치된 중화민국소학교의 교육방법[28]과 유사한 한태로 운영되었는데 심상과(초등학교)는 6년 과정으로 매일 6시간씩 수업을 하였다. 수업내용은 중국의 북경어를 중심으로 산술, 자연, 주산, 음악, 체육, 미술 등을 배웠다. 그중에 중국어와 산술 수업의 비중이 컸으며, 특이한 것은 일본어와 "우도하"라고 하는 일본무용 수업시간이 있었다는 점이다. 일본어는 주 3회 수업을 하였는데 일본어 수업을 위하여 교실 1실이 따로 정해져 있었고 일본 여교사 2명이 고정 배치되어 일본어 강좌를 하였다. 이들 여선생들은 오늘 날로 치면 교련과목에 해당하는 구급처치법도 함께 가르쳐 화교학교 허가의 조건으로 일본어 교육과 전쟁 상황임을 고려하여 기초 군사훈련 및 구급처치법을 교과목에 포함한 것으로 보인다.[29]

이처럼 다양한 교과내용에도 불구하고 정작 화교들의 거주국 언어인 한국어에 대한 교육 및 사용이 금지되었음은 당시의 한·중·일 3국민의 사회적 관계를 짐작할 수 있게 한다. 그런데 이러한 한국어 교육 소외 현상은 해방 후에도 이어져 소학교는 4학년부터 일주일에 한국어 1시간을 배정하지만 중학교에서는 중국어 6시간, 영어 8시간, 한국어 3시간[30]

---

27) 앞의 책(2007), 조계지, 구술조사, 480쪽.
28) 박은경, 1986, 앞의 책, 101쪽.
29) 앞의 책(2007), 조계지, 구술조사, 480쪽.
30) 박은경, 1986, 앞의 책, 169쪽.

을 배정하였다. 이러한 현상은 일제강점기에 분리통치(Divide and Rule)라는 일본인의 필요에 의해서 만들어진 화교의 지위가 사라지며 한국정부의 화교차별정책이 가시화되는 상황 아래 화교들이 재이주를[31] 선택하는 과정이 교과내용에 반영되었음을 알 수 있다.

학생들의 복장은 교복을 입었는데 여자는 여름에는 반소매 검은줄 하얀세라복에 검정색 주름치마를 입었고 남색바탕에 흰색별이 그려진 작은 빼지를 달고 있었다. 겨울에는 검은색상하의를 입었으며 남학생은 짧게 깍은 머리에 이른바 국민복 형태의 검정색 교복(〈사진 2〉)에 70년대 중학생 교모형태의 모자를 썼다.[32] 수업은 9시에 교무실에 앞에 달린 종이 울리면 시작하여 오후 4시경에 마쳤으며 점심은 도시락을 싸온 학생은 학교 교실에서 먹고 집이 가까운 사람은 집에 가서 먹었으며, 기숙사에 있는 학생들은 학교 식당에서 일하는 한국여성이 만들어주는 음식을 먹었다고 한다. 하지만 이 음식은 한식이 아닌 흰색의 밀가루 빵에 자신들이 생산하는 야채 등을 무치거나 돼지기름으로 볶아서 먹는 중국 산둥성 지방의 음식이었다. 음식은 개인적인 기호의 차원을 넘어서 집단적으로 공유하는 취향을 반영하기 때문에 우리와 타자를 구별하는 가늠자라 했는데(오명석, 2005: 431) 음식의 영역에서도 화교들은 분명한 중국인으로서의 종족성을 유지하고 있었다.

화교소학교는 개교 4년 만에 대전 이남의 화교학생들이 몰리기 시작하여 1945년 봄 학생수가 120명으로 늘어나 중화상회 건물이 협소한 상황에 이르렀다. 더욱이 그해에 한국이 해방되자 우강의 씨가 학교를 대표하여 미군정청과 협의하여 마침내 1947년 가을에 중앙로 2가 중앙초등학교 인근에 자리한 과거 일본인이 병원으로 사용하던 곳으로(현 한일상호신용금고 뒤편) 이전하게 된다.

---

31) 양필승, 2004, 미국 1만5천명, 대만 1만명, 일본 6천명 이주.
32) 앞의 책(2007), 조계지, 구술조사, 480쪽.

연혁지에 의하면 "이전 당시 학생수는 200여 명이 되는데 남쪽으로 제주도에서 목포, 순천, 북으로는 광천, 홍성, 동으로는 이리, 전주 등 20~30여 개 지역의 화교자제들이 와서 공부를 했다. 제1회 졸업생 6명 전원이 서울의 한성중학교에 입학했다"고 한다.

2. 시련기(중앙로2가 화교소학교)

1947년 중앙로 2가 일본인이 운영하던 병원으로 이전한 화교소학교는 대전이남 학생들 200여 명이 진학하여 최고의 번영을 누리게 된다. 학교의 정확한 위치는 군산 구)세무서 뒤쪽, 중앙초등학교 후문 인근 이었다. 학교는 해방 전 일본인이 운영하던 신식병원이었는데 규모가 큰 2층 건물이라서 200명의 학생이 공부하고 일부 학생의 기숙사로 이용하는데 불편이 없었다.[33]

당시 상황을 연혁지는 "일본패망 후 교장은 우청당(于淸堂), 오위주, 왕여광(王余光), 임원형(林元亨) 등이 겸임하였고 당시 한국 물가가 많이 올라서 한국경제가 또 문제가 생겼다. 군산화교자치구장인 임전갑 씨가 군산부내의 교포 헌금을 모금했다. 부외는 서울 유풍덕, 장풍공사, 성순흥, 인천동, 만경에는 광성동, 이리 소모욱, 조방준, 추향산, 왕성충 등 가장 많이 기부했다. 학교를 유지하는데 도움이 되었다. 당시 교무가 많아서 임구장이 교장을 겸임하는데 어려움이 있어서 교장을 사임하고 학교 내 이사회를 설립했다. 손경정(孫慶楨)을 이사로 임용하고 교사 동을신 씨를 교장으로 임명했다"고 적고 있다.

일본 패망 후 화교들의 귀향이 이어져 군산의 화교는 1,200여 명에서 그 절반인 600여 명만 남게 된다. 그 결과 임기를 마치지 못하고 귀향하는 교장들이 속출하여 2년간의 짧은 기간에 4명의 교장이 교체된다. 이

---

33) 앞의 책(2007), 구수조사, 조계지(480쪽), 유영지(426쪽).

러한 격변기에 화교사회의 공식자치기구인 중화상회는 화교자치구로 명칭을 변경하고 구장에 임전갑 씨가 선출된다. 임씨는 전 중화상회 회장이었던 녹암정 씨와 화교소학교 설립에 중추적 역할을 했던 인물로 임씨의 구장 임명은 해방과 함께 화교내부 권력구조가 친일성향의 인맥에서 반일성향의 인맥으로[34] 변화하였음을 의미한다.

1947년은 일본의 패망으로 일본에서 공급되던 공상품의 수입이 중단되어 소비재상품 품귀현상이 일어나 물가가 오르는 상황이 발생하고 그 일본경제의 빈자리를 동남아 네트워크를 지닌 화교무역상들이 대신함으로써 단기간 화교상권의 융성기를 맞이했던 시기였다.[35] 이러한 화교경제의 번영에 때맞추어 추진한 화교학교의 운영자금 모금은 전국적으로 큰 성과를 거두었다. 화교소학교는 성공적인 모금 후에 자치구장의 업무과중 및 학교규모 확대에 따라 학교가 화교자치구의 산하단체로 있던 기존의 운영형태를 바꾸게 된다. 운영형태의 변화란 두 단체의 운영체제를 분리하고 학교는 자체 이사회를 구성하여 운영예산을 자체적으로 해결하는 체제를 말한다.

새로운 체제의 화교소학교는 관리와 운영을 분리하여 학교관리는 이사장이 중심이 된 이사회에서 결정하고 운영은 교장 이하 교사들이 하는 형태가 된다. 이러한 변화는 화교학교를 실질적으로 운영하던 중화상회로부터 학교가 분리되어 독자적 기능을 하게 되었음을 의미하며 해방 이후 화교경제의 성장에 따른 자신감이 화교사회의 조직 확대차원으로 표출되었다고 이해할 수 있다.[36] 초대 학교이사장은 영동상가에서

---

34) 여○○ 구술조사, 2006, "민국 31년(1942)새로 중화상회 회장에 당선된 우○○ 씨가 친일적 성향이 강했다면 당시 선거에서 패했던 임전갑 씨는 우강의 씨와 함께 반일세력의 중심으로 일본의 패망과 함께 화교 권력을 점유하게 된다."

35) 정성호, 『화교』, "화교가 1946년 전국무역액의 82%, 1948년에는 52.5%를 차지"

36) 연구자 : 이후 화교학교 이사회는 자치운영의 한계를 드러내고 화교자치구와 화교협회임원이 겸임하게 되었고 현재는 화교협회회장이 교장을 겸임하는 형태로 복원되었다.

인성상회라고 하는 큰 철물점을 운영하던 손경정 씨가 맡았고 초대 교장은 학교설립 시 북경에서 초빙된 후 실질적인 학교운영을 맞아오던 동을신 선생님이 임명되었다. 당시 교사는 동을신, 화숙현, 강서우, 담씨성의 남자, 여교사 장릉운 등 5명이 있었다.

연혁지의 내용을 보면 "민국37년(1948) 주한 소영사가 군산에 시찰 왔을 때 영사관이 화교교육 보편화를 주장하면서 각 지역에 화교학교를 설립하기를 권장했다. 그래서 전라북도에는 이리 전주 등에 소학교가 설립되어 본교학생수는 140여 명으로 줄어들었다. 여름방학 때 제2회 졸업생 11명이 배출되었고 전원 서울중학교로 진학했다. 초임 교장 녹암정 씨가 병환으로 전북 줄포에서 서거했다"고 적고 있다.

1948년이면 한국정부에서 경제적으로 급성장하는 화교상권에 대한 견제차원에서 화교의 물류창고 봉쇄와 함께 외화사용규제책을 발표하고 중국 본토가 공산화되자 중국 본토 화교의 입국을 제한하는 정책을 발표하여 화교들은 급격한 변화를 겪게 된다. 이후 1949년 중국 본토를 점령한 모택동의 중국정부도 중국인의 외국이동을 금지하여 군산의 화교들은 본토의 가족 및 일가친척들과 이산가족이 되며, 정신적 물질적으로 어두운 침체기에 접어들게 된다.

이처럼 급변하던 시기 군산을 방문한 장개석 정부의 영사는 대만정부의 정책에 따라 각 지역에 소규모 화교학교 수립을 권장하게 된다. 그 결과 익산과 전주에 화교학교가 설립되어 군산의 화교소학교는 졸지에 학생수가 140여 명으로 줄어들게 된다. 이때 화교소학교는 설립 이후 최대의 시련을 겪게 되는데 그것은 1949년 2월 18일에 있었던 학교 본관의 화재사건이다.

화교학교의 화재를 연혁지는 "여름방학에 제2회 졸업생 11명이 전원 서울 중학교로 갔다. 민국 38년 2월 18일 학교건물 수리 중 화재가 났다. 교실, 기숙사 교재용 도구 전체를 화마가 삼켰다. 교포의 심혈을 기울인 결정품이 하루아침에 재로 변했다. 교포들은 매우 놀랐고 현지를 와서 보고 통곡하는 사람도 많았다. 이사장 손경정 씨와 구장 임전갑 씨가 주도하에 복교위원회를 설립했다"고 적고 있다.

화재의 원인은 학교건물 수리 때문이라고 하는데 어떤 공사였는지는 알 수 없고, 겨울방학중이라 학교에는 교장선생님 부부와 네 자녀만 거주하여 다행히 인명피해는 없었다고 한다. 당시를 기억하는 화교들의 구전에 의하면 화재원인은 교장선생님 가족이 사용하던 방이 본래 일본식 다다미방을 온돌방으로 개조한 방인데 개조를 하며 다다미를 걷어내지 않아 아궁이의 뜨거운 열기가 방바닥 속에 있던 다다미를 가열시켜 화재가 났다고 한다. 더욱이 화재가 발생하자 일본식 건물의 특징인 건물 벽 속의 나무를 통하여 불씨가 타고 들어 진화가 어려웠다고 한다.[37]

화재발생 후 상황을 연혁지는 "임전갑 씨가 위원장을 맡아 동교장과 함께 영사관에 찾아가서 화재를 보고하고 지원을 요청했다. 영사관에서 당시 서울중학교 건축 자금 중 일부인 한국 돈 백만원을 지원했고 또 각 지역 교포한테 복교 지원금을 모금할 권리를 주었다. 그래서 군산에서는 교포의 창고를 빌려서 임시 교실로 활용하며 새로운 학교 건물을 물색했고 다른 한편으로는 모금사업을 추진하여 한국 돈 오백여 만원을 모았다. 그리고 한국 관제서(세무서의 전신)와 교섭해서 현재의 건물을 임대해서 사용하기로 했다. 이후 건물을 바로 수리하고 도구를 구매하였다. 7월에 허 총사가 군산 시찰을 하러왔다. 학교 수리가 완공되어 11월 11일 학교를 이전했다. 당시 화교자치구가 화교협회로 바뀌었다. 임전갑 씨가 회장으로 취임하고 학교 기금 백여만원을 모금했다"라고 적고 있다.

화재사건은 다행히 인명피해가 없어 사후처리가 일사천리로 진행되었는데 먼저 영사관의 도움을 요청하고 전국적인 모금에 들어간다. 학

---

37) 앞의 책(2007), 유영지, 구술조사, 426쪽.

생들은 임시교사를 만들어 수업을 했는데 수업장소는 영화동의 화교교회(〈사진 3〉)와 일제시대 군산최고의 요리 집이었던 동해루의 창고를 개조하여 두 곳에서 수업하였다.[38] 그 와중에 이전가능한 건물을 물색하였는데 최종적으로 선정된 곳이 현재 화교소학교가 자리한 월명동 시장 내 건물이었으며 결국 화교학교는 화교들의 단결된 힘이 합해져 화재 발생 후 9개월 만에 정상운영을 하게 된다.

3. 쇠퇴기(명산동 화교소학교)

1) 명산동으로 이전과 한국전쟁

해방 전 일본인 소유였지만 일본인이 떠난 후 이른바 적산가옥이라는 이름으로 국고 귀속되어 관세청의 관리 하에 있던 명산동 화교소학교건물[39]은 일제강점기 유곽으로 사용되던 칠복(七福)이라는 상호의 2층 ㅁ자형 목조기와 형태의 일식건물이었다.〈사진 4〉 학교의 모습은 가운데에 조그만 정원이 있고 1층에서 2층에 오르는 계단이 5곳이었다. 〈그림 2〉

명산동으로 이전하여 학교가 정상화에 접어들던 1950년 제4회 졸업생 졸업시험을 앞두고 전쟁이 발생한다. 한국전쟁 당시의 상황을 연혁지는 "민국 39년 4회 졸업생 시험을 앞두고 6·25사변이 발생했다. 한국정부는 부산으로 옮겨가고 군산도 인민군에 넘어가고 교포들과 교장, 교사도 부산으로 피난을 갔다. 전쟁기간 학교는 그동안 마련한 모든 도구와 물품을 불량분자에게 다 털리고 심지어 건물유리까지 다 떼어가고 연합

---

38) 앞의 책(2007), 유영지, 구술조사, 426쪽.
39) 조계지 구술조사, 2006, "명산동 화교소학교는 한국관세사로부터 임대하여 사용하다가 1955년 화교들의 모금을 통하여 한국국적인 조계지의 명의로 불하받았으며 이후 사용 중 2001년 화재로 소실되었다."

군이 북한군을 격퇴한 후 학교는 이미 인천과 서울에서 피난 온 교포들이 점거한 상태였다"라고 적는다.

연혁지의 표현처럼 전쟁이 나자 군산의 일부 화교들과 학교선생님들은 부산으로 피난을 갔다. 그러나 남도 북도 아니고 좌, 우의 개념도 없던 많은 화교들은 군산 인근의 시골에 위치한 화교농민들의 집에 피난처를 마련하고 시내의 집과 시골을 왕래하며 생활하게 된다.

7월 19일 인민군 제4사단이 군산에 진주하고 화교들은 인민군과 동행한 중국어가 유창한 군인[40]들로부터 정기적으로 강제 소집되어 화교소학교에서 사상교육을 받으며 전쟁기간을 보내게 된다. 그러나 강권에 의한 어쩔 수 없는 사상교육 때문에 군산에 남았던 화교청년들은 수복 후 부역혐의자로 경찰서를 드나들며 고초를 겪게 된다.[41] 또한 전쟁 기간동안 화교소학교는 서울, 인천 등지에서 부산으로 피난가다 길이 막힌 화교들의 집단 피난처가 된다. 당시 화교소학교에 자리 잡은 화교피난민들이 200가구가 넘어 교실은 물론이고 처마 밑에도 거주했다고 한다.

군산이 수복된 후 학교 문을 다시 열었지만 형편이 어려워 임전갑 회장은 대사관의 허가를 받아 부산에서 모금을 하여 270여만원의 기부금을 모집한다. 이처럼 화교소학교의 운영은 학생들의 등록금보다도 화교들의 기부금이 재정의 중요한 자리를 차지하곤 하였다.

1951년 학교는 정상화되지만 전쟁은 끝나지 않아 학생들은 2층에서 수업을 하고 1층은 여전히 화교피난민들이 이용하고 있었다. 당시 학교는 1층을 화교협회사무실과 교장 가족숙소, 그리고 피난민 가족들의 거주지로 이용하였고, 2층에는 교무실과 남교사 숙소가 있었으며 교실 5곳에서 전교생이 수업을 했다. 선생님은 5명이 있었는데 동을신, 화숙

---

40) 앞의 책(2007), 유영지, 구술조사, 434쪽, "중국어가 유창한 북한군들이 중궁인인지 팔로군 출신의 북한군인지는 확인불가"
41) 앞의 책(2007), 유영지, 구술조사, 434쪽.

현 부부와 왕서우, 장운영, 유씨성의 처녀선생님이 근무하였다.

교과내용은 「국상과본(國常課本)」이라는 제목의 교과서 1권을 교재로 수업을 하였다. 「국상과본」이란 국어와 상식을 배우는 책이었는데 매 학년 「국상과본」의 수준을 높이는 형태였고 수학과, 음악 등은 교제 없이 선생님이 칠판에 기록하여 진행하였다. 전쟁으로 생활이 어려워 교복 없이 일상복을 입고 학교를 등교했다.[42]

수업은 아침 8시 30분에 시작하여 오후 5시까지 오전 3시간 오후 3시간 진행하였으며 점심은 각자 집에 가서 먹거나 알아서 해결하였다. 전쟁 후부터는 4학년이 되면 일주일에 한 시간씩 한국어 시간과 영어 시간이 있었는데 수업이 형식적이었기 때문에 많이 배우지는 못했다.[43]

이 당시 학교상황을 연혁지에서는 "41년(1952) 3월 21일 주한대사 완동원(王東原) 장군이 군산을 시찰 왔을 때 교포한테 교육을 진흥해야 한다는 당부를 했다. 세밑에 학교 이사회에서 또 9백여 만원을 모금해서 매월 부족한 경비를 충당했다. 그해 7월 제5회 졸업생 7명 중 4명이 부산중학교에 진학했다. 그리고 학교 교사 강서오(姜瑞五) 씨가 10월 18일 날 서거 했다"고 적고 있다. 이때가 되면 화교의 사회적 위치와 모국에 대한 개념에 변화를 겪게 된다. 변화의 양상은 화교들의 고향인 본토의 중국정부는 한국군과 피를 흘리며 싸우는 적이 되고, 한국과 장개석의 대만정부는 독립투쟁의 인연과 반공투쟁의 혈맹관계가 되는 형태였다. 이러한 상황 아래 화교들은 이데올로기의 대결이라는 국제정세와 한국정부의 정책으로 본인들의 의사와는 상관없이 대만정부를 모국으로 규정하게 된다.

---

[42] 여○○ 구술조사, 2006.

[43] 여○○ 구술조사, 2006.

2) 대만을 모국으로 한 반공교육

한국전쟁 후의 변화를 연혁지에서는 "민국 42년(1953) 봄 부회장 왕조석 씨가 당시 한국에 와 있는 영송륜(배이름)과 교섭해서 학교 참고서와 일부 교재용 도구를 기증받았다. 6회 졸업생 8명 중 5명이 중학교에 갔다. 현재 학교학생이 130명이 있고 교사는 6명이 있다. 이상이 군산화교소학교 성립 후 12년간의 경과이다"라고 적는다.

영송륜은 대만정부에서 해외 화교들에 대한 영향력 확대를 위하여 운영한 교류 선박이다. 이 배에 학생들의 교재를 실고 가서 원하는 모든 화교들에게 무상으로 나누어 주었다. 이때부터 대만정부는 고교졸업 후 대학을 대만으로 오고자 하는 화교들에게는 무상교육과 함께 의식주를 제공해주었다. 이러한 대만정부의 정책이 의도하는 목표는 해외 화교의 반공교육 강화를 통하여 공산국가인 중국에 대항한 대만정부의 정통성 확보로 볼 수 있는데 이러한 정책은 1949년 장개석이 대만으로 옮겨가면서 추진되기 시작하여 한국전쟁 이후 더욱 강화되었다.

한국전쟁을 겪으며 반공이 가장 우선시되는 남한사회에서 공산국가를 고향으로 가진 화교들의 정치적 입지는 적어질 수밖에 없었고 이념 충돌에 의한 전쟁이라는 공통된 경험을 하였던 한국정부와 대만정부의 극단적 반공노선은 화교들을 언제든지 간첩으로 몰 수 있는 상황이었다. 이 기간 화교들은 중국의 고향에 처자식 혹은 친척을 두고 있다는 이유로 간첩 콤플렉스에 시달려야 했으며 사상이 불온한 화교는 대만의 요청으로 한국수사기관에서 체포하여 대만으로 추방하는 공포분위기가 조성되었다. 이러한 이념적 환경은 한국정부의 화교정책과 결합하여 한국의 화교들을 극단적인 비정치 집단으로 변화시켰으며 자신들의 불만을 표출하지 않고 정체성을 고수하는 주변인으로 남게 하는 결과를 낳게 되어 결국 화교의 재이주로 이어지는 구조를 형성하게 된다.

이러한 분위기 아래 화교학교는 모국과 거주국의 정치적 이념을 2세들에게 교육하는 최 일선 기관이 된다.

화교소학교의 반공교육은 어린이날(4월 4일)과 장개석 총통생일날(10월 31일) 모든 화교들이 학교에 모여 경축식과 저녁의 반공관련 연극공연으로 표현되었다. 그 과정 중에 있었던 에피소드는 당시 분위기를 확인할 수 있게 한다.

"우리 교과서 전부다 하나부터 열까지 전부다 반공, 반공. 4월 4일 날 어린이날을 하거든요. 어린이날 항상 오후에 어린이 연극해요. 그 연극 반드시 공산당을 때려잡는 그런 연극. 그리고 10월 31일 날 장개석 총통이 생일이에요. 그날 또 아침 기념식 하고, 경축식 하고, 저녁에 연극해요. 학생들 나와서 노래하고 춤추고 그걸로 끝나고, 마지막에 반공 연극. 대만에서 대본이 와요.

그 연극에 출현한 선배가 있었어요. 홍위병도 아니고, 홍위병 더 어린 학생 역할이에요. 내용은 집에 가서 아빠한테 동지라고 하고, 엄마한테 동지라고 부르고, 그래서 아빠한테 혼나니까, 아빠를 고발해갖고 아빠한테 투쟁 당하는 그런 내용이에요. 연극대사에 공산당은 좋다는 노래가 있어요. 꼬마가 그 노래를 했었어요. 근데 연극 끝나면 공산당 얘기 일절 못하게 하거든요. 일절 못하게 하는데, 그 학생이 자기가 그 역할을 했으니까, 자기도 모르게 며칠 지나고 수업 끝나고 교실에서 자기가 연극했던 그 노래를 불렀어요.

몇 구절 불렀는데 그것이 선생님한테 들통나갖고 선생님이 바로 대사관에다 신고를 했어요. 대사관에 신고하는 이유가 자기가 가리키는 학생인데 그것이 만약에 선생님이 신고 안 하면 다른 애 다 알았을 거 아닙니까. 학생이 집에 가서 지가 부모한테 얘기해갖고, 그 말이 새 나가면, 그 선생님 바로 대만 소환 당해요. 그때 당시에 한국도 철저한 반공이니까. 대만서 와서 잡아가는 거 아니고, 한국 정부에다가 바로 요청만 하면, 한국 형사가 잡아와가지고 비행기 태워 대만에 보내버려요. 여기서 잡혀갖고 대만에 호송시켜가지고, 대만에서 사형 받은 사람도 두 사람인가 있었다고…꼼짝 못하죠. 자기가 그렇게 안 당하려고 대만 대사관에다 신고했죠. 신고를 하니까 대만 대사관에서 하는 얘기가, 학생이니 봐줘라 그래서 학교 창고에 3일 동안 가둬놨어요. 그 창고 안이 껌껌해요. 전기도 없고, 껌껌하고, 밤에 담요 하나 주고, 다행스러운 것이 그때 4월 달이니까."(여○○ 구술, 2006)

이러한 극단적인 반공교육은 구소련이 몰락하고 한국정부가 대만정부와 단교한 후 1992년 한중수교를 하며 사라진다.

연혁지의 마무리는 "학교가 오늘날처럼 기초가 있고 좋은 환경 속에서 교육을 할 수 있게 된 것은 모두 한국화교 선배들께서 노력하고 지원한 결과다. 앞으로도 교포들께서 계속해서 교육에 관심을 가지고 교사는 충성하고 가르치는데 게으르지 말고 학생들은 더욱더 봉사하고 선배들의 심혈을 헛되지 않게 노력 바란다"라고 교사와 학생들에게 당부를 하며 글을 마친다.

연혁지가 만들어진 1953년 전쟁직후의 어려운 시기였지만 화교학교는 기부금을 내는 화교들의 열정과 130명의 학생 그리고 6명의 교사로 구성되어 새로운 희망을 버리지 않고 있었다. 또한 지나온 12년의 역사를 기록하며 사람의 공과를 나누기보다는 개인의 역할을 중심으로 담담하게 써나감으로써 모든 화교들의 노력의 결과로 화교소학교가 유지될 수 있었음을 밝히고 있다.

현재 군산화교소학교는 학교운영 자금의 확보를 위하여 한국인 학생의 입학을 허용하였다. 학교운영자금의 부족은 1970년대 이후 한국정부의 화교정책에 따른 경제력 약화와 화교의 해외이주로 화교거주자가 40여 명으로 줄어들어 기금모금이 어려워졌기 때문이다. 더욱이 화교사회를 이어나갈 취학아동의 부족은 더욱 심각하여 현재 학생수 160여 명 중 화교어린이는 1명에 불과한[44] 실정이 되었다.

4. 화교학교의 의미와 역할

18세기 이후 교육은 국가형성 및 민족주의의 강화의 중요한 수단으로서 집단이 국가에 종속하게 하고 개인을 국가의 구성원으로서 규정하는 역할을 충실히 담당하였다. 이처럼 민족교육이 강조되던 19세기 후반

---

44) 1970년대 전국에 44개였던 화교소학교가 2006년에는 26개로 축소.

자신들과 언어와 생활풍습이 전혀 다른 타국에 이주하여 생존해야 했던 화교들에게 있어 이주국에서 태어난 2세들의 정체성 유지와 생존 및 적응을 위한 교육은 가장 중요한 관심사일 수밖에 없었다. 따라서 화교들이 설립한 화교학교는 화교들의 사회문화와 그들의 일상 및 정체성 형성과정을 확인할 수 있는 의미있는 대상이 될 수 있다.

이 글에서는 군산화교학교 연혁지에 기록된 내용을 매개로 하여 화교들에게 있어 학교가 갖는 의미와 역할을 분석함으로써 교육이 화교들의 문화형성에 어떤 영향을 끼쳤는지 알아보고자 한다.

먼저 앞에서 살펴본 화교학교의 역사와 교육내용을 토대로 화교들에게 학교가 갖는 의미를 확인해보면 학교는 화교 정체성 유지의 원초적 공간이며 화교사회의 경쟁력을 강화시키는 공간임을 알 수 있다. 또한 이러한 학교교육의 기능적 측면으로는 학교는 화교들의 정체성유지 및 재생산이라는 대의명분을 앞세워 화교공동체 결속의 역할을 담당함으로써 자발적 헌금의 모금과 열성적인 2세 교육, 국경일 및 결혼식 등 공적·사적 행사시 학교를 이용하게 하여 화교가 하나 되는 공간으로서의 역할을 하였다. 또한 이주국에서 불안정한 생존력 강화를 위하여 학교조직을 정치적으로 이용함으로써 모국 및 거주국 정권과의 지속적인 관계유지 역할 역시 학교의 중요기능이라 할 수 있었다. 이러한 정치적 기능을 확인하려면 학교의 창립 및 운영을 주도했던 중화상회 군산분회를 살펴볼 필요가 있다. 중화상회 군산분회는 1924년 인천주제 중국영사의 인정을 받아 군산에 설치되어 화교들의 영사관 기능을 담당하였던 일종의 정부기관을 보조하는 자치조직이었다. 따라서 중화상회의 역할은 중국영사관에 소속되어 모국의 정책을 재외 국민인 화교들에게 전달하고 화교의 이익을 보호함을 목적으로 하여 달리 말하면 화교의 정체성을 책임지고 있었다고 볼 수 있다. 이러한 성격으로 인하여 중화상회 군산분회는 이후 일본이 자신들의 모국인 중국과 전쟁을 하고 있는 어려운 시기에 학교설립을 추진하여 전국적이 모금활동을 주도하는 등 군산지역 화교들의 중심체로서 강력한 정치력을 보여준다.

이러한 기능을 하는 중화상회 회장이 화교소학교의 실질적인 운영주체로서 교장직을 겸임하였음은 학교와 중화상회가 하나가 되어 화교사회를 움직이는 정치조직이었음을 추정케 한다. 그러나 이처럼 권력이 집중됨으로 인하여 중화상회 회장 승계과정에서는 앞서 살펴본 바와 같이 국내외 정치적 상황변화에 따라 화교내부의 주도권 경쟁이 이루어져 간혹 심각한 분열과 갈등이 있었음도 확인할 수 있었다.

또한 교육내용에서도 학교 기능의 정치적 측면을 확인할 수 있다. 가령 일제강점기 일본어 수업배정 및 일본어 선생의 수용과 전시교육내용인 교련 및 응급처치교육 실시 등은 자신의 모국과 전쟁 중인 일본이지만 그들의 지배하에서 생존을 위한 화교사회의 정치적 행위가 교육내용으로 표출되었다고 볼 수 있다. 같은 맥락에서 한국전쟁 후 화교학교의 극단적인 반공교육은 모국으로 규정된 대만 및 거주국인 한국 정부와의 관계를 유지하기 위한 학교의 정치기능이 작용한 결과라고 볼 수 있다.

이러한 학교의 의미와 역할이 화교들의 문화형성에 끼친 영향을 살펴보면 먼저 화교 2세들이 학교생활을 통하여 동료 화교학생들과 종족의 기본 요소인 혈연, 언어, 의식주의 동질성을 확인함으로써 다수의 이민족 속에서도 독특한 문화를 유지할 수 있는 자긍심과 민족애를 지니게 됨을 들 수 있다. 또한 학교의 열린공간 역할은 중요의미를 지니는데 학교는 모든 화교들에게 열린 공간으로서 화교들의 결혼식(〈사진 5〉) 및 국경일 그리고 각종 기념행사를 하는 열린공간 역할을 하는데 이러한 기능은 연혁지에서 여러 차례 언급되는 학교 창립 및 운영에 따른 자발적 기금모금의 결과 자연스럽게 조성되었다고 볼 수 있기 때문이다.

그 이유는 기금모금에 동참은 지휘고하와 빈부격차 그리고 지역구분을 초월하여 모든 화교에게 주어진 권리이자 의무였기 때문이다. 그 결과 연혁지에 기록된 11년 동안 총6회에 걸쳐 성공적인 모금이 이루어졌던 것이다. 이러한 자발적 기부문화의 영향으로 학교는 화교학생이라면 누구에게나 공평한 기회를 주었으며, 한국전쟁기간에는 외부에서 온 피난민들이 화교학교를 자연스럽게 임시피난처로 이용하는 열린 공간이 될 수 있었던 것이다. 이처럼 화교학교가 모든 화교가 언제든지 이용 가능한 열린 공간이 됨은 화교의 내부구조가 고향과 직업 그리고 후이(會)로 이루어진 분리된 구조라는 시각이 있음을 볼 때 주목할 만한 점이다. 이처럼 학교공간의 독특한 특징은 화교학교가 같은 동족이면 누구나 자발적 기부를 통하여 공적공간 내로 들어올 수 있는 통로를 제공함으로써 자신들에게는 열린, 그러나 타민족에게는 폐쇄된 일종의 이탈적 공간이었으며 이러한 역할이 화교의 공동체의식 강화의 기능은 하였으나 시간이 흐르며 아이러니컬하게도 한국사회에서 화교의 고립감을 심화시키는 요인으로 작용하여 재이주를 선택하게 한 내적원인 중에 하나가 되었음을 박은경(1986)은 말한 바 있다. 이처럼 화교학교는 화교집단의 사회인식 및 정치적 선택을 극명하게 보여주는 공간으로 이를 통하여 화교 문화의 일면을 확인할 수 있다.

Ⅲ. 맺는말

전 세계가 제2차 세계대전에 빠져드는 광기와 절망의 시대 극동에 위치한 식민지 조선의 항구도시 군산에 거주하던 1,200여 명의 화교들은 중일전쟁이 치열해지던 1941년 오로지 민족의 정체성보존을 위하여 군산화교소학교를 설립한다. 그리고 이후 11년 동안(창립부터 연혁지 제작기간까지) 중일전쟁에 따른 민족의식의 형성, 일본의 패망, 조선의 해방에 따른 귀국과 잔류의 선택, 해방직후의 혼란, 장개석 정부의 대만이전, 공산화된 중국정부의 수립, 본토가족과의 이산, 한국전쟁, 반공교육이라는 역사적 격랑을 겪으며 학교를 유지하였다.

군산지역 화교들이 겪었던 학교 창립 이후 11년간의 역사적 상황은 당시의 주역들이 지금은 모두 고인이 되었기에 기억하는 이 없는 과거가 되었다. 하지만 분명한 사실은 격동의 시대를 살아가며 자신들의 처지가 가장 어려웠던 시기에 학교를 설립한 화교들이 꿈꾸었던 미래는 현재 군산에서 찾아보기 어렵게 되었다는 점이다. 오히려 연혁지가 만들어진 1953년 한국전쟁 직후 보다 더욱 감소한 화교의 숫자와 빈약해진 경제력만이 잔존하고 있을 뿐이다.

오늘날 군산화교의 현실은 한국화교의 전반적인 상황과 그다지 다르지 않다. 그렇다면 왜 이러한 상황이 된 것일까? 이 글에서는 한국화교 쇠퇴의 원인을 확인하고자 화교문화형성에 학교교육이 끼치는 영향을 분석해보고자 하였다.

결과적으로 화교들은 학교교육을 통하여 자신들만의 정체성을 유지하고 재생산하며 학교조직은 화교사회의 정치적 중심체로서 화교문화형성에 중요한 의미와 역할을 하였음을 알 수 있었다. 또한 화교학교는 지속적인 기부금 지원, 학교공간을 통한 공동체강화, 교육내용을 통하여 모국 및 거주국 정부와 지속적인 관계 유지 창구로서의 정치적 역할 등 화교사회문화형성에 광범위하게 영향을 끼치고 있었다. 특히 학교를 일종의 정치기구인 중화상회 군산분회에서 운영함으로써 국내외 정치적 상황변화에 따라 교육내용을 민족, 친일, 반공 등으로 바꾸는 과정은 화교들이 거주국에서 살아남기 위한 최소한의 정치적 선택이라고 판단할 수 있다. 하지만 이러한 선택이 결국에는 한국·중국·대만의 냉전체제 과정에서 한국정부의 화교정책과 맞물려 한국의 화교들을 극단적인 비정치 집단으로 변화시킴으로써 결국 화교의 재이주 및 쇠퇴의 길로 들어서게 하는 또 하나의 요인이 되었음을 알게 되었다. 이러한 결론을 통해서 교육이 문화의 보존, 전승 기능과 함께 문화를 변화시키는 구성요인으로 작용함을 확인할 수 있었다.

모든 이주민들이 갖고 있는 정체성의 고수노력은 화교들만의 특징이라기보다는 귀소성에 기반한 인간의 본성임이 분명하다. 그러하기에 소수민족이 자신들의 정체성을 유지하며 하나 된 국민으로 살아가게 하는 미국의 다민족정책과 중국의 소수민족정책은 우리의 다문화정책에 시사하는 바가 크다. 더욱이 화교는 자신들의 처지와 다름이 없다고 비유하는 자장면처럼 중국에서는 한국 음식이고 한국에서는 중국음식 대접을 받으면서도 자신의 고향은 한국이고 이곳에 묻히고 싶다며 재귀국하는 분명 한국국민이다. 또한 이미 화교 4, 5세대는 한국인과의 결혼을 통하여(김중규, 2007) 하나로 융화되고 있는 실정이다.

　제국주의시대와 냉전체제의 어려운 시절 한국 최초의 대규모 다문화사회경험은 격랑의 국제관계로 인하여 양자 모두에게 비극적 경험이었다. 그러나 글로벌 국제화시대 과거의 잘못된 경험이 또다시 새로운 다문화시대를 구속해서는 안 되며 화교에 대한 연구는 그러한 이유에서 의미가 있다.

〈그림 및 자료〉

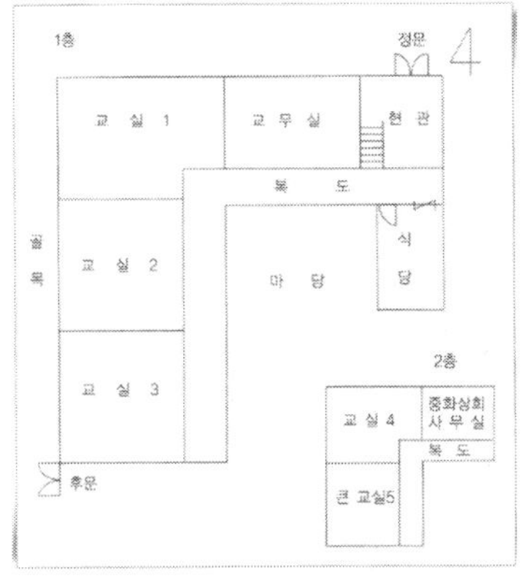

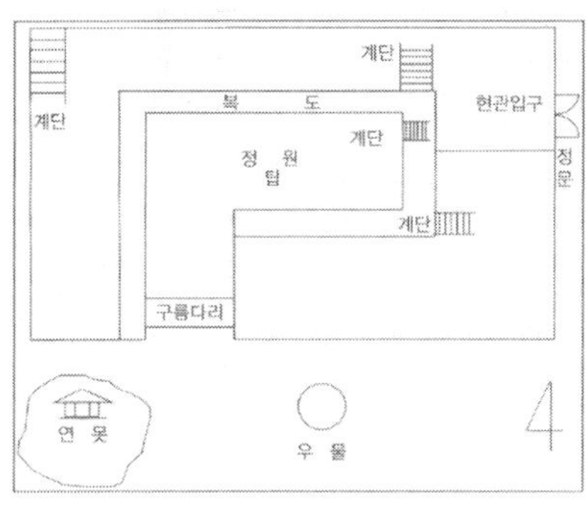

〈그림 1〉 장미동 화교소학교 평면도
(김중규 작성)

〈그림 2〉명산동 화교소학교 평면도
(김중규 작성)

〈사진 1〉 임전갑 회장

〈사진 2〉 1948년 졸업생 사진
(머리는 짧게 깎고 교복 착용)

〈사진 3〉 중앙로 학교 화재 후 임시교사로 이용되었던 화교교회(영화동)

〈사진 4〉 명산동 화교학교 조회모습(후면이 학교)

〈사진 5〉 결혼식장으로 이용된 명산동 화교학교

〈사진 6〉 명산동 학교 학생들 수업 모습

〈사진 7〉 1966년 졸업생(남학생 교복)   〈사진 8〉 1966년 졸업생(여학생 교복)

〈자료〉 군산 화교소학교 연혁(번역 : 여건방 前 화교학교 교장)

본교는 민국 30년(서기 1941년) 10월 10일 창건했다. 창건 당시 군산 중화상회 회장은 녹암정 씨였고 군산거주 화교는 약 1,200명 정도였으며 취학 아동은 약 50여 명이 있었다. 이때 남한에는 서울과 인천에 각각 소학교가 한 곳씩 있어 타 지역에 살고 있는 화교 자제들은 교육을 받을 기회가 적었다. 화교 자녀들이 학교에 다니려면 일본인 학교에 갈 수밖에 없었다.

민국 30년 봄 군산중화상회 녹암정 회장께서 이런 상황에 대해 교포들에게 건의 한 후 군산에 화교소학교를 건립해야겠다는 건의를 했다. 그래야 2세들이 본국의 교육을 받을 수 있다는 설명에 교포들은 모두 환영의 뜻을 표하고 바로 학교설립추진위원회를 설립했는데 녹회장이 위원장을 겸임했다. 그러나 학교를 설립하는 데는 큰 문제가 두 가지 있었는데 그중 하나는 일본정부의 반대였다. 당시 한국은 일본의 통치 하에 있었고 또 일본은 중국을 침략하는 중이라 우리 교포들에게 중국 교육을 하게 한다는 것을 탐탁하게 여기지 않아 갖은 방법으로 막았는데 녹위원장과 우강의 선생이 백방으로 교섭하고 합리적으로 설명하고 어렵게 노력하여 중국어강습소라는 명칭으로 학교설립 허가를 받을 수 있었다.

또 다른 문제는 경제문제였다. 한국에 있던 화교들은 부유하지 못하여 마음은 있지만 능력이 따르지 못하여 학교설립 자금을 모금하는데 어려움이 많았다. 모금을 위하여 녹위원장과 임전갑 씨가 같이 전국을 돌며 화교들에게 모금을 했다.

군산에서는 유풍덕과 금생동이 가장 먼저 일본돈 3,500원씩 기부를 했다. 그 결과 전국적으로 모금한 금액이 일본 돈으로 1만원이 조금 넘었다. 이에 바로 군산부 전주통 17번지 군산중화상회 회지를 차용하여 내부를 수리하고 학습도구를 사들이는 한편 뒷마당에 운동장을 조성한 후 바로 학생을 모집했다.

중국어강습소는 동년 10월 10일 개교식을 했는데 녹위원장이 교장을 겸임했는데 학생은 군산부내 학생이 50여 명이었고 타지에서 온 기숙학생이 10여 명이었다. 소학교는 학제를 6년제로 하였으며 교사는 북경에서 동을신과 화숙현을 초빙했다. 이후 민국 31년 가을 녹교장이 병환으로 귀국하자 교장은 새로 중화상회 회장에 당선된 우계청 씨가 겸임했고 적극 교무를 정돈했다. 이때 학교명칭도 군산화교소학교로 명명했다.

민국 34년 봄 학생수가 120여 명으로 증원되었다. 일본 패망 이후 교무가 빠른 속도로 발전하여 우강의 씨가 학교를 대표해서 미군정청과 협의하여 일본인이 신식병원으로 쓰던 건물을 빌려서 학교를 이전하였는데 교사도 4명으로 늘어났다. 이 학교는 건물도 넓고 환경도 좋았다.

민국 35년 가을에 학생수가 200여 명이 넘었다. 타외 학생들은 남쪽으로는 제주도와 목포, 순천 북쪽으로는 광천, 홍성 동쪽으로는 이리 전주 등 20~30개 지역의 화교 자제들이 군산에 와서 공부를 했다.

마침내 1회 졸업생 6명이 배출되었는데 모두 서울중학교에 진학했다. 교장은 일본 패망 후에 우청당, 오위주, 왕여광, 임원형 등이 역임했다. 당시 한국의 물가가 많이 올라서 학교운영에 또 문제가 발생했다. 이에 당시 군산화교자치구장 임전갑 씨가 군산부 내외 교포들에게 모금을 했다. 부외에서는 서울 유풍덕, 장풍공사, 성순흥, 인천 금샘동 만경의 광동성, 이리의 소모욱, 조방준, 추향산, 왕충성 등이 가장 많이 기부를 하여 학교를 유지하는데 많은 도움이 되었다. 당시 교무가 많아서 임구장이 교장을 겸임하는데 어려움이 있어 교장을 사임하고 학교 이사회를 설립했다. 이때 손경정 씨를 이사장으로 선출하고 교사 동을신 씨를 교장으로 임명했다.

민국 37년 주한대만영사 소영사가 군산을 시찰 왔을 때 영사관이 화교교육의 보편화를 주장하여 각 지역에 학교 설립을 권장하여 전북에서는 이리, 전주 등의 도시에 소학교가 설립되어 본교학생수는 140여 명으로 줄어들었다. 여름방학 때 제2회 졸업생 11명이 배출되었고 전원 서울중학교로 진학했다. 초임 교장 녹암정 씨가 병환으로 전북 줄포에서 서거했다.

민국 38년 2월 18일 학교건물 수리 중에 화재가 났다. 교실, 기숙사, 교재도구 전부를 화마가 삼켰다. 다년간 교포들의 심혈을 기울인 결정품이 하루아침에 재로 변했다. 교포들은 매우 놀랐고 현장을 와서 보고 통곡하는 사람도 많았다. 이에 이사장 손경정 씨와 구장 임전갑 씨의 창도 하에 복교위원회를 설립했다. 임전갑 씨가 위원장을 맡아 등교장과 함께 서울영사관에 찾아가서 화재를 보고하고 지원을 요청했다. 영사관에서 당시 서울중학교 건축 자금 중 일부인 한국 돈 백만원을 지원했고 또 각 지역 교포한테 복교 지원금을 모금할 권리를 주었다. 그래서 군산에서는 교포의 창고를 빌려서 임시 교실로 활용하며 새로운 학교 건물을 물색했고 다른 한편으로는 모금사업을 추진하여 한국돈 오백여 만원을 모았다. 그리고 한국 관제서(세무서의 전신)와 교섭해서 현재의 건물을 임대해서 사용하기로 했다. 이후 건물을 바로 수리하고 도구를 구매하였다. 7월에 허 총사가 군산 시찰을 하러 왔다. 3회 졸업생 15명 전원이 서울중학교에 입학했다. 학교수리가 완공되어 11월 11일 학교를 이전했다. 당시 화교자치구가 화교협회로 바뀌었다. 임전갑 씨가 회장으로 취임하고 학교 기금 백여 만원을 모금했다.

민국 39년 4회 졸업생 시험을 앞두고 6·25사변이 발생했다. 한국정부는 부산으로 옮겨가고 군산도 인민군에 넘어가고 교포들과 교장, 교사도 부산으로 피난을 갔다. 전쟁기간 학교는 그동안 마련한 모든 도구와 물품을 불량분자에게 다 털리고 심지어 건물유리까지 다 떼어가 연합군이 북한군을 격퇴한 후 학교는 이미 인천과 서울에서 피난 온 교포들이 점거한 상태였다.

민국 40년 봄 지방 치안이 안정을 찾아서 학교도 다시 문을 열었는데 우선 먼저 돌아온 교사 강서우 씨가 교장대리를 하고 학생도 60여 명이 돌아왔고 학교문, 창, 탁자, 의자 등은 임회장이 교포들한테 모금을 하여 유지하였다. 가을이 되자 학생수가 많아졌고 학교 이사회에서 다시 부산에 있는 동을신 교장을 복직시키기로 의결하여 임 회장이 친히 부산으로 내려갔으며 동시에 대사관의 허가를 받아서 부산에서 270여만원을 모금했고 그 돈으로 학교를 정상화시켰다. 그러나 학교 건물 중 일층은 아직도 화교교포 피난민들이 살고 있었다.

민국 41년 3월 21일 주한대사 완둥원 장군이 군산을 시찰 왔을 때 교포한테 교육을 진흥해야 한다는 당부를 했다. 세밑에 학교 이사회에서 또 9백여 만원을 모금해서 매원 부족한 경비를 충당했다. 그해 7월 5회 졸업생 7명 중 4명이 부산중학교에 진학했다. 그리고 학교 교사 강서오 씨가 10월 18일에 서거했다.

민국 42년 봄 부회장 왕조석 씨가 당시 한국에 와 있는 영송눈(배이름)과 교섭해서 학교 참고서와 일부 교재용 도구를 기증받았다. 6회 졸업생 8명 중 5명이 중학교에 갔다. 현재 학교학생이 130명이 있고 교사는 6명이 있다. 이상이 군산화교소학교 성립 후 12년간의 경과이다. 학교가 오늘날의 기초가 있는 것이 이런 좋은 환경 속에서 교민의 자녀가 교육을 받을 수 있는 것이 모두 한국화교 선배들께서 노력하고 지원한 결과다. 앞으로도 교포들께서 계속해서 교육에 관심을 가지고 교사는 충성하고 가르치는데 게으르지 말고 학생들은 더욱더 봉사하고 선배들의 심혈을 헛되지 않게 노력 바란다.

민국 42년 국경 학교개교 11주년 기념특집

교장 동을신

교사 왕서오

중화민국 42년 10월 10일

(※ 현판의 훼손 정도가 심하여 글씨 판독이 어려운 부분이 있음)

◆참고문헌◆

1. 저서

강만길, 1994,『한국 근대사』, 창작과 비평.

______, 2001,『한국 자본주의의 역사』, 역사비평사.

군산 물산공진회, 1916,『군산안내』.

군산부, 1934,『군산부사』, 군산부.

______, 1936,『군산 개항전사』.

군산시사 편찬위원회, 1975,『군산시사』, 중앙인쇄.

________________, 1991,『군산시사』, 군산인쇄.

吉川昭, 1999,『군산 개항사』, 군산부.

김경학 외, 2002,『귀환의 신화』, 경인문화사.

________, 2005,『종족과 민족』, 아카넷.

김민영 · 김종수, 1999,『군산 개항 백주년 학술쎄미나 논문집』, 군산시.

김송달, 1998,『한국 근대 100년사』, 거름.

김영정 · 소순열 · 이정덕, 1999,『군산 개항 백주년 학술쎄미나 논문집』, 전북
　　　　대학교.

김중규, 2001,『군산역사이야기』, 나인기획.

______, 2003,『군산답사여행의 길잡이』, 나인기획.

박은경, 1986,『한국화교의 종족성』, 재단법인 한국연구원.

양필상 · 이정희, 2002,『한국 차이나타운이 없는 나라』, 삼성경제연구소.

옥구군지 편찬위원회, 1990,『옥구군지』, 중앙인쇄.

은정태 · 장용경 · 박준형 · 김중규 공저, 2007,『한국화교의 생활과 정체성』, 국
　　　　사편찬위원회.

이덕훈, 2002,『화교경제의 생성과 발전』, 한남대학교출판부.

이병훈, 1955,『군산 개항장 100년 (1)』, 중앙인쇄.

이병훈 · 고헌 · 차칠선 · 박순호, 1983,『금강의 물 메아리』, 중앙인쇄.

이봉섭, 1976,『전북100년』, 평범사.
카를로 진즈부르그, 1976,『치즈와 구더기』, 문학과 지성사.

2. 논문

곽병곤, 2002,「한중수교 이후 재한화교사회의 변화에 관한 연구」, 고려대학
　　　교 행정대학원 석사학위논문.
김기호, 2005,「초국가 시대의 이주민 정체성」, 서울대학교 인류학과대학원
　　　석사학위논문.
김중규, 2007,「화교의 생활사와 정체성의 변화과정」,『지방사와 지방문화』
　　　제10권 2호.
문은정, 2002,「20세기 전반기 마산지역 화교의 이주와 정착」,『대구사학』68,
　　　대구사학회.
안민수, 2003,「인천조계지의 토지소유 및 토지이용 변화에 대한 연구: 개항
　　　기~1970년대를 중심으로」, 한국교원대학교 석사학위논문.
이정재, 1993,「한국의 화교 거주지 연구－인천지역을 중심으로」, 경희대학교
　　　교육대학원 석사학위논문.
이창호, 2007,「한국 화교의 사회적 공간과 장소」, 한국학중앙연구원, 한국학
　　　대학원.
장정아, 2003,「홍콩인 정체성의 정치: 반환 후 본토자녀의 거류권 분쟁을 중
　　　심으로」, 서울대학교 박사학위논문.
카세타니 타모오, 1997,「서울의 차이나타운」,『한국학 연구』, 고려대학교 한
　　　국학연구소.
함한희, 1991,「해방이후의 농지 개혁과 궁삼면 농민의 사회경제적 지위와 그
　　　변화」,『한국문화인류학』.
＿＿＿, 1992,「조선말 일제시대의 궁삼면 농민의 사회경제적 지위와 그 변화」,
　　　『한국학보』.
＿＿＿, 1996,「어느 인류학자의 역사인식과 해석」,『역사학보』제150권.

제3부

장소성과 문화

/제6장/ 군산 동국사 창립의 건축 요건*

송 석 기 군산대학교 건축공학과

I. 군산 동국사의 초기 역사

군산 동국사(東國寺)는 일본인 승려에 의해 창건된 사찰로서 일제강
점기까지는 금강사(錦江寺)라는 이름의 일본 불교 조동종(曹洞宗) 소속
사찰이었다. 해방 이후 이름이 동국사로 바뀌고 1970년대 대한불교조계
종 제24교구에 소속된 선운사의 말사 중 하나가 된 이후 현재에 이르고
있다. 동국사의 경내에는 일제강점기 동안 일본 사찰 건축 형식으로 지
어진 대웅전과 요사, 종각 등이 현존하고 있어 일제강점기 우리나라에
지어졌던 일본식 사찰의 모습을 잘 보여주고 있다. 일제강점기 동안 지
어진 일본식 사찰은 많았으나, 대부분 훼철되어 현존하지 않는다. 동국
사와 같이 과거 일본식 사찰이었던 건축물로 경상북도 경주시의 구 서
경사(西慶寺, 등록문화재 제290호)와 전라남도 목포시의 구 동본원사 목
포별원(東本願寺 木浦別院, 등록문화재 제340호) 등이 현존하고 있다.

구 서경사는 일본 조동종 경주포교소 서경사라는 이름으로 1932년에

---

* 이 글은 『대한건축학회연합논문집』(2012)에 게재된 필자의 논문 「군산 동국사 창건 초
  기 건축물에 관한 연구」를 수정 · 보완한 것임.

건축되었다. 해방 이후 농촌지도소, 사방관리소, 해병전우회 등의 사무실로 사용되었고, 2006년 12월 4일 문화재로 등록된 이후 경주시에서 공원으로 관리하고 있다. 구 동본원사 목포별원은 1930년대 초반에 지어진 건축물로 일식 목조 기와지붕과 석조의 벽체가 혼합된 건축물이다. 1957년부터 현재까지 목포 중앙교회로 사용되고 있으며 2007년 7월 3일 문화재로 등록되었다. 이들 건축물은 모두 일본식 사찰로 지어졌으나 현재는 다른 용도로 사용되고 있다. 일본식 사찰로 지어져 현재까지도 동일한 용도로 사용되고 있는 사례는 동국사가 국내에서 유일하다. 이런 이유로 동국사 대웅전과 요사는 지난 2003년 국가 등록문화재 64호로 지정되었다.

동국사의 역사가 처음 시작된 것은 1909년이었다. 『群山府史』의 기록을 보면 동국사는 일본인 승려 우치다(內田佛觀)가 군산 일조통(一條通)에 포교소를 개설[1]하면서 시작되었다. 동국사의 초기 역사와 관련된 기록은 대웅전 남쪽에 있는 종각의 범종에서도 찾아볼 수 있다. 범종의 기록도 군산부사의 기록과 거의 동일한데 여기서는 '善應佛觀'이라는 승려가 금강선사(錦江禪寺)를 개창했다고 기록[2]하고 있다. 동국사의 초기 역사와 관련된 이 두 기록을 보면 1909년 당시의 일조통, 즉 현재의 군산시 금동 구영1길 근처에 있던 포교소에서 동국사의 역사가 시작되었고, 1913년 포교소가 현재의 금광동으로 옮겨왔음을 알 수 있다.

동국사의 초기 역사가 1909년부터 시작된 것으로 전해지지만, 동국사, 즉 당시의 금강사가 공식적으로 창립된 것은 1916년이었다. 금강사는 1915년 12월 28일 포교규칙 제2조에 의해 포교계를 제출[3]하였고, 1916

---

1) 「明治四十二年,內田佛觀師群山に巡錫し,一條通りに布敎所を開設し,大正二年七月現在の個所錦光町に新築す」, 群山府, 1935, 『群山府史』, 130쪽.
2) 범종에 새겨져 있는 관련 내용은 다음과 같다. "群山府月明山錦江禪寺者明治四拾貳年善應佛觀和尙開倉大正貳年伽藍建立也"
3) 조선총독부 관보, 1916년 3월 14일, 제1081호.

년 9월 28일 창립을 허가[4] 받았다. 일본이 종교 활동을 제도적으로 통제하기 시작한 것은 1906년 11월 통감부령 제45호로 '종교의 선포에 관한 규칙(宗教ノ宣布ニ関スル規則)'을 제정하면서부터였다. 그리고 한국 불교를 조선총독의 통제하에 두었던 1911년 6월의 '사찰령(寺刹令)'과 7월의 '사찰령시행규칙(寺刹令施行規則)'을 거쳐 1915년 8월에는 '신사사원규칙(神社寺院規則)'과 '포교규칙(布教規則)'이 제정되었다. 그리고 같은 해 10월 1일 '신사사원규칙'과 '포교규칙'에서 정한 각종 문서 양식을 제정하여 고시하면서 각각의 규칙이 본격적으로 시행되기 시작하였다. 따라서 금강사는 1915년에 제정된 일련의 규칙에 따라 1916년 창립 허가를 받은 것이었다.

　1915년에 제정된 '신사사원규칙'과 '포교규칙'은 신사와 사원의 창립, 이전을 포함하여 이름의 변경, 소속 종파의 변경, 각종 동산 및 부동산의 변동 등과 관련된 사항을 모두 조선총독의 허가 대상으로 규정하여 종교 활동에 대한 조선총독부의 통제를 강화하는 역할을 했던 것으로 볼 수 있다. 이러한 통제 수단 중 하나가 신사와 사원의 창립에 필요한 건축 조건이었다. 허가 과정에서 첨부하도록 요구되었던 건축물의 면적과 도면 등이 그러한 조건을 통제하기 위한 것이었다고 볼 수 있다. 금강사 역시 그러한 규정에 따라 창립을 허가 받았고, 당시의 허가 관련 문헌사료가 국가기록원에 보관되어 있다. 국가기록원에 보관된 금강사의 허가 관련 문헌사료를 통해 조선총독부가 종교 활동에 대한 통제 과정에서 구체적으로 어떤 건축적 조건을 통제 수단으로 어떻게 활용하였는지를 조명해 볼 수 있다. 또한, 이 사료를 통해 현존하지 않는 창립 당시의 금강사 건축물에 대한 개략적인 윤곽을 파악할 수 있다는 점에서 허가 관련 문헌사료는 충분한 연구 대상으로서의 가치를 갖는다.

---

4) 조선총독부 관보, 1916년 10월 13일, 제1260호.

II. 조선총독부의 사원 창립 관련 규정

1. 신사사원규칙

'신사사원규칙'은 1915년 8월 16일 조선총독부령 제82호로 제정되었다. 신사와 사원에 공통으로 적용되는 규정과 각각에 적용되는 규정을 포함하여 전체 20개 조항으로 구성되어 있다. 전체 20개 조항 중 사원의 창립과 관련된 조항은 제2조로서 사원 창립 허가를 위해 다음과 같은 항목을 조선총독에게 제출하도록 규정하고 있다.

① 창립 사유(創立ノ事由), ② 사원 이름(寺院ノ稱號), ③ 창립지명(創立地名), ④ 본존불과 소속종파 이름(本尊竝所屬宗派ノ名稱), ⑤ 건물과 경내지 면적, 도면 및 주변 상황(建物竝境內地ノ坪數, 圖面及境內地周圍ノ狀況), ⑥ 사원 창립비용 및 지변 방법(創立費及其ノ支辨方法), ⑦ 사원 유지 방법(維持ノ方法), ⑧ 단신도[5] 수(檀信徒ノ數)

위와 같은 총 8개의 항목과 함께 30명 이상의 단신도가 연서하고, 소속 종파 관장의 승인서를 첨부하도록 규정하고 있다. 8개 항목의 구성을 보면 앞쪽의 4개 항목은 사원에 대한 일반적인 정보로서의 성격을 갖는다고 할 수 있다. 이와 달리, 뒤쪽의 4개 항목은 사원의 경제적 기반에 대한 정보로서의 성격을 갖는다. 즉, 사원의 운영을 재정적으로 뒷받침할 수 있는 신도가 얼마나 되고, 어떤 재원으로 사원을 창립하고 유지할 것인지, 그리고 창립과 운영을 위한 물리적 기반으로서 건물과 토지에 대한 정보이다. 이러한 경제적 기반에 대한 정보의 요구는 일정한 조건 이상의 경제력을 갖춘 사원의 창립만을 허가하겠다는 것으로

---

5) 단도(檀徒)와 신도(信徒)를 합쳐 부르는 표현으로 단도란 17세기 일본 막부가 종교를 통제하기 위한 정책으로 사용했던 '壇家制度'에서 유래한 것으로 이 문서에서는 사찰의 재정에 책임을 갖는 신도를 지칭하기 위한 의미로 사용되었다.

이해할 수 있다. 특히, 단신도 30명 이상의 연서를 첨부하도록 한 것은 이 규칙을 통해 사원이 창립되는 해당 지역에서 경제적 능력이 있고, 충분히 신뢰할 수 있는 신도가 지원하는 사원만을 허가하고, 이를 통해 사원의 난립을 억제하겠다는 의도로 볼 수 있다.

'신사사원규칙'의 다른 조항 중 사원의 건축 조건과 관련된 조항으로는 다음과 같은 내용이 있다.

- 第5조 : 사원 창립을 허가 받고 2년 이내에 본당과 고리를 건설하지 않은 경우 허가 효력이 상실됨.
- 第10조 : 사원의 건물과 경내지의 면적에서 증감이 있는 경우 도면을 첨부하여 허가를 받아야 함.
- 第13조 : 사원 소유의 토지와 건물의 소재지, 지번, 지목, 면적, 이름, 구조 등을 제출하여야 함.
- 第15조 : 부동산 등의 매각, 양여 등은 허가를 받아야 함.

이상에서와 같이 '신사사원규칙'의 규정 중 건축 조건과 관련된 부분은 대부분 경제적 기반과 그 변동에 대한 사항과 긴밀하게 연관되어 있다.

2. 포교규칙

'포교규칙'은 '신사사원규칙'과 같은 날 조선총독부령 제83호로 제정되었다. '포교규칙'은 1906년 통감부령으로 제정되었던 '종교의 선포에 관한 규칙'을 대체하는 것이었다. '종교의 선포에 관한 규칙'은 앞의 1절의 '신사사원규칙'과 마찬가지로 신도와 불교를 주된 대상으로 하고 있고, 포교와 관련된 사항을 '인가(認可)' 대상으로 규정하고 있는 반면 '포교규칙'은 그 범위를 넓혀 기독교를 그 대상에 포함하고 있고, 많은 부분을 조선총독의 허가 대상으로 규정하고 있다. 부칙을 포함하여 전체 19개 조항으로 구성된 '포교규칙'에서 건축 조건과 관련된 조항은 제9조와

제10조이다. 제9조는 종교 용도로 설립되는 교회당, 설교소, 강의소 등을 설립할 경우 다음과 같은 사항을 구비하여 조선총독으로부터 허가를 받도록 규정하고 있다.

① 설립이 필요한 사유(設立ヲ要スル事由), ② 명칭 및 소재지(名稱及所在地), ③ 부지 면적, 건물 평수, 소유자 이름, 도면(敷地ノ面積及建物ノ坪數, 其ノ所有者ノ氏名竝圖面), ④ 종교와 교파 및 종파의 이름(宗敎及其ノ敎派, 宗派ノ名稱), ⑤ 포교 담임자의 자격 및 선정 방법(布敎擔任者ノ資格及其ノ選定方法), ⑥ 설립비용 및 지변방법(設立費及其ノ支辨方法), ⑦ 관리 및 유지 방법(管理及維持ノ方法)

이상 7개의 항목은 앞의 '신사사원규칙'의 사원 창립 관련 사항과 매우 유사하다. 1번과 2번, 4번의 사항이 일반적인 정보의 성격이라면, 3번과 6번, 7번의 사항은 경제적 기반에 대한 정보라고 할 수 있다. 앞의 규칙과 다른 사항이 있다면 5번 사항으로서 자체의 운영 규정을 갖고 있는지를 확인하는 항목이라고 할 수 있다.

제10조는 9조와 연관된 조항으로서 제9조의 2번에서 7번 항목까지의 내용에서 변동이 발생할 경우 이를 조선총독으로부터 허가 받아야 한다는 내용이다.

3. 관련 문서 양식

'신사사원규칙'과 '포교규칙'은 같은 해 10월 1일 관련 문서 양식의 고시와 함께 시행되었다. '신사사원규칙'과 관련되어 '신사창립원(神社創立願)' 및 '사원창립원(寺院創立願)'과 '신사 및 사원 재산계(神社(寺院)有財産屆)'의 총 3개 양식이 규정되어 있다. 3가지의 문서 양식 중 '신사사원규칙'의 제2조와 관련된 문서 양식이 '사원창립원'이다. 이 문서 양식은 총 9개항으로 구성되어 '신사사원규칙'에서 규정한 8개의 각 항목에 대한 작성 방법을 서술하고 있다. 9개 항목과 작성 방법은 다음과 같다.

    ① 창립 사유 : 창립의 유래 기재
    ② 사원 이름 : 이름을 선택한 특별한 이유를 함께 기재
    ③ 창립지명 : 도, 부군, 면, 동리, 번지까지 기재
    ④ 본존불과 소속종파 이름
    ⑤ 건물 및 경내지 면적 : 각 건축물 및 경내지 평수 기재, 각 소유주의 주
       소, 이름 기재
    ⑥ 경내지 주변 상황 : 주변의 교통 및 가옥 등의 개괄적 상황 기재
    ⑦ 사원 창립비용 및 지변 방법 : 상세하게 기재
    ⑧ 사원 유지 방법 : 기본 재산과 그로부터 발생하는 수입 및 기타 수입에
       대해 상세하고 구체적으로 기재
    ⑨ 단신도수 : 호주 숫자를 기재

  또 다른 문서 양식인 '신사 및 사원 재산계'는 다음과 같이 재산을 '토지', '건물', '보물'의 3가지로 구분하고, 각각에 대한 사항을 표 형식에 기입하도록 규정하고 있다.

    ① 토지 : 지목, 면적, 결수, 소재지, 구역 번호(字番號), 경내외 구분, 비고
    ② 건물 : 건물 이름, 구조, 건평, 소재지, 경내외 구분, 비고
    ③ 보물 : 이름, 원수, 품질, 형상, 크기, 작자 및 유래, 비고

  '포교규칙'과 관련되어서는 '포교계(布敎屆)' 및 '이력서(履歷書)', '포교원(布敎願)', '포교자 명부(布敎者名簿)', '포교관리자 설치계(布敎管理者設置屆)', '포교소 설치원(布敎所設置願)', '신도수계(信徒數屆)'와 같은 양식이 규정되어 있다. 포교계와 이력서를 하나의 양식으로 규정하고 있어 총 6개의 양식 중 '포교규칙'의 제9조와 관련된 문서 양식이 '포교소 설치원'이다. 이 문서 양식은 총 9개항으로 구성되어 '포교규칙'에서 규정한 7개의 각 항목에 대한 작성 방법을 서술하고 있다. 9개 항목과 작성 방법은 다음과 같다.

① 설립이 필요한 사유
② 포교소 이름
③ 포교수 소재지 : 도, 부군, 면, 동리, 번지까지 기재
④ 부지 면적 및 소유자 : 부지의 평수와 도면, 소유자 이름 및 주소
⑤ 건물 면적 및 소유자 : 건물의 평수와 평면도, 소유자 이름 및 주소
⑥ 종교와 교파 및 종파의 이름 : 본래의 명칭 그대로 명확하게 기재
⑦ 포교 담임자의 자격 및 선정 방법
⑧ 설립비용 및 지변방법 : 상세하게 기술
⑨ 관리 및 유지 방법

III. 금강사 창립 허가 관련 문헌사료

1. 문헌사료 개요

금강사와 관련되어 국가기록원에 소장된 문헌사료는 1916년에 작성된 금강사 창립 요청 및 허가와 관련된 기록물철이다. 전체적으로 하나의 기록물철이지만 작성된 날짜와 내용에 따라 문서를 분류하고 묶여진 순서에 따라 나열하면 다음과 같다.

① 금강사 창립 허가문 : 1916년 9월 22일 기안된 조선총독 이름의 허가 통지문과 관보 게재문
② 확인 결과 문서 : 1916년 9월 15일 작성된 확인 결과 문서로 전라북도 장관이 내무부 장관에서 보낸 문서
③ 조회 요청 문서 : 1916년 7월 7일 기안된 문서 조회 요청으로 내무부 장관이 전라북도 장관에게 보낸 문서
④ 사원창립원 조사요령 : 1916년 2월 7일 작성된 문서로 전라북도 장관이 내무부 장관에서 보낸 문서, 사원창립 관련 조사 문서와 도면(본당 정면도 1장, 본당 및 요사 평면도 1장, 요사 정면 및 단면도 각 1장) 포함
⑤ 사원창립원 : 1916년 1월 22일 작성된 사원 창립 허가 요청 서류로 창립자 30명 이름으로 작성된 문서, 각종 면적 및 신도수 등 기본적인 내용 포함

⑥ 사원창립승인서 : 1915년 12월 25일 발행된 조동종 관장의 금강사 창립
    승인서

위와 같이 금강사의 창립과 관련된 문헌사료에는 작성된 날짜에 따
라 총 6개로 구분될 수 있는 문서가 시간의 역순으로 묶여 있다. 이것
은 각각의 문서가 그다음 문서에 첨부되었기 때문이다. 앞에서 간략하
게 정리한 것처럼 각 문서에는 창건 초기 금강사의 모습과 관련된 다양
한 자료가 포함되어 있다. 당시의 정황을 보다 구체적으로 재구성하기
위해서는 각 문서를 시간 순서에 따라 검토할 필요가 있다.

2. 사원창립승인서 및 사원창립원

1915년 말에 최초로 작성된 문서인 '사원창립승인서'에는 조동종 관장
이 금강사(朝鮮全羅北道群山府新興洞錦江寺) 창립을 승인한다고 기록되
어 있다. 이 '사원창립승인서'는 '신사사원규칙' 제2조에서 첨부하도록
규정한 소속 종파 관장의 승인서이다. 최초의 '사원창립승인서'로부터
약 1개월 후에 작성된 '사원창립원'에는 군산부 축동(築洞)에 주소를 둔
미야자키카타로(宮崎佳太郎)를 포함하여 총 30명이 창립자로 이름을 올
렸는데 주소와 이름, 생년월일을 자필로 쓰고 날인하는 형식으로 작성
되었다. 이 부분 역시 '신사사원규칙' 제2조에서 첨부하도록 규정한 단
신도 30명의 연서에 해당한다.

첫 번째로 이름을 올린 미야자키카타로[6]는 당시 군산 옥구와 충남
서천에서 농장을 운영하던 농장주였다. 금강사의 창립자 30명 중 대표

---

[6] 1858년 일본 구마모토(熊本)에서 태어나 1890년 한국으로 온 뒤 서울에서 장사를 시작
    하였다. 1896년에서 1900년까지 잠시 일본에 갔다가 돌아온 후 서울에서의 장사를 그
    만두고 1903년부터 군산에 와서 농장을 개설하였다. 군산과 서천에서 간척 사업과 수리
    사업 등을 지속적으로 추진하면서 1910년에는 임익수리조합 조합장, 1920년에는 전라
    북도 도평의원을 지냈다. 국사편찬위원회, 한국사데이터베이스, http://db.history.go.kr.

적인 몇 사람을 정리[7]해보면 다음과 같다.

- **大澤藤十郎** : 1866년생, 1897년 이후 목포와 군산에서 선박운송업, 목재
    업 등에 종사한 사업가, 大澤商會(群山海山會社), 大阪商船株式會社
    군산 대리점 등 운영
- **下田吉太郎** : 1864년생, 群山電氣株式會社 및 群山米穀信託株式會社 이사
- **橫山與市** : 1872년생, 인천에서 무역업에 종사하다 1903년 이후 군산으
    로 이주, 橫山與市商店 운영

〈그림 1〉 사원창립 승인서　　　〈그림 2〉 단신도 연서　　　〈그림 3〉 사원창립원

금강사의 '사원창립원'은 '신사사원규칙'의 문서양식에서 규정한 내용
에 따라 사원창립의 사유를 포함하여 다음과 같은 총 9개 항목의 금강
사와 관련된 내용이 기록되어 있다.

① 창립 사유 : 신도 숫자 증가
② 사원 이름 : 월명산(月明山) 금강사
③ 창립지명 : 전라북도 군산부 신흥동
④ 본존불과 소속종파 이름 : 석가여래(釋迦如來), 조동종
⑤ 건물 및 경내지 면적 : 본당 25평[8](금강사 소유), 요사(庫院) 12평, 사찰

---

7) 각주 6)의 한국사데이터베이스 참조.
8) 문서에는 '貳拾坪'이라고 기입한 후 '拾'와 '坪'자 사이에 작은 크기로 '五'자를 쓰고 날

　　경내 300평(금강사 소유)
　⑥ 경내지 주변 상황 : 인근 10여 호의 주택
　⑦ 사원 창립비용 및 지변 방법 : 소속 본산의 보조, 신도의 기부금
　⑧ 사원 유지 방법 : 기본 재산 및 신도의 기부, 월 평균 30원, 특정 행사가
　　있는 경우 월 40원 이하
　⑨ 단신도수 : 단도(壇徒) 80명, 신도(信徒) 40명

3. 사원창립원 조사요령

　'사원창립원'에 이어 작성된 문서는 '사원창립원 조사요령(寺院創立願二對スル調査要領)'으로 앞의 문서에 대한 전라북도의 조사 문서이며 동시에 내무부 장관에서 보낸 문서이다. 조사요령 문서와 도면 그리고 전라북도 장관의 첨부의견(副申)으로 구성되어 있다.

　'사원창립원 조사요령'은 조사항목이 인쇄된 조사용지에 작성된 것으로 당시 사원창립을 위한 준비사항을 확인할 수 있다. 이 문서를 보면 앞의 '사원창립원'을 토대로 이 문서가 작성되었음을 확인할 수 있다. 전체 항목은 14개 항목으로 구성되어 있는데 일부 항목은 부속 항목을 포함하고 있다. 항목 중 양적 기준을 제시하는 항목은 부속 항목을 포함하여 7개 항목9)이다. 7개 항목과 그 양적 기준을 문서의 표현 그대로 정리하면 〈표 1〉과 같다.

　'사원창립원 조사요령' 문서에는 이와 같은 양적 기준이 있는 항목을 포함하여 전체 14개 항목에 대한 금강사의 현황이 기록되어 있다. 이 기록은 대부분 '사원창립원'의 첨부 문서 내용을 그대로 기입하고 있다. 그런데 여기서 주목할 필요가 있는 부분은 문서에서 발견되는 수정 부분, 즉 처음 기록한 내용을 수정하고 날인한 부분과 양적 기준에 금강

인하였다. 처음에 20평으로 기록했다가 25평으로 고쳐 쓴 것으로 보인다.
9) 양적 기준에는 '規則及內規ノ要旨'라고 항목명이 기록되어 있어 '신사사원규칙' 및 '포교규칙'과 함께 별도의 내규가 있었음을 추정할 수 있다.

사의 현황이 못 미치는 항목이다. 즉, 금강사 측에서 요청한 '사원창립원'을 전라북도와 그 상급기관이 검토하는 과정에서 나타난 문제점과 그것을 보완하는 과정이 여기서 확인되기 때문이다.

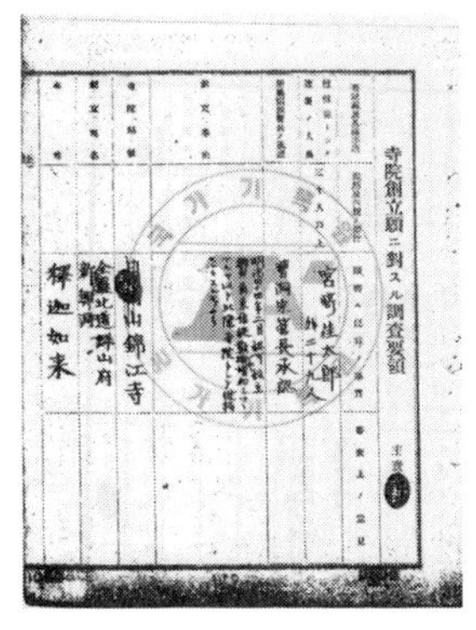

〈그림 4〉 사원창립원 조사요령

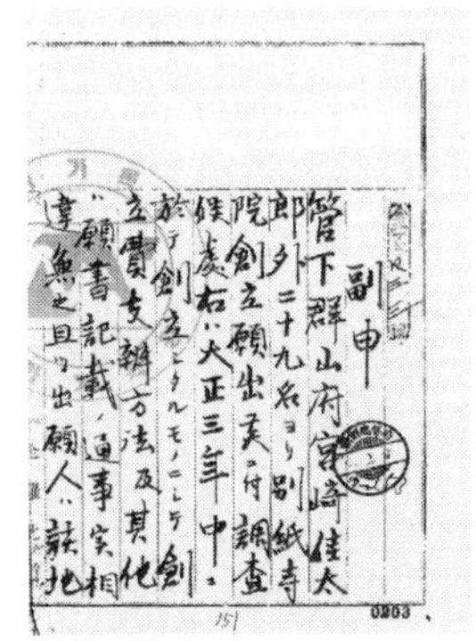

〈그림 5〉 전북도 첨부 의견

〈표 1〉 사원 창립에 대한 양적 기준

要記載及具備事項	規則及內規ノ要旨
壇信徒トシテ連署ノ人員(연서한 단신도의 수)	三十人以上
建物ノ坪數(건물 면적)	本堂庫裏兼用ノトキハ四十坪以上
本堂坪數(본당 면적)	二十五坪以上
庫裏坪數(요사 면적)	二十五坪以上
境內地坪數(사원 경내 면적)	三百坪以上
維持方法(사원 유지 방법)	確實ナル收入五百圓以上
檀信徒員數(재정 지원 신도수)	二百戶以上

*(　)는 필자 작성

　첫 번째는 사원 이름 항목으로 '月明山錦江寺'라고 기입된 내용에서 '月明山'을 지우고 날인[10]하였다.

---

10) 이 항목이 수정된 이유는 이후의 문서에서 확인할 수 있다.

두 번째는 본당 면적 항목으로 25평이 기입되어 있으나 전라북도에서 작성한 심사의견(審査上ノ意見)에 2줄로 지워진 짧은 글이 있는 것이 확인된다. 지워진 글의 내용을 알 수 없어 글이 지워진 이유와 시기, 즉 처음 작성되던 때에 지워졌는지 상급기관의 검토 이후 지워진 것인지 알 수 없다. 다만 앞의 '사원창립원'에서 처음 20평이라 기록된 내용을 25평으로 수정된 상황이 이와 관련된 것으로 추정된다. 즉, 처음 금강사에서 본당 면적을 20평으로 작성한 문서를 제출하였으나 본당의 면적 기준이 25평이므로 이에 대해 어떤 의견이 기록되었고, 면적을 재확인하여 25평으로 수정, 보완하면서 기록된 의견도 지워진 것으로 추정된다.

세 번째는 요사 면적으로 25평이 기준이지만 12평이 기록되었다. 이 항목의 심사의견에는 13평이 부족한데 이것은 기존 건물의 수장 공간을 개보수하여 보충할 수 있는 것으로 기록하고 있다.

네 번째는 사원 유지 방법에 대한 항목으로 500원 이상의 수입이 기준이다. 이 항목에는 신도의 보시와 기타 수입을 1년으로 환산하여 480원이라 기록하고 있다. 이곳에도 날인이 있어 어떤 수정이 있었던 것으로 추정되나 지운 흔적이 없어 글이 추가되었을 가능성이 있다. 만약 글이 추가되었다면 480원이라는 부분이 추가된 것으로 추정[11]할 수 있다. 심사의견에는 단신도 수를 기초로 월수가 40원이고 단신도 1호당 1년에 4원이라고 기록하고 있다. 이것은 단신도를 120가구로 계산한 값이다.

다섯 번째는 재정 지원 신도수 항목으로 200호 이상이 기준이다. 이 항목도 처음 기입한 내용을 지우고 날인하였다. 처음 기입된 값이 명확하지 않으나 글씨가 확인 가능한 내용을 보면 '사원창립원'의 내용과 같이 단신도 80명, 신도 40명으로 기록되어 있다. 이것을 수정하여 150명(百五十人)[12]이라고 기록하고 있다. 심사의견에는 80명이 부족하다고 되어

---

11) '四百八拾圓'이라는 표기의 글자체가 다른 글자와 다소 다른 것으로 보인다. 그러나 명확하게 확인하기는 어렵다.

12) '百五十人'이라는 글자체가 앞의 '四百八拾圓'이라는 글자체와 유사하다.

있어 심사의견은 150명으로 수정하기 이전에 기록된 것임을 알 수 있다.

'사원창립원 조사요령'에 첨부된 참고의견은 전라북도 장관이 작성한 것으로 창립자 대표인 미야자키카타로가 지방에서 상당한 지위와 덕망, 자산을 갖춘 사람이라고 소개하면서 금강사 창립 허가를 요청하고 있는 글이다.

4. 조회 관련 문서 및 최종 허가문

전라북도의 서류 제출로부터 5개월 후인 7월 7일 내무부는 다음 5개 사항을 보완[13]할 것을 요청하는 문서를 전라북도로 보낸다.

　① 혼동의 우려가 있어 사찰명에서 '월명산' 제외 요청
　② 본당 및 사찰 경내, 포교소 등의 소유권 해석
　③ 요사의 소유자가 불명확
　④ 요사의 정면도, 종단면도 추가
　⑤ 단신도 숫자에 따른 유지방법 등 재확인

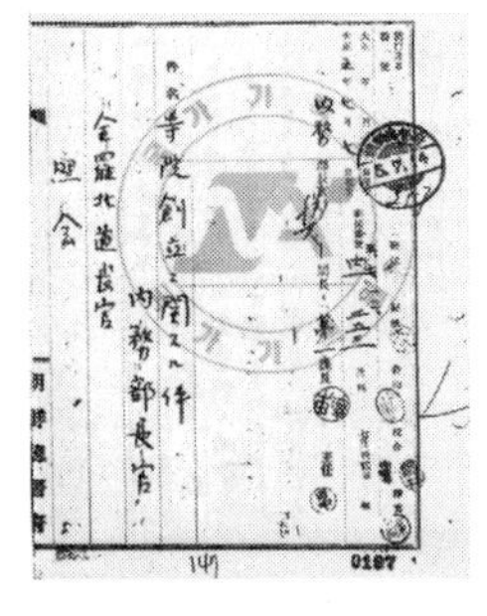

〈그림 6〉 내무부 조회 요청 문서

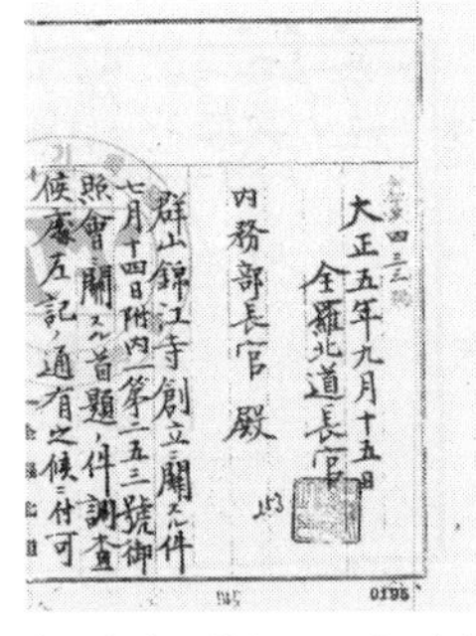

〈그림 7〉 전북도 조회 결과 통보 문서

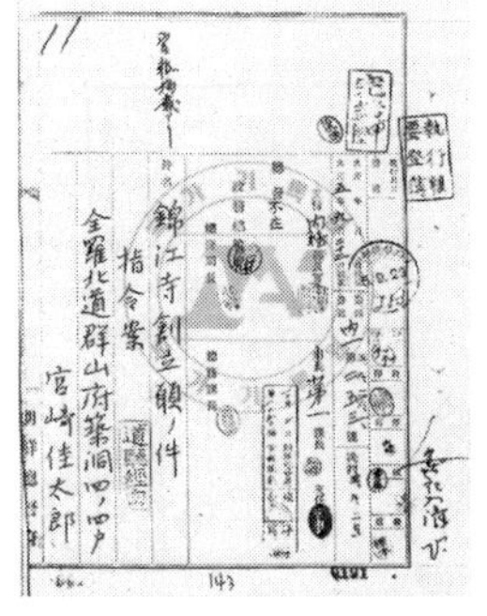

〈그림 8〉 창립 허가 문서

---

13) '조회(照會)'라고 표현하고 있어 확인을 요청하는 의미이지만 실질적인 내용은 서류 보완 요청이라고 볼 수 있다.

내무부의 보완요청에 대해 전라북도는 약 2개월 후인 9월 15일 확인 결과를 내무부에 통보한다. 내무부의 요청을 받아들여 사찰명을 변경하고, 본당과 사찰 경내, 요사의 소유자가 금강사임을 분명히 하고, 요사 관련 도면을 첨부한다. 또한 그간 단신도 수가 증가하여 150명이 되었고 지속적으로 증가할 것이라고 답하고 있다. 전라북도에서 보낸 이 문서를 통해 앞의 조사요령에서 발견된 수정사항이 이때 수정된 것임을 알 수 있다.

전라북도에서 제출한 이 문서를 접수한 이후 조선총독부는 약 1주일 이후에 금강사의 창립을 허가한다. 이 허가 문서는 조선총독의 허가 명령(指令案)과 관보 게재문으로 구성되어 있다. 관보 게재문에는 허가 이유를 밝히면서 요사 면적의 부족, 단신도 수의 부족 등의 문제점이 있으나 창립에 대한 신도들의 의지와 지속적인 신도 숫자의 증가에 따라 허가한다는 내용이다.

IV. 사원창립원 조사요령 첨부 도면

1. 도면 개요 및 본당 정면도

전라북도에서 내무부에 보낸 '사원창립원 조사요령'에 첨부된 도면은 모두 4장으로 〈그림 9〉와 〈그림 10〉의 도면은 시기적으로 1916년 2월 이전에 작성된 것이다. 다른 2장인 〈그림 11〉과 〈그림 12〉의 도면은 내무부의 보완 요청에 따라 첨부된 것으로 1916년 7월에서 9월 사이에 작성된 것으로 볼 수 있다. 따라서 이 도면에서 확인할 수 있는 건축물이 군산부사와 범종의 기록에 나타난 1913년 신축 건축물로서 1932년에 개축된 동국사의 현존 건축물[14)과는 구별된다. 4장의 도면은 창립 허가 심사를 위한 참고용 도면으로 정밀한 건축도면은 아니다. 상대적으로 먼저 작성된 〈그림 9〉와 〈그림 10〉이 좀 더 세부적으로 표현된 반면 〈그림 11〉과 〈그림 12〉는 매우 간략하게 형식적으로 그려졌다.

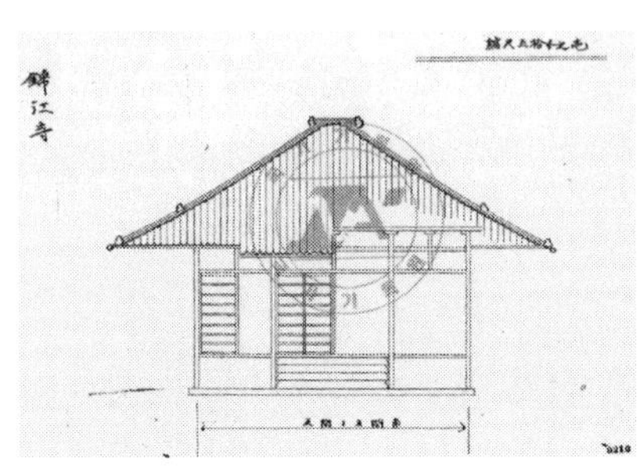

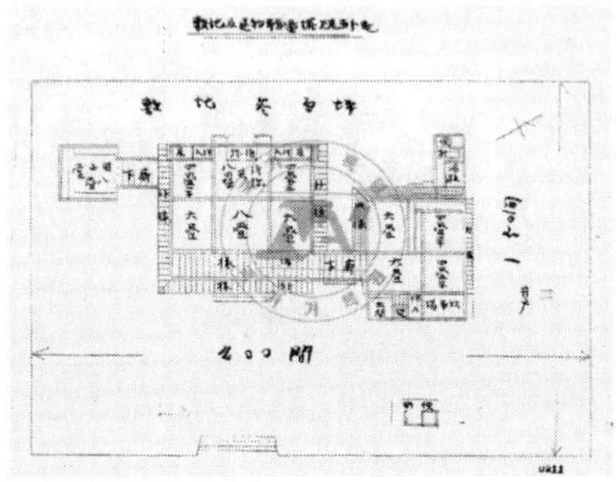

<그림 9> 첨부 도면 1 : 본당 정면도　　　<그림 10> 첨부도면 2 : 본당 및 요사 평면도

〈그림 9〉는 본당의 정면도로 상단 우측에는 축척이 1/50로 기록[15]되어 있다. 축척을 기록한 것으로 보아 비록 개략적으로 표현한 도면이지만 건물의 폭이나 높이, 각 부분들의 상대적인 비례 등은 실제 건축물과 유사할 것으로 추정된다. 도면의 좌측에는 사찰명이 쓰여 있다. 도면 하단에는 건축물의 폭을 5칸(五間)이라 기록하고 있다. 그림에서 보는 바와 같이 지붕의 전체적인 형태는 우진각 지붕의 형태를 띠고 있다. 그러나 지붕 꼭대기의 용마루는 매우 짧고 전체적으로 지붕이 높고 경사가 급한 형태였을 것으로 추정된다. 또한 기와 골이 그려진 것으로 보아 지붕 마감은 기와를 얹었을 것으로 판단된다.

---

14) 대웅전의 상량문 뒷면에 다음과 같이 기록되어 있다. "維時昭和七年九月二十五日... 月明山 錦江寺 當寺二世周巖玄鼎代再建 本堂 開山堂 庫裡..."

15) 縮尺五拾分之壹.

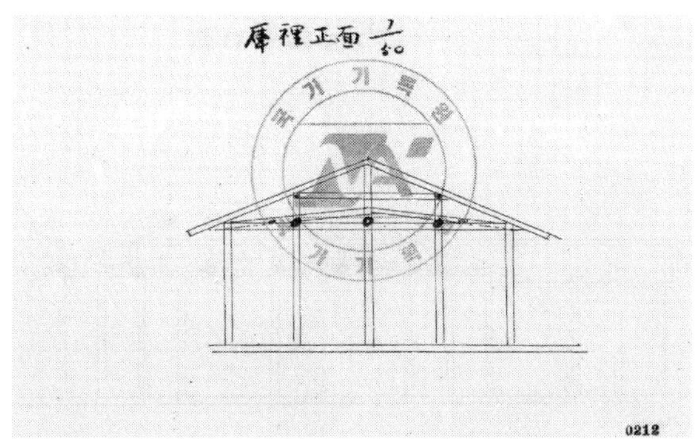

〈그림 11〉 첨부 도면 3 : 요사 정면도

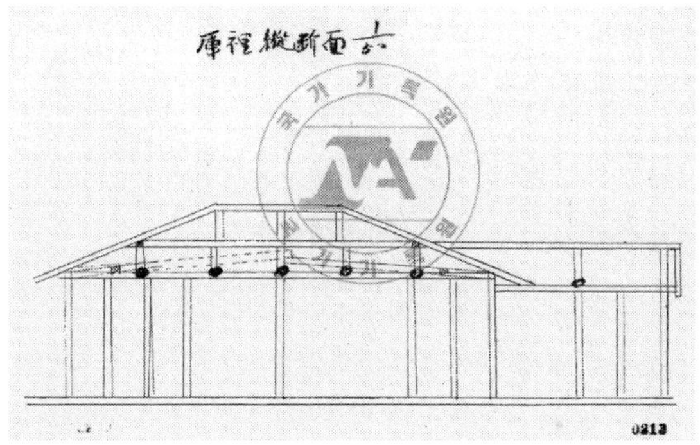

〈그림 12〉 첨부 도면 4 : 요사 단면도

정면도의 지붕 표현에서 또 하나 주목되는 점은 지붕 좌우의 표현이 서로 다르다는 점이다. 좌측 부분은 지붕의 외관 형태, 즉 지붕의 정면도를 표현한 것이다. 반면 우측은 지붕의 처마 부분을 생략하면서 지붕에 가려 표현되지 못한 벽체 부분과 기둥의 상부를 표현하고 있다. 개략적으로 표현되어 확실하지는 않지만 도면에서 보이는 첨차의 형태를 보면 간결한 일식 공포구조가 사용된 것으로 판단된다. 도면의 일부를 생략한 이러한 표현을 보면 도면 작성자가 비전문가는 아니었던 것으로 보인다. 또 하나 본당 정면도에서 유의하여 볼 부분은 지붕 중앙 부분의 처마가 그 좌측보다 낮게 표현되었다는 점이다. 이것은 그 부분의 처마가 다른 부분보다 길게 뻗어 나온 것을 표현한 것으로 보인다. 이것은 일본 사찰 건축의 정면 부분에 사용되는 일종의 예배공간인 향배(向拜)를 표현한 것으로 판단된다.

〈그림 13〉 비조사(飛鳥寺) 본당

〈그림 14〉 향배(向拜, こうはい)

이상을 종합하면 창립 당시의 금강사 대웅전은 〈그림 13〉과 같이 용마루가 짧은 우진각지붕 형식의 건축물이었고, 지붕 중앙 부분에는 〈그림 14〉와 같은 향배가 있었던 것으로 추정된다. 반면 현존하는 동국사 대웅전은 용마루가 긴 팔작지붕 형식의 향배가 없는 건축물로서 창립 당시의 건축물과는 매우 다름을 알 수 있다.

〈그림 15〉 동국사 대웅전 현황

〈그림 16〉 동국사 요사 현황

〈그림 9〉의 지붕 아래의 입면 표현을 보면 좌측 부분에 일정한 간격으로 수평선으로 표현된 부분은 창으로 판단되며 가운데 부분의 수평선 표현은 문인 것으로 판단된다. 그러나 창과 문이 도면의 좌측 부분에만 표현되어 있어 명확한 입면에서의 창호 배열을 확인할 수는 없다. 우측 부분에 창이나 문이 없을 수도 있으나 도면에서 생략했을 가능성도 있기 때문이다. 또한 가운데 부분 건물 아래쪽 기단 부분의 수평선은 계단을 표현한 것으로 판단된다. 창호 배열을 확인할 수 없어 단정할 수는 없으나 본당의 정면은 전체적으로 중앙의 향배를 중심으로 대칭적인 구성이었던 것으로 추정할 수 있다.

2. 본당 및 요사 평면도

〈그림 10〉은 본당과 요사의 평면도로 상단 중앙에는 도면명과 축척이 기록[16]되어 있다. 평면도의 바깥쪽으로 실선이 둘러져 있는데 이것이 대지 경계선을 표현한 것으로 판단된다. 대지 경계선 안쪽으로 부지 면적이 300평이라고 표현되어 있다. 그 우측으로 방위가 표현되어 있고 대지 경계선 안쪽으로 선의 끝이 화살표 형식으로 표현된 실선으로 가로 선에 '200間', 세로 선에 '150間'이라고 기록하여 대지의 가로, 세로 폭을 간략히 표현하고 있다. 본당과 요사는 전체 대지의 왼쪽, 뒤편에 다소 치우쳐 배치되어 있으며 그 오른쪽으로는 우물(井戸)이 있고 앞쪽으로는 화장실(便所)이 있다. 대지 앞쪽 경계선 중앙의 약간 왼쪽에 계단이 표현되어 있다. 계단이 표현된 것으로 보아 대지 앞쪽 길과 사찰 앞마당 사이에 고저차가 있었음을 알 수 있다. 창립 당시 금강사 경내 면적은 현재의 40% 정도로 현재에 비해 좁은 대지에 전면 도로에 면하여 건축물이 배치되었던 것으로 추정된다.

---

16) 敷地及建物平面圖縮尺壹百分之壹.

〈그림 10〉에서 본당 평면을 보면 본당의 중심 공간은 전면 3칸, 측면 2칸의 총 6칸으로 구성되어 있다. 중심 공간의 앞쪽에 내부 공간에 포함된 안마루(內椽)가 있고 이 마루는 복도를 통해 오른쪽의 요사와 연결된다. 그 바깥쪽으로 좌우측면과 정면 쪽으로 바깥 마루(外椽)가 있다. 좌측의 바깥 마루에서 복도를 통해 개산당(開山堂)[17]과 연결되는 구조이다. 본당의 배면 쪽에는 중앙 칸에 '須弥'라고 표현된 불단이 있고 그 좌우칸에는 도코노마(床)와 오시이레(押入)가 있다. 중심 공간에는 '八畳', '六畳' 등으로 표기되어 있어 바닥에 다다미를 깔았음을 알 수 있다. 다다미가 깔린 6칸의 중심 공간은 각각 2줄의 실선으로 내부가 구분되어 있다. 바깥쪽 실선은 건물의 외벽을 표현한 것으로 판단되나 내부를 구분하는 실선은 그 성격이 명확하지 않다. 본당이므로 넓은 내부공간을 형성했다고 가정하면 가로, 세로의 실선이 교차하는 중앙의 2곳에 기둥이 있고 벽이 없는 구조이거나, 개방할 수 있도록 문으로만 구성되어 있을 수 있다.

내부 공간에 사용된 다다미의 수를 근거로 각 공간의 면적을 계산할 수 있다. 도면에 표기된 대로 본당의 다다미 수를 합하면 총 37첩으로 이를 평수로 환산하면 약 20.45평[18]이다. 현존하는 동국사 대웅전의 면적이 약 59.6평으로 창립 당시 금강사 본당에 비해 3배 가까이 큰 것을 알 수 있다. 또한 실내 공간의 마감도 다르다. 금강사 본당은 다다미로 마감되어 있고, 별도의 안마루와 바깥마루를 갖고 있는 반면 현재의 동국사 대웅전은 실내 공간의 대부분에 마루가 깔려있다.

도면에서 본당 왼쪽으로 복도를 통해 연결된 개산당은 약 4평(8첩) 규모의 방이다. 실내에 공간 배치 표현이 확인되지만 구체적이지 않다. 연결되는 복도에 외벽이 표현된 것으로 보아 외부공간과 구분되며 지붕

---

17) 개산당이란 새로운 종파나 절을 창건한 개산조사(開山祖師)의 초상이나 위패를 모셔 둔 사당이다.
18) 사원창립원에 기입된 수정되기 이전 본당 면적은 20평이다.

이 있는 내부공간인 것으로 판단되는데 본당의 바깥 마루와 접해 있어 출입문의 위치나 본당과의 연결 방식, 지붕의 형태 등은 불명확하다. 개산당의 반대쪽으로 본당 안마루의 우측 복도에서 요사가 연결되어 있다. 이 복도도 벽체가 있는 내부공간이다. 요사의 전체 실 구성은 복도에 면하여 방 4개가 모여 있고 그 앞쪽에 출입구(土間)와 수장 공간(押入), 부엌(炊事場)이 있다. 방 뒤쪽으로는 안마루 너머로 목욕실(湯殿)과 화장실이 있다. 방은 모두 다다미를 깔았는데 6첩 크기의 방 2개와 4.5첩 크기의 방 2개로 방의 전체 면적은 총 21첩으로 약 11.6평[19]이다. 현재 동국사 요사가 복도를 중심으로 각 방을 연결하여 'ㅓ'자 모양의 구성을 보이는 반면 창립 당시 금강사의 요사가 '田'자 모양의 방을 중심으로 구성하고 있어 평면구성에서 많은 차이가 나타난다.

3. 요사 정면도 및 종단면도

〈그림 11〉과 〈그림 12〉는 요사의 정면도와 종단면도로 두 도면 모두 상단에 도면명과 축척이 기록[20]되어 있다. 그림을 보면 두 도면이 개략적인 지붕의 모습과 기둥 또는 벽체를 표현하여 거의 동일한 표현 방법을 사용하고 있음을 알 수 있다. 정면도는 입면 표현이라기보다는 오히려 단면 표현에 더 가깝다. 두 도면 모두 지붕의 구조를 표현하고 있으나 명확한 구조를 알기는 어렵고 소규모 주택과 같은 단순한 일식 목구조인 것으로 추정된다. 지붕의 전체 형태는 본당과 비슷한 우진각지붕이나 경사는 매우 완만하고 용마루는 본당과 직각 방향이었을 것으로 판단된다. 반면 현재의 요사는 팔작지붕의 형태이고, 용마루가 대웅전과 평행한 방향이라는 점에서 창립 당시 금강사 요사와 다른 형식을 나

---

19) 사원창립원에 기입된 요사 면적은 12평이다.

20) 〈그림 11〉에는 庫裡正面1/50이라고 기록되어 있고 〈그림 12〉에는 庫裡縱斷面1/50이라고 기록되어 있다.

타낸다.

요사의 정면은 건물의 짧은 변으로 하여 본당 정면과 동일한 방향으로 설정하였다. 정면은 대칭으로 4칸 정도로 구분되어 보이는 입면이었고 정면도에서 확인되는 건물의 규모는 5량가(梁家) 정도인 것으로 판단된다. 종단면도의 오른쪽으로 높이가 낮은 부분은 목욕탕과 화장실이 있는 부분으로 별도의 낮은 박공지붕으로 처리된 요사의 부속건물인 것으로 추정된다. 도면의 왼쪽, 즉 요사 본채 쪽으로 기둥 위쪽에 검게 채색된 원형 표현이 나타나는데 이것은 보를 표현한 것으로 추정된다. 지붕 아래쪽으로 벽체 또는 기둥의 표현은 요사 평면의 실 구분에 대응하고 있다.

V. 금강사 창립 당시 건축물과 건축 요건

군산 동국사는 1909년 내항 인근에 설치되었던 포교소에서 시작하여, 1913년 현재의 금광동으로 이전하였고, 이때 본당과 요사를 새로 지었다. 그리고 1916년 조선총독부로부터 금강사라는 이름으로 공식적인 창립 허가를 받게 된다. 1916년의 창립 허가는 1915년에 제정된 '신사사원규칙'과 '포교규칙'에 따른 것이었다. 사원 창립을 위해 제출해야할 문서로서 이들 규칙에서 규정한 '사원창립원'에는 사원에 대한 일반적인 정보와 함께 사원의 경제적 기반에 대한 정보가 중요한 비중으로 포함되어 있었다. 사원 창립을 위한 건축 요건 역시 이러한 경제적 기반의 일부로서 요구되었다.

1916년에 작성된 금강사의 창립 허가 관련 문헌사료에는 '신사사원규칙'과 '포교규칙'에서는 구체적으로 명시하지 않았던 경제적 기반과 관련된 양적 기준이 적용되고 있었음을 알 수 있는 '사원창립원 조사요령(寺院創立願二對スル調査要領)'이라는 문서가 포함되어 있다. 이 문서는

실무 행정기관에서 일종의 내규로 적용하였던 것으로 추정된다. 사원 창립의 허가 과정에서 총독부가 양적 기준으로 통제했던 부분 중 건축과 관련된 부분은 사원 전체 대지와 본당, 요사의 면적이었다. 그리고 건축 이외의 양적 기준을 제시하고 있는 부분은 창립자로 서명한 신도수, 사원 운영비 조달 방법, 재정 지원 신도수 등이었다.

사원 창립을 허가 받기 위해 제출했던 초기 문서에서 금강사는 본당과 요사의 면적과 같은 건축 요건은 물론, 운영비용, 재정 지원 신도수 등이 기준에 미치지 못하는 상태였다. 본당은 기준(25평)에 미치지 못하는 20평이었고, 요사 역시 기준(25평)의 절반 정도 수준이었다. 그리고 연간 수입도 기준(500원)에 비해 적은 480원이었고, 재정 지원 신도수도 기준(200호)과 많은 차이가 있는 120호 수준이었다. 기준에 미달되는 부분이 많았기 때문에 각 기준에 대한 보완과 재확인의 과정을 거치게 되었다. 창립 허가 관련 문헌사료에서 나타나는 기재 내용의 수정과 날인된 흔적이 보완과 재확인의 과정을 보여준다.

보완 과정을 통해 본당 면적은 기준에 맞는 것으로 수정되었고, 요사 면적은 확장 방안을 마련하는 방식으로 처리되었다. 또한 재정 지원 신도수는 그간 150호로 증가된 것으로 수정되었다. 여기에 지역에서 창립자 대표의 활동과 위상을 호평하며, 창립 허가를 요청하는 전라북도 장관의 의견서가 첨부되었다. 이 의견서가 보완 과정에서 첨부되었는지, 그 이전에 이미 첨부되어 있었는지는 불명확하다. 그러나 총독부가 허가 이유에서 여러 가지 문제에도 불구하고 '창립에 대한 신도들의 의지'에 따라 허가한다는 내용이 있는 것으로 보아, 전라북도 장관의 의견서 내용과 같이 창립자 대표 등에 대한 평가가 조선총독부의 허가 과정에서 의미 있게 작용한 것으로 볼 수 있다.

금강사의 창립 허가 관련 사례 하나를 대상으로 확인한 내용이기 때문에 일반화하기는 어려우나 1915년 제정된 규칙을 통해 조선총독부는 건축 요건을 포함한 경제적 기반에 대한 허가 기준으로 종교를 통제하고자 했던 것으로 볼 수 있다. 그러나 실제 금강사의 허가 과정에서 확인할 수 있듯이 그러한 양적 기준이 엄밀하게 적용되지는 못하였다. 오히려 해당 지역의 재력가인 신도 대표 등에 대한 평가 또는 평판이 의미 있게 작용하였던 것으로 추정할 수 있다.

마지막으로, 창립 허가 관련 문서에 첨부된 도면을 통해 본 당시의 금강사는 현재 동국사와는 많은 부분에서 차이가 있었음을 알 수 있다. 앞 장에서 살펴 본 바와 같이 창립 당시 금강사 본당과 요사는 현재 동국사의 대웅전 및 요사와는 전혀 다른 건축물이었다. 또한 전체 사원의 경내 면적과 앞마당의 높이, 진입 방식 등에서도 많은 변화가 있었다. 1930년대 금강사의 경내 면적은 창립 당시에 비해 뒤쪽인 월명산 방향으로 약 2.5배 정도 확장되었다. 이 과정에서 앞마당이 2m 이상 높아져 현재와 같은 상태가 되었고, 대웅전은 앞마당을 넓게 확보하면서 월명산 쪽에 가깝게 지어지게 되었다.

◆참고문헌◆

1. 자료

朝鮮總督府, 1916, 「錦江寺創立願ノ件」, 국가기록원 기록물.
국사편찬위원회, 한국사데이터베이스, http://db.history.go.kr.

2. 저서
群山府, 1935, 『群山府史』.
______, 2000, 『군산개항 100주년 기념 공식 보고서』, 군산시.
______, 2000, 『군산시사』(상), (하), 군산시.
______, 2004, 『사진으로 보는 군산100년』, 군산시.
문화재청, 2005, 『군산 동국사 대웅전 기록화조사보고서』, 문화재청.
保高正記, 1925, 『群山開港史』, 近澤商店印刷部.
손정목, 1982, 『한국 개항기 도시변화과정연구』, 일지사.
전라문화연구소, 1997, 『전북학연구』 Ⅰ, Ⅱ, Ⅱ, 전라북도.
全羅北道, 1928, 『全羅北道要覽』.
전라북도지편찬위원회, 2001, 『전라북도 일지』, 전라북도.

3. 논문
송석기, 2004, 「군산지역 근대건축물의 현황 및 변천에 관한 기초 연구」, 『대
        한건축학회논문집』, 2004.
윤도선, 2002, 「군산 구 조계지의 필지변화와 주거건축에 관한 연구」, 원광대
        학교 석사학위논문.

/제7장/ 식민지시기 군산의 극장 문화와 장소성*

위 경 혜 전남대학교

Ⅰ. 문제의식

장소(場所)는 특정한 물리적 공간에서 벌어지는 인간 활동과 그에 따른 구체적 경험 발생에 대한 의미와 가치를 부여하는 개념이다. 특정의 주어진 환경 속에서 사회 구성원의 다양한 활동이 벌어지는 생활세계는 한 장소에 고유하면서 동시에 다른 장소와 구별되는 장소성(場所性)[1]을 형성한다. 차이를 전제로 하는 장소성은 극장과 영화 수용의 지역성을 살필 수 있는 주요한 지점이 된다. 근대적 문화 제도로서 극장은 지역과 장소에 따라 그것의 사회적 역할 및 기능 그리고 지역민/관객에 의해 부여되는 의미가 복합적이고 다층적으로 펼쳐지기 때문이다. 본 글

---

* 이 글은 『대동문화연구』(2010)에 게재된 필자의 논문 「식민지 개항도시극장의 장소성 — 군산 지역을 중심으로」를 수정·보완한 것임.

1) 장소와 장소성에 관한 자세한 논의는 다음을 참조하시오. 이-푸 투안 저(구동회·심승희 역), 1995, 『공간과 장소』, 대윤, 7-8쪽 ; 에드워드 렐프(Edward Relph) 저(김덕현·김현주·심승희 역), 2005, 『장소와 장소상실』, 논형 ; 이석환·황기원, 1997, 「장소와 장소성의 다의적 개념에 관한 연구」, 『국토계획』 91, 대한국토·도시계획학회, 169-184쪽 ; 문재원, 2010, 「문화전략으로서 장소와 장소성 — 요산 문학에 나타난 장소성을 중심으로 —」, 부산대학교 한국민족문화연구소 편, 『장소성의 형성과 재현』, 혜안, 21-51쪽.

은 극장의 장소성에 주목하여 식민지시기 군산의 극장 기능 및 역할 그리고 영화 상영과 관람의 의미와 성격을 밝히고 있다.

근대 이전 서해안 해상 무역의 국제적 관문 역할을 수행한 군산은 근대 사회로의 진입 및 개항과 함께 대일 미곡(米穀) 생산 및 수탈 그리고 일본인 이주와 정착을 목적으로 근대도시로 기획되었다. 이 과정에서 형성된 도시 중심의 일본인 거주지와 도시 외곽의 조선인 거주지라는 종족별(ethnic) 공간 구축은 극장의 등장과 근대 문화 향유의 경험을 다르게 가져왔을 것으로 예상된다.

따라서 본 글은 극장을 둘러싼 다양한 문화실천을 분석하기 위한 전제 작업으로 개항도시 군산의 지리 및 산업적 특성, 종족별 이중적 도시 공간 구성 그리고 극장 소유주 및 개관 시기를 살핀다. 다음으로, 극장 프로그램(program) 내용을 검토하여 식민 지배와 저항을 둘러싸고 극장에서 펼쳐진 문화적 실천의 내용과 경합의 양상을 살핀다. 마지막으로, '조선상설관' 흥행과 관객 구성 그리고 극장가기(cinema-going) 경험의 의미를 밝히고자 한다.

군산의 극장 장소성을 밝히기 위해 살핀 자료는 지역 관련 문헌 자료와 경성 발간 신문기사 그리고 군산 향토사가의 구술 증언 등이다. 식민지시기 개항도시 군산의 영화 상영과 관람 경험에 대한 기존 연구가 부재한 상황에서,[2] 본 글은 식민지시기 지역 대중문화사와 한국영화사

---

2) 식민지 군산의 극장 존재를 확인할 수 있는 1차 자료는 1914년 조선총독부철도국이 펴낸 『호남선 선로안내』와 1935년 군산부가 발행한 『군산부사』에 실린 극장의 옥호(屋號)에 대한 기록이다. 식민지시기 군산의 도시 공간에 대한 연구는 구희진의 글을 들 수 있으나 극장 분석은 언급하는 수준에 그치고 있다. 구희진, 2009, 「근대기 군산 사람들의 삶과 도시공간의 이해」, 김종수·김민영 외, 『해륙의 도시, 군산의 과거와 미래』, 선인, 49-72쪽; 더불어, 변화영은 채만식의 『탁류』를 분석하여 식민지 지방도시 군산의 근대성에 대한 탁월한 분석을 보여주고 있다. 하지만 극장과 관련하여 그가 언급한 부분에 오류가 발견된다. 즉, 변화영은 '정주사'의 딸 계봉이 영화 관람에 관심을 보이자 직장 동료로부터 '불량소녀'라는 평가를 받은 부분을 언급하고 있다. 계봉이라는 여성의 영화 관람에 대한 당대의 평가는 그녀가 군산을 떠나 경성에서 백화점 직원으로 근무할 때의 일이다. 따라서 식민지시기 군산의 여성 관객성에 대한 분석이

연구의 문제의식을 확장시키는데 기여하고자 한다.

Ⅱ. 일본인 중심 도시화와 극장 개관

군산은 서해의 금강과 만경강이라는 지리적 환경으로 인해 러일전쟁 이후 미곡 집산과 수출항으로서 기능이 강화된 곳이다. 제물포와 부산 그리고 목포에 뒤이어 1899년 개항한 군산은 내륙 곡창 지대와의 원활한 교류를 위해 일찍부터 육상 교통과 항만 시설을 갖추었다. 1907년 군산과 전주를 잇는 전군가도(全群街道)가 개설되고, 1907년 해벽 및 부두 1기 축성으로 항만과 정비 부두 시설을 갖추면서 군산은 인근의 농업지대를 배경으로 둔 상공업 도시가 되었다. 1912년 강경―이리 구간과 군산역을 포함한 호남선 개통으로 군산은 내륙 도시들과 신속하게 연결되면서 절대적인 대일(對日) 의존 무역 도시로 변모해갔다.[3] 군산 지역에서 수탈된 미곡은 일본으로 편리하게 수송될 수 있도록 도시 체제를 갖추면서 전북의 중심 지역이 되어갔다.[4]

대일 무역에 전적으로 의존한 군산의 경제 구조는 군산지역으로의 조선인 유입과 함께 일본인 이주자를 급격하게 증가시켰다.[5] 일본인 이

라고 볼 수 없다. 이에 대해서 다음을 참조. 변화영, 2004, 「소설 『탁류』에 나타난 군산의 식민지 근대성」, 『지방사와 지방문화』 7-1, 역사문화학회, 299-339쪽.

3) 1909년 조선총독부 조사에 의하면, 군산 수출액 가운데 99.9%, 수입액 가운데 89.8%가 일본과의 무역에 기반을 두고 있었다. 군산이 일본에 수출하는 품목은 현미와 정미 등 미곡이 약 90%를 차지하였고, 수입 품목은 직물류와 식료품 등 소비재였다. 윤정숙, 1985, 「개항장과 근대도시 형성에 관한 역사지리적 연구: 군산항을 중심으로」, 『지리학』 20-2, 대한지리학회, 88-92쪽.

4) 박종현·권영·이채성, 2006, 「일제강점기 신도시 공간구조 분석－군산시의 사례를 중심으로－」, 『계획계』 22, 대한건축학회, 181-188쪽.

5) 1899년 77명에 불과했던 군산의 일본인 숫자는 1903년 1,255명으로 14배 이상 늘어났고, 같은 기간 조선인은 511명에서 1,811명으로 254.4% 성장이라는 놀라운 결과를 가져왔다. 윤정숙, 1985, 앞의 논문, 86쪽.

주자는 군산 도시의 중심을 차지하기 시작했다. 개항과 함께 군산에 각
국 조계(租界)가 형성되었지만, 조계지 대부분은 일본인에 의해 점유되
었다. 조선인은 기존 거주지에서 축출당하여 도시 외곽으로 밀려나는
상황이 벌어졌다. 조선인 거주 중심 지역을 외국인에게 내어준 경우는
부산과 인천, 마산 등 여타 개항 도시와는 다른 특이한 현상이었다.[6]
기존 거주지에서 쫓겨난 조선인들은 조계에 인접한 전주가도변(全州街
道邊)에 집중적으로 몰려들었다. 이러한 과정은 일본인과 조선인 종족
간 거주지를 확연하게 구분시키는 이중적 구조의 도시 형성을 가져왔
다. 일본인은 격자(格子) 형식으로 구획된 서북부 지역에, 조선인들은
협소하고 불규칙적인 거리로 형성된 동남부 지역에 거주하게 된 것이
다.[7] 1910년 한일병합과 외국인 거주지 제한이 폐지되자 일본인들은 조
선인 거주지로 침입하였고, 조선인 일부는 또다시 자신들의 거주지에서
축출되었다. 이 과정에서 조선인 절대 다수는 군산의 죽성동과 개복동
그리고 구복동과 둔율동 등 변두리 구릉(丘陵) 지역에 거주지를 형성하
게 된다.

　1900년대 중반 군산의 인구는 지속적으로 증가했다. 1906년 현재 군
산은 일본인 가구 569호에 인구수 2,050명, 조선인 가구 825호에 인구
수 2,835명 그리고 기타 외국인 40호에 96명으로 전체 가구 1,434호에
인구수 4,981명의 도시로 성장했다. 이때까지 조선인 가구와 인구 숫자
는 일본인을 훨씬 상회한 상태였다. 하지만 군산이 개항도시로서 기반
시설을 확충하고 전북 옥구군 북면의 마을에서 떨어져 나와 군산부(群
山府)로 승격된 1914년에 이르면 일본인과 조선인 인구수 차이는 현격
하게 줄어든다.[8] 단연코, 군산은 일본인의 도시가 되어간 것이다.

---

6) 윤정숙, 위의 논문, 87쪽.

7) 김영정·소순열·이정덕·이성호, 2006, 『근대 항구도시 군산의 형성과 변화: 공간, 경
　제, 문화』, 69-73쪽.

8) 1914년 군산의 인구는 외국인을 포함한 전체 2,531호, 총 10,064명 가운데 일본인 가구

일본인 도시로 성장한 군산에 등장한 극장은 모두 세 곳이었다. 1914년 이전 명치좌(明治座)와 군산좌(群山座)가 문을 열었고 1920년대 희소관(喜笑舘)이 개관했다. 명치좌는 조계지 형성에 따라 격자형으로 구획된 도심 명치통(1946년 중앙로 1가로 개명)에 자리한 것으로 확인될 뿐, 극장에 대한 자세한 기록이 발견되지 않는다. 군산좌는 1930년 군산극장으로 개명한 이래 해방 이후에도 동명(同名)으로 영업을 계속했으며 1990년대 '씨네마우일'로 이름을 바꿨다. 희소관은 해방 이후 남도극장 그리고 국도극장으로 이름을 바꿔가며 운영되었다.[9]

군산에 처음으로 극장이 등장한 연도는 정확하지 않다. 윤정숙의 논문에 실린 '1906년 군산시가지도'에 명치좌와 군산좌의 존재가 확인되지만,[10] 극장과 함께 기재된 전군가도(全群街道)와 군산일보사(群山日報社)의 존재로 인해 이들 극장 개관 연도에 대해 의문이 제기된다. 조선 최초 도로인 전군가도는 1907년에 개설되었고, 1903년 창간된 주간지 군산신보(群山新報)의 후신(後身) 군산일보는 1908년 4월에 창간되었기 때문이다.[11] 명치좌와 군산좌 존재를 확실하게 보여주는 자료는 1914년 조선총독부 철도국이 발행한 『호남선』이다.[12] 따라서 명치좌와 군산좌는 1906년에서 1914년 사이에 개관한 것으로 추정된다.

극장의 장소성 파악을 위해 중요한 문제는 극장 등장 배경과 그 의미가 될 것이다. 1900년대 초반 일본인 토지 구입이 농사 경영보다 투기

1,209호, 인구수 4,742명에 이른다. 조선인은 1,295호에 5,238명으로 일본인보다 500여명 정도 많았다. 김영정·소순열·이정덕·이성호, 위의 책, 58쪽 '〈표 2-3〉 개항 후 군산의 인구추이(1899~1914년)' 부분 재인용.

9) 군산극장과 희소관은 1963년 제일극장의 개관 이전까지 군산 지역 양대 극장으로 군림하였다.

10) 윤정숙, 1985, 앞의 논문, 90쪽.

11) 전북향토문화연구회, 2003, 「자료 전북언론연표(1904~1955)」, 『전라문화연구』 15, 274쪽.

12) 조선총독부철도국 편, 2000, 「호남선 선로안내」, 『군산·군산안내·호남선·목포대관』, 경인문화사, 336쪽.

목적이었다는 보고와[13] 1903년 일본인 거류민단역소(居留民團役所) 설치를 고려한다면, 군산에 등장한 극장은 일본인들의 사업 투자처였음을 알 수 있다. 1906년 군산 인구수는 거의 5천여 명에 이르렀고, 군산 도심은 우편국, 병원, 은행, 경찰서, 언론사, 학교 등 도시 기반 시설을 모두 갖추었다. 1914년에 이르러 군산은 6개의 여관과 5개의 요리점 그리고 군산공원(群山公園)까지 마련하였다. 극장은 식민지 사업 투자처이자 근대 도시 문화 제도로 등장한 것이다.[14]

군산이 일본인 중심 도시로서 종족 간 거주지가 분리된 이중적 도시 공간을 구성한 것은 극장의 위치와 성격에 반영되었다. 단층(單層) 목조 건물인 군산좌가 개관한 곳은 조선인 생활공간인 강호정(현 죽성동)이었다.[15] 죽성동은 일본인 거류지 끝자락인 죽성리(竹城里)로서 일본 거류민단(居留民團)의 주요 사업인 유곽(遊廓)을 조성할 당시 후보지로 거론된 경포리 간석지(干潟地)와 마주한 곳이다.[16] 죽성동은 근처에 죽성포구(째보선창)가 있어서 조선인 객주 중심의 영업이 이뤄졌고, 개성상인이 다수를 차지해서 송방거리로 불린 조선인 중심 상권 지역이었다.[17]

---

13) 『황성신문』 1904년 5월 7일 기사는 『朝鮮新報』의 기사를 인용하여 일본인 자본가와 투기자들이 삼남 지방(三南 地方)을 가장 유망한 장소로 보고 토지를 매입하고 있다고 보도하고 있다. 김태웅, 2004, 『근대군산기사색인집 (1898~1910)』, 군산대 인문과학연구소, 19쪽.

14) 군산의 극장과 관련해 흥미로운 사실은 1914년까지 군산에 설립된 일본인 회사 가운데 극장주식회사(劇場株式會社)가 발견된다는 점이다. 이와 같은 현상은 서해안을 통한 중국 대륙 시장을 염두에 두고 일찍부터 연예(演藝) 사업의 가능성을 고려한 일본인들의 움직임으로 보인다. 군산이 서해안의 여타 개항도시 인천과 목포 그리고 중국의 대련(大連)과 항선 운행을 통해 연결되었고, 각 도시 간 노동력 이동이 원활했기 때문이다. 조선총독부철도국 편, 2000, 앞의 책, 332-339쪽.

15) 식민지시기 군산의 행정과 지명은 다음을 참조. http://www.gunsansi.co.kr/treatise/history_data_6_1.html.

16) 保高正記 編, 2000, 「群山開港史」, 『群山開港史·全南海岸竝島嶼狀況·全南道勢一班』, 경인문화사, 181쪽.

17) 김중규, 2001, 『군산역사이야기: 고지도와 옛 사진으로 풀어본 군산역사』, 나인,

죽성동에서 영업을 시작한 군산좌는 1930년대부터 군산극장이라는 이름으로 개복동(開福洞)에서 새로운 역사를 이어갔다.[18] 1920년대 중반부터 건물 신축 문제가 제기되었던 군산좌는 1926년 극장 신축 예산과 부지 선정이 이뤄졌고,[19] 1929년 건물이 '이미 착공중'인 것으로 알려졌다.[20] 죽성동과 그리 멀지 않은 개복동에 재개관한 군산극장은 일본인 거리의 외곽, 즉 조선인이 군거(群居)하는 구릉지로 진입하는 지역에 위치하였다. 건축비 3만 5천원이 들어간 양관(洋館) 이층 건물 군산극장은 조선인 초가집이 무질서하게 들어서 일명 '콩나물고개'로 불린 조선인 빈민 지역을 배후로 영업을 다시 시작했다. 군산극장과 100여 미터 이내에 1920년대에 문을 연 희소관이 영업을 하고 있었다. 희소관은 일본인 중심의 상권이 형성된 도심에 군산극장보다 거리적으로 더욱 근접해 있었다.

145-146쪽 ; 구희진, 2009, 앞의 논문, 64쪽.

18) 「작일 군산에 대화재 十一家屋全半燒, 군산좌에서 발화하야 연소 손해총액5만여원」, 『동아일보』 1932년 3월 9일자(3면). 기사에 따르면, 동년 3월 7일 군산좌에서 화재가 발생하여 전소되는 일이 벌어지는데, 이때 군산좌의 주소지가 강호정(江戸町)으로 기록되어 있다. 기자의 오인으로 보인다.

19) 「群山에 劇場新築, 五萬圓 豫算으로」, 『동아일보』 1926년 12월 19일자(4면). "군산부민의 오락기관인 극장 군산좌는 古建物일 뿐아니라 불완전한 설비인 까닭에 시대에 *延한 감이 不無하야 개선의 聲이 고조에 달하든 바 최근에 至하야 群山座主 島田氏 外 數人의 발기로 新*式의 大劇場을 건설하기로 목하 **준비 중 신축후보지는 府의 중앙인 明治町 *東拓分工場의 敷地를 선정하엿다 하며 신축비 총액은 약 오만원 예산이라더라."

20) 「군산극장 신축」, 『중외일보』 1929년 10월 7일자(4면).

III. 조선인 빈민과 유곽 그리고 극장

1. 조선인 빈민과 극장 위생 담론

군산은 종족 간 이중적 도시구조와 급격한 인구 증가 그리고 변두리 지역으로의 조선인 축출과 함께 식민지 도시화가 진행된 지역이다. 그것은 근대화의 외부적 존재로서 조선인 토막민을 발생시키는 과정이었다. 희소관과 군산극장이 자리한 개복동은 인근의 구복동, 창성동, 둔율동 등과 함께 조선인 토막민이 형성된 대표적 지역이었다. 토막민이란 "농촌과 도시의 하층민이 경성을 비롯한 각 도시, 혹은 그 외곽의 하천이나 제방, 산림, 다리 밑 등의 국유지, 혹은 사유지의 노는 땅을 무단 점거하여 거기에 소 주택을 이루어 살다가 고착화"[21]된 것을 말한다.[22] 조선인들이 구릉지 비탈에 토막을 짓고 거주한 것은 식민지 도시 산업 구조에 따른 공간 구획의 결과였다.

군산 지역 대부분 조선인 남성은 일본인 소유 사업체나 부두 노동자로 일하고 있었고, 조선인 여성은 일본인 가정 식모살이 또는 정미소 미선공(米選工) 등 단순 노동에 종사하고 있었다.[23] 이들의 경제 활동과 수입은 그들 거주지와 근접한 극장의 영화 관람으로 이어졌을 것이다.[24] 하지만 그들이 극장에서 지출할 수 있는 금액은 무척이나 한정적

---

21) 김경일, 2004, 「20세기 전반기 도시 빈민층의 형성」, 『한국 근대 노동사와 노동운동』, 문학과 지성사, 21쪽.

22) 경성의 빈민 지역 역시 공동묘지와 화장장 그리고 유곽의 형성과 관련이 깊었다. 1920 년대 후반 이전까지 대규모 토막촌이었던 신당리(新堂里)에 공동묘지와 화장장이 1928 년까지 존속했고, 토막민의 이주 당시 공동묘지였던 마포의 도화동은 당시 사창가로도 유명한 곳이었다. 김경일, 위의 책, 38쪽.

23) 김중규, 2001, 앞의 책, 142쪽.

24) 식민지시기 경성의 경우, 아현정, 도화정, 신당정 등 도심과 가까운 토막민일수록 월 평균 수입이 좋았다. 이들의 소득 활동은 1930년대 초중반 해당 지역에서 극장이 등 장할 수 있는 배경이 되었다. 1933년 9월 30일 마포에 도화극장이, 1936년 10월 12일

인 것으로 보인다. 군산좌에서 조선인을 상대로 상영한 영화 입장료가 무척이나 저렴하게 책정되었기 때문이다. 1928년 임수호 지방 순업대가 상영한 영화 관람료는 일반인 기준 40전이었고, 조선일보 구독자는 반액인 20전으로도[25] 입장이 가능했다.[26] 즉, 군산좌의 관람료는 1920년대 후반 전북 평균 관람료 55전(소인 30전)보다 훨씬 저렴한 것이었다.

1927년 도별(道別) 활동사진 관람료 조사에 따르면, 전북 최고 관람료는 대인 1원(소인 50전)에, 최저 관람료 대인 20전(소인 10전)이었다.[27] 전북 평균보다 15전이나 저렴한 입장료는 군산좌 조선인 관객이 경제적 빈곤층이었음을 보여주고 있다. 군산좌 입장료는 희소관의 그것과도 확연한 차이를 보였다. 1928년 희소관에서 기독교 계열 학교가 주최한 음악가극대회(音樂歌劇大會)가 열렸는데, 이날 입장료는 특별권 1원, 보통권 50전, 그리고 학생권 30전이었다.[28] 당일 공연은 교회 주일학교 아동

신당동에 신부좌가 문을 열었다. 김경일, 2004, 앞의 책, 37쪽.

25) 「군산에서 朝鮮名編活寫 본보독자 우대」, 『조선일보』 1928년 12월 4일자(석 4면). "임수호씨 영화 직영인 지방순회대 일행이 지난 1일에 군산에 도착하야 방금 군산좌에 조선명편활동사진대회를 연일 대성황*에 개최중인 바 수년전에 본보에 연재되어 일반 독자로 하야금 만흔 취미를 가지게 하든 만화『멍텅구리』가 영화로 된 것을 금월 4일에는 특히 본보독자에게 공개키 위하야 본보 독자에 한하야서는 입장료 40전을 반액으로 특별 우대한다더라."

26) 「讀者慰安興行, 三日間 群山서」, 『동아일보』 1928년 4월 10일자(4면). "본보 군산지국에서는 지난 1일 본보 창간 8주년 기념을 기하야 문자보급운동으로 3대 대회를 계획하야... 독자제씨에게 위안을 들이고자 하든 차에 때마츰 朝鮮劇友會 일행이 군산에 도착하야 지난 4일부터 6일까지 3일간 본보군산지국 후원하에 군산좌에서 본보 독자에게는 各等 반액을 제공하야 흥행을 하얏는데 연일 滿都의 인기를 끌어 대성황을 지하얏스며 동 일행은 대구 방면으로 출발하얏더라." 언론사들이 각종 '기념'을 이유로 입장료 혜택을 부여한 것은 구독자 확보를 위한 마케팅 전략이었다. 영화뿐 아니라 연극 공연에도 실시한 입장료 혜택은 식민지 지방도시 극장 관객층의 폭을 넓히는 데 기여했을 것이다.

27) 한국영상자료원 편, 2009, 『1910 식민지시대의 영화검열 1934』, 한국영상자료원, 284쪽.

28) 「음악가극대회 來十九日에」, 『조선일보』 1928년 3월 14일자(석 4면). "오는 19일 오후 7시부터 군산 영신여학원 及 구암유치원(龜岩幼稚園) 주최와 본보 군산지국 후원으로 군산구암연합(群山龜岩聯合) 음악가극대회를 시내 개복동에 잇는 희소관(喜笑舘)에서 개최한다는데 악사는 *界의 明星人 諸氏가 출연한다하며 당일 입장료 특별권 1원 보

들이 출연하는 소년·소녀 가극(歌劇), 즉 종교극이었다.[29] 즉, 아동으로 구성된 아마추어(amateur) 가극 입장료가 조선인 대상 상업 영화 관람료보다 비쌌던 것이다. 이와 같은 상황은 상설관(희소관)과 비상설관(군산좌)의 등급 차이 또는 노쇠한 건물과 위생 상태를 지적 받았던 군산좌 건물 등 여러 가지 원인을 들어 해석 가능할 것이다. 이유야 어쨌든, 종족별 구분이 확연했던 군산의 군산좌를 들락거린 조선인 관객은 경제적으로 열악한 상황이었던 것은 분명하였다.

더불어 1928년 군산좌에서 열린 임수호 순업 일행의 영화 상영은 군산좌 조선인 관객성을 읽을 수 있는 흥미로운 사실을 보여준다. 조선일보의 영화 상영 선전 문구가 주목되기 때문이다. 임수호는 경성에서 대대적인 흥행을 올린 〈아리랑〉(나운규, 1926)의 흥행권을 사들여 지방 순업에 나선 인물이다. 그런데 조선일보가 〈아리랑〉에 대한 특별한 언급 없이 '조선명편(朝鮮名篇)'으로만 소개를 하고, 대신에 〈멍텅구리〉(이필우, 1926) 상영을 강조한 것이다. 조선일보가 1924년부터 연재한 조선 최초 신문만화 〈멍텅구리 헛물켜기〉가 〈멍텅구리〉로 제작되었기에 영화를 부각시킨 것은 당연해 보인다. 그럼에도 불구하고, 식민지시기 대표적 스타 나운규의 영화에 대한 선전 부재(不在)는 군산좌 조선인 관객 취향의 미분화와 함께 일상생활 세계의 일부에 이르지 못한 영화 관람 문화를 방증하고 있다. 그것은 빈곤과 함께 근대 문화 향유에서 배제된 군산 지역 조선인 관객이 처한 극장 문화의 일면이었다.

1920년대 '빈곤'을 이유로 불결의 공간으로 인식된 군산좌는 극장 건

통권 50전 학생권 30전이라 하며 일반은 만흔 기대를 가지고 잇는데 당일은 대성황을 못하리라고 測像한다더라."

29) 근대 연극 초창기인 1920년대 아동이 출연하는 소년·소녀 가극이 유행했는데, 아동 가극은 교회 주일학교에서 주로 전개된 종교극의 일종이었다. 박영정은 전문적 대중 가극은 극단 취성좌의 〈極樂島〉의 1928년 7월 공연으로 들고 있다. 박영정, 2008, 「가극 〈열세 집〉에 나타난 초기 가극의 한 양상」, 『한국극예술연구』 28, 한국극예술학회, 71-113쪽.

물 신축과 이전(移轉) 문제가 끊이지 않았다. 군산은 한일병합 이전 근대 도시 체계를 갖추긴 했으나, 생활하수 처리 공사를 1923년에 와서야 착수할 정도로[30] 위생 문제가 심각하였다. 1929년초 봄 전북 도내에 유행성 감기가 돌아 발병 환자 2만여 명과 사망자 500여 명이라는 상황이 벌어졌다. 군산은 환자 59명에 사망자 3명에 그쳤지만, 군산 인근 농업 미작지대 옥구(沃溝)의 경우, 환자 760명에 사망자 32명에 이를 정도로 심각한 상황이었다.[31] 군산과 옥구 지역 감기 사망자 발생은 군산 지역 유지(有志)들이 '생활 개선'을 목적으로 근우회(槿友會)를 창립하여[32] 대처해야 할 중요한 사안이었다. 이러한 상황에서 대중이 모여드는 극장의 위생 문제는 더욱 중요해졌다. 군산좌는 1920년대 중후반부터 건물 노후와 위생 문제를 이유로 지역 사회로부터 신축 요청을 받고 있었다.[33] 극장 '오염'으로 인해 '시민의 비난'을 받은[34] 군산좌는 1926년 군산부 도심 일본인 거리 명치정(明治町)에 신축을 위해 5만원의 예산을 책정하기도 했으나, 어찌된 일인지 1930년 도심이 아닌 조선인 거주지

---

30) 『매일신보』 1922년 8월 30일 기사에 따르면, 군산의 하수공사는 대정 12년(1923년)부터 30만원의 예산으로 4년 동안 공사가 이뤄졌다. 김태웅, 2004, 『군산근현대기사색인집 Ⅰ (1898~1945)』, 군산대 인문과학연구소, 139쪽.

31) 이와 같은 기록은 『매일신보』 1929년 4월 10일자 기사에 따른 것이다. 김태웅, 위의 책, 176쪽.

32) 『매일신보』 1929년 12월 12일자 기사에 따른 것이다. 김태웅, 위의 책, 184쪽.

33) 「群山에 劇場新築, 五萬圓 豫算으로」, 『동아일보』 1926년 12월 19일자(4면). "군산부민의 오락기관인 극장 군산좌는 古建物일뿐 아니라 불완전한 설비인 까닭에 시대에 *延한 감이 不無하야 개선의 聲이 고조에 달하든 바 최근에 至하야 群山座主 島田氏 外 數人의 발기로 新*式의 大劇場을 건설하기로 목하 **준비 중 신축후보지는 府의 중앙인 明治町 *東拓分工場의 敷地를 선정하엿다 하며 신축비 총액은 약 오만원 예산이라더라."

34) 「군산극장 신축」, 『중외일보』 1929년 10월 7일자(4면). "군산에 유일한 오락장인 군산좌는 건축 이래 20여년의 長歲月을 운영하엿음으로 동극장은 汚染*폐하야 시민의 비난이 **하던 중 *찰서에서 신축을 명하엿스나 座主의 고집불응으로 문제가 거듭하돈 중 근일에 시내 개복동 광장에다 3만 5천원의 거금으로 洋舘 二層을 *축하라고 이미 착공중이라더라."

에서 다시 문을 열었다.

1930년대 개복동에 자리를 잡은 군산극장이라고 해서 '위생'이라는 감시의 시선에서 자유롭지 않았다. 군산극장이 색주가(色酒街)와 조선인 빈민이 형성된 토막민 거주지를 배후로 둔 사실 때문에 그러했다. 군산의 조선인 빈곤 문제는 조선인 계몽에 청춘을 보내고 있던 식민지 엘리트 청년마저도 좌절시킨 사회적 문제였다. 1930년대 중후반 군산 지역 조선인의 삶을 사실적으로 기술한 채만식의 소설 『탁류』에 나오는 '승재'라는 인물을 통해 그것을 확인할 수 있다. '정주사' 집에 세들어 살면서 의술 활동과 야학에 힘쓰던 승재가 부모에 의해 유곽으로 팔려간 어린 소녀를 돌려받고자 유곽 주인을 만나는 장면이 있다. 하지만 딱히 빈곤의 탈출구가 없는 조선인 여성이 결국 흘러들 수밖에 없는 곳이 유곽이라는 '개명옥' 여주인의 말에 승재가 좌절하는 대목이 있기 때문이다.[35] 즉, 군산 지역 유곽의 발흥은 조선인 빈곤과 연동된 것이었으며, 유곽이 상기시키는 도덕적 불온성 때문에 극장을 '오염된' 공간으로 바라보는 인식은 더욱 강화되었다.

2. 유곽과 극장의 사회적 불온성

식민지 지배자에게 영화는 대중 교화를 위한 효과적인 수단이지만 동시에 '불온한' 사조가 유입되고 전파되는 통로로 인식되었다.[36] 태생적으로 식민 권력의 감시와 취체의 대상이 될 수밖에 없었던 극장의 성격에 더하여, 군산 지역 극장이 불온(不穩)의 잠재성을 배태한 공간으로 인식된 것은 도시 환경에 따른 것이었다. 희소관과 군산극장이 자리한 개복동은[37] 조선인 빈민 거주지뿐만 아니라 기생과 기생조합인 권번(券番)

---

35) 채만식, 1994, 『탁류』, 문학과현실사, 426-442쪽.

36) 영화 매체의 이와 같은 속성으로 인해 1922년 '흥행장급흥행취체규칙'이 제정된다. 한국영상자료원 편, 2009, 앞의 책, 27쪽.

그리고 유곽38)과 밀접하게 연관되어 있었기 때문이다.

군산의 유곽은 1906년 일본인 거류민단과 관할 이사청(理事廳) 이사
관의 직접 관여하에 설치되었다. 유곽은 사토 마사지로(佐藤政次郎)39)
소유지인 신흥동(新興洞, 1946년 명산동으로 개명) 야마테(山手) 거리에
들어섰다.40) 군산의 유곽은 기록마다 약간의 차이를 보이는데, 신흥동
유곽과 함께 야마테마치(山手町) 유곽 두 곳이 존재한 것으로 알려지기
도 한다. 신흥동 유곽은 6개의 업소에 약 60명이 일하고 있었으며, 야먀
테마치 유곽 역시 신흥동의 그것과 비슷한 규모인 것으로 전해진다. 야
마테마치 유곽은 개복동에 자리하였는데, 개복동은 조선인 기생집과 막
걸리를 파는 선술집 형태의 '은근자' 마을이 형성되어 있었다.41) 개복동
배후 산비탈 선술집의 군거는 채만식의『탁류』를 통해서도 확인된다.42)
유곽 영업과 불가분 관계인 권번은 군산권번과 소화권번(昭和券番) 두
곳이 있었다.43) 소화권번은 식민지시기 '지방'에 존재한 조선 기생 권번

---

37) 개복동에 들어선 군산극장과 희소관은 2010년 현재까지도 같은 자리에 위치하고 있
   다. 군산극장은 개복동 67-14번지, 희소관은 개복동 44번지로 양 극장은 불과 몇 백
   미터 거리 이내에 존재한다.

38) 1908년 9월 조선사회 전체 '기생 단속령' 발포 이후 기생들이 의무적으로 가입했던 기
   생조합은 1917년 이후 일본식 명칭인 권번으로 바뀌었다. 권번은 기생 교육기관인 동
   시에 요리점에서의 영업 활동을 중계로 수익을 얻는 근대적 제도였다. 서지영, 2009,
   「상실과 부재의 시공간: 1930년대 요리점과 기생」,『정신문화연구』 32, 한국학중앙연
   구원, 170쪽.

39) 사토 마사지로는 일본에서 신문사 기자로 일하면서 조선 농업의 유망함을 소개하여
   이주척식(移住拓植)의 기운을 촉진한 인물이다. 1904년 그는 조선으로 건너와 전라북
   도 군산에서 금융업을 시작하고, 이후 시가지 경영과 토지매수 그리고 주택과 농장을
   경영하는 등 다방면에서 활동했다. http://db.history.go.kr/url.jsp?ID=im_215_13304.

40) 保高正記 編, 2000, 앞의 책, 177-187쪽.

41) 홍성철, 2007,『유곽의 역사』, 페이퍼로드, 91-92쪽 ; 김중규, 2001, 앞의 책, 253쪽.

42) 유곽은 조선인과 일본인이 출입을 했던 곳이고, 요리집은 돈 많은 조선인이 드나들었
   다. 또한 일본인 부유층은 게이샤가 있는 본정통의 요정을, 조선인 서민들은 색주가
   선술집에서 유흥을 즐겼다. 변화영, 2004, 앞의 논문, 330쪽.

43) 김중규, 2001, 앞의 책, 252쪽.

총 23곳 가운데 하나로, 군산의 동영정에 위치한 것으로 기록된다.[44] 동
영정은 영정(榮町), 즉 조선인들이 송방거리로 불렀던 조선인 거리 죽성
동 일대를 의미한다. 1935년 소화권번에 조선인 기생 30명이 속해 있었
고 조선인 창기(娼妓)의 숫자는 26명에 달한 것으로 공식 보고되고 있
다.[45]

식민도시 유곽이 극장과 맺는 지리적 상관성은 군산에 국한된 것은
아니었다. 전남 개항도시 목포와 행정도시 광주도 그와 유사한 양상을
보였다.[46] 하지만 군산의 유곽이 극장과 장소적으로 동질적인 측면에서
이해되는 이유는 군산이 청장년층 노동력을 대량으로 필요로 하는 항구
도시라는 사실 때문이다. 군산은 1909년 이전에 이미 조계(租界) 내에 남
성 노동력을 요구하는 항만 관련 업무 및 창고업과 정미업 등이 발달하
는 한편으로, 조계 밖은 여성 노동력이 요구되는 유곽과 서비스업이 발
달하였다.[47] 일제하 군산의 계층 분화를 분석한 김태웅의 연구에 따르
면, 1910년 조선인 직업 가운데 잡급(雜給)에 해당하는 '기타 업무'가 '농
림과 목축업'이나 '상업과 교통업'보다 2~3배 이상 높은 것으로 나타났
다. 1910년 군산 지역 조선인의 '기타 업무' 종사 비율(45.80%)은 각부(各

---

44) 한영숙, 2007, 「일제 강점기 예인들의 사회적 역할과 연주활동」, 『국악교육연구』 창간
    호, 한국국악교육연구학회, 168쪽.

45) 군산부, 1935, 『군산부사』, 308쪽.

46) 목포부(木浦府)에 처음 유곽이 들어선 지역인 죽동은 1926년 전남물산공진회 개설과
    맞물려 일본 요리점이 영업을 시작한 지역이었다. 1926년 조선인 극장 목포극장이 죽
    동 23번지에서 개관을 했다. 유곽과 요리점 그리고 극장이 자리한 죽동은 1930년 목
    포 예기권번(藝妓券番)이 설립되면서 유흥 장소로서 성격이 더욱 강화되었다. 식민지
    시기 극장을 중심으로 향락 관련 영업이 발달한 것은 광주 역시 마찬가지였다. 즉,
    1900년대 후반 일본인 이주자가 광주에 도착하여 임시 숙소를 마련하고 현지 정보를
    입수하던 동네는 일본인 중심지 충장로와 인접한 황금동과 불광동이었다. 이들 지역
    은 일본인 대상 여관(旅館)과 요리집 그리고 게이샤(藝者) 동네로 알려지면서 1925년
    황금동에 일본인 관주의 광주좌(光州座)가 문을 열었다. 이에 대해서는 다음을 각각
    참조. 고석규, 2004, 『근대도시 목포의 역사, 공간, 문화』, 서울대학교출판부, 178-182
    쪽 ; 박선홍, 1994, 『광주 1백년』 2, 금호문화, 45 · 116쪽.

47) 윤정숙, 1985, 앞의 논문, 92쪽.

府) 일본인 비율(32.07%)은 물론 군산 지역 일본인 종사자 비율(30.43%)을 훨씬 상회하였다. '기타 업무'에 종사한 조선인 수치가 높았던 이유는 조선인들이 부두 하역 노동을 비롯한 일용직 자유노동에 대거 종사하고 있었기 때문이다.[48]

군산 지역 부두 노동 종사 조선인 남성 비율이 높은 것에 비례하여 유흥업에 종사하는 여성 노동력 비율 역시 높았다. 1910년 전국 부(府) 전체와 군산부(群山府) 직업별 인구 분포를 밝힌 조선총독부 통계에 따르면, 동년 군산의 총 직업별 인구 가운데 여성이 전체의 13.6%를 차지하고 있다. 이는 군산 전체 여성의 9.49%에 해당한 수치였다. 주목할 사실은 군산 여성 경제활동 인구 가운데 예창기작부(藝娼妓酌婦) 비율이 63.9%를 차지한 것으로, 이는 전국 부(府) 같은 부문 비율 46.0%를 훨씬 앞지른 수치였다.[49] 달리 말하면, 1910년대 군산에서 직업을 갖고 있는 여성 10명 가운데 6명 이상은 유흥업 종사자였던 것이다.

군산의 유흥업은 1930년대 세계 공황으로 산비탈 조선인들이 하루 끼니도 해결하지 못하는[50] 상황에서 더욱 번창해갔다. 카페 숫자는 이전에 비해 세 배로 증가했고[51] 유곽 역시 호경기를 누렸다. 유곽 영업의 번창은 1933년 단지 1개 권번이 벌어들인 월 평균 수입이 1천원에 달한

---

48) 김태웅, 2009, 「일제하 군산부에서 주민의 이동사정과 계층분화의 양상」, 『한국민족문화』 35, 부산대학교 한국민족문화연구소, 29-30쪽.

49) 윤정숙, 1985, 앞의 논문, 92쪽.

50) 「長霖에 부다끼는 群山土幕民의 安危, 하로에 한 끼의 죽 한 그릇도 못 먹고 늙은 부모와 어린 자녀와 우는 동포, 貧民窟歷訪 片聞記」, 『동아일보』 1933년 7월 5일자(3면). "…. 언제나 보기에도 위터운 산비탈에 업드려 잇는 부외 오룡동(五龍洞) 초가집들 쓰러져 가는 담 모퉁이에 올막졸막 붙어잇는 수많은 토막민들의 안위! 행여나 이 장마에 엇지나 지내왓노? 걱정스럽기도 하려니와 좀 알고도 싶다… 이 동네 4, 5백호가 * 부다 그런 현상입니다…."

51) 『매일신보』 1932년 6월 16일자 기사는 1930년대 초반 군산의 빈곤이 심화되는 가운데 유흥업이 발흥하는 상황을 다음과 같이 보고했다. "근일 군산부 내에는 5곳에 불과하던 카페가 우후죽순처럼 생겨나 15곳에 이르며 카페들 사이에 영업 경쟁도 치열해지고 있다고 함." 김태웅, 2004, 앞의 책, 245쪽.

사실에서 확인된다.[52] 1개 권번의 일일 평균 수입이 33원인 셈인데, 이 액수는 30년대 중후반 경성의 백화점 점원 '숍거얼'의 월급 30원보다 많은 것이었다.[53] 군산 일본인 유곽 가운데 가장 큰 규모인 신흥동 칠복루(七福樓)의 경우, 1920년대 후반에 이미 하루 수입이 최소 120원에 달하고 있었다.[54]

조선인이 전체적으로 빈곤한 상황에 처한 가운데 유곽이 호황을 누린 사실은 유곽이 언제든지 범죄가 일어날 수 있는 잠재적 불온의 공간임을 의미했다. 군산의 유곽은 실지로 예기치 않은 사건 사고와 부정(不正)이 벌어지는 장소였다. 군산의 신흥동 최고 일본인 유곽 칠복루에서 현금 강도 사건이,[55] 조선인 유곽 명월루(明月樓)에서 치정(癡情)에 얽힌 상해 사건과 유곽 손님의 원인 모를 사망 사고가 발생했다.[56] 유곽은 또한 타지에서 부정을 저지르고 은닉하며 향락을 즐기기에 적당한 공간이었다.[57] 이로 인해, 유곽은 식민 지배 권력의 항상적인 감독 대

---

52) 「花代萬餘圓, 군산 소화권번」, 『동아일보』 1933년 2월 14일자(3면). "년래로 계속되는 불경긔의 군산에 잇서서도 유흥게를 살펴보면 불경긔를 모를만큼 풍성하든 당지에 잇는 소화권번(昭和券番) 23명 예기에 대한 시간비를 보면 작년 1월 이후 12월까지에 1만1천9백83원이라고 한다."

53) 1930년대 중후반 군산의 생활세계에 대한 일면을 보여주는 채만식의 『탁류』에 나오는 '정주사'의 둘째 딸 계봉이 경성의 ○○백화점 '숍거얼'로 일하면서 받은 월급이 30원이었다. 채만식, 1994, 앞의 책, 422쪽.

54) 「군산 유곽에 식도 강도, 그 집 식도를 절취하여 눌러서 강도질」, 『중외일보』 1928년 1월 25일자(2면). "전북 군산 신흥동 일본인 유곽(日本人 遊廓) 칠복루(七福樓)에는 지난 이십*일 오전 다섯 시경에 일본옷 입은 강도 한명이 들어와서 그집 주인 중도마작(中島*作)에게 식도를 견우며 일본말로『가네노 몬다이 데기다』돈**에 왓다라고 하얏슴으로 그 주인은 생명이 위태함으로 할수엄시 현금이 잇는대로 일백이십 원을 내어주엇드니 그 강도는 아모 말도 몹시 도주하여…."

55) 「군산 유곽에 식도 강도, 그 집 식도를 절취하여 눌러서 강도질」, 『중외일보』 1928년 1월 25일자(2면).

56) 「情婦 못보아 面刀들고 刺人, 가해자 세명은 취됴, 群山遊廓에 流血慘劇」, 『동아일보』 1928년 4월 21일자(5면); 「遊廓손님이 苦悶타 絕命, 원인은 미상」, 『동아일보』 1930년 1월 24일자(3면).

57) 「公金을 橫領 遊廓 호유(豪遊)타 피체(被逮), 扶安郡廳에 근무하는 松木勇을」, 『동아

상이 될 수밖에 없었는데, 감시의 시선이 유곽 인근의 조선인 빈민 지역과 극장에 대한 검속으로 이어진 것은 당연하였다.

군산 지역 유곽 발달은 식민지하 근대 주체로서 기생의 위상(位相) 변화를 가져온 것으로 보인다. 신분 질서 해체를 동반한 근대화 과정과 수탈 경제 구조의 잉여 경제 활동에 참가한 기생은 기존의 일반 여성에게 부과된 여성상에서 이탈하고 있었다. 이는 1920년대 중반 개복동에서 발생한 대낮 칼부림 사건에 대한 신문 보도를 통해 확인된다. 1926년 개복동 사건의 주인공은 전직(前職) 기생이었는데, 사건이 일어난 장소는 유곽이 아니라 일반 주택가였으며 분란도 이웃한 일반 조선인 사이에서 벌어졌다.[58] 싸움의 발단은 기생 직업에 대한 '윤리(倫理)'의 문제가 아니라 신분 질서와 관련된 것이었다. 이웃집 남성이 기생을 '백정의 딸'이라고 무시하자 이에 모욕을 느낀 기생이 칼까지 들고 공격적으로 대응한 일이 벌어졌기 때문이다.[59] 또한 권번 기생은 군산의 노동조합 조합원 기금 마련 행사에 동정(同情) 출연(出演)하면서[60] 지역 사회

일보』 1936년 5월 17일자(조 8면). "지난 13일에 군산부 경정(京町)에 잇는 방본루(芳本樓)라는 유곽에서 호화롭게 놀든 송목용(松木勇)(29)이란 일본 내지인은 부안경찰서원(扶安警察署員)에게 체포되어 즉시 압송되엇다한다. 체포된 송목은 부안군청에서 근무중이든 산업기수로서 비료공동구입자금 一천원을 횡령해가지고 지난 6일에 출장한다하고 그의 종적을 감추고 군산으로 와서 유곽에서 호류하든 것을 부안서원의 탐지로 그와 같이 체포된 것이라 한다."

58) 「기생이 칼부림. 백명이 아니라고」, 『동아일보』 1926년 1월 11일자(2면). "지난 칠일 오후 두시경에 군산부 개복동 삼십구번디 김동규의 집압헤 첩첩히 군중이 모아서서 수군거리며 일대 소란이 잇섯는데 그 내용을 듯건대 **김동규는 동리 삼십팔번디 최모의 첩으로 잇는 윤취향은 원래 기생으로써 **최씨와 가치 사러오더중 김동규가 취향을 백정의 딸이라고 하세를 하야 알은 체를 아니함으로 윤취향은 전연부인하며 김동규에게 변명을 하엿으나 그 말이 점점 전파됨에 윤취향은 분함을 참지못하야 김동규에게 엇지하야 내가 백정년이냐고 다짐을 밧고저 예리한 식도를 가지고써 만일 백명인 것을 증명치아니하면 이 칼로 찔러죽인다하야 전긔와 가치 만흔 사람이 모혓든 것이라더라."

59) 근대 이전 신분 질서에 분노한 기생의 모습은 1920년대 일어난 형평(衡平)운동과도 연관되어 있다.

60) 「妓生 演奏 盛況, 群山座에서 上演」, 『동아일보』 1926년 2월 4일자(6면). "去月 29일과

활동에 기여하는 모습을 보였다. 경제활동 인구이자 공적 활동에 적극 참여하는 기생은 극장 관객 일부를 구성했을 것으로 짐작된다.[61]

IV. 극장, 식민지 문화실천 경합장(競合場)

희소관이 등장한 1920년대 군산의 인구는 지속적으로 증가하였는데 특히, 조선인의 급증은 눈에 띄었다. 1927년 군산 인구는 일본인 7,074명, 조선인 13,486명 그리고 지나인(支那人) 468명으로 전체 21,027명이었다. 일본인과 조선인 종족 간 인구수가 비등(比等)하던 1914년과 비교하여 1927년 조선인 인구수는 일본인을 2배 가까이 앞지르고 있었다. 하지만 인구 비율에 비해 조선인의 경제 활동 참여는 무척이나 미미했으며 가계 형편도 좋지 않았다. 동년 군산의 일인당 부세(府稅) 액수를 살펴보면, 조선인의 세액은 일본인 11,162원의 10분의 1에 해당하는 1,070원으로, 지나인 7,407원의 7분의 1에도 미치지 못하였다. 1927년 기준 군산에 설립된 37개 회사 가운데 일본인 경영 사업은 미곡과 금융, 비료 등을 포함하여 36개인 것에 반하여, 조선인이 운영하는 사업은 주

30일 양일에 군산미*접공동조합(群山米*摺共同組合) 주최로 본보 및 조선일보 양 지국 후원으로 명성이 자자한 普成, 군산 兩 예기권번연합(藝妓券番聯合)으로 新劇 舊劇으로써 군산좌에서 공연케되였는데 定刻인 夜 8시전부터 입추에 여지가 엄시 대만원으로 군산에는 전례가 엄는 대성황을 이루엇는 바 동 조합에서는 조합원을 위안하며 다소 경비를 목적한 것이라하야 전기 양 권번도 同情 出演한 것인데 양일간 義捐金과 씨명은 여좌하다고. 오십원 陸石정미소, 십원 공동조합노동회, 오원 盧奉錫, 田*植, 金成坤, 錦仙, 吳君明 以下 略."

61) 식민지시기 군산 지역 기생이 극장가 관객층 일부였을 정황은 1950년대 초반 군산에 거주하며 변사를 꿈꿨던 시인 고은의 기억을 통해 확인된다. 고은에 따르면, 도회풍 복장의 변사 마정봉이 개복동에 나타나면 "개복동 술집의 기생이나 작부들이 치맛바람을 일으키며 쏟아져 나와 변사님, 변사님 하고 환호"했다는 것이다. 변사에 대한 환호는 기생들의 영화 관람 경험 전력을 말하고 있다. 고은, 1994, 『나, 고은(高銀): 고은 자전(自傳)소설』 1, 민음사, 302쪽.

류 양조업으로 불과 1개 회사에 그치고 있었기 때문이다.[62] 식민 제국을 위한 수탈 도시로 기획된 군산은 조선인이 사업가로 성장하기에 너무나도 취약한 구조를 갖고 있었던 것이다.

이러한 상황에서 지역 극장 소유자가 모두 일본인이었던 것은 당연한 결과였다. 1927년 10월 1일 현재 활동사진상설관 개관 현황에 따르면, 관객 정원 700명 규모의 2층[63] 건물의 희소관 운영자는 가와카미(河上好藏)였다.[64] 1932년 '조선상설관' 군산극장을 인수한 사람 역시 일본인 송미인평(松尾仁平)이었다.[65][66] 극장 소유/운영자의 국적과 별개로, 식민지시기 군산 지역의 극장 프로그램은 종족 공간으로서의 극장의 성격을 드러내고 있었다.

---

62) http://sdl.snu.ac.kr/index.jsp. 「数字に現はれた群山朝鮮人の惨状」, 『朝鮮思想通信』, 朝鮮思想通信社, 1927년 2월 5일자(6면).

63) 「군산 희소관에서 映寫中에 大火」, 『동아일보』 1933년 4월 22일자(2면). "... 지난 16일 오후 7시 40분경 전북 군산 복강정(福岡町) 희소관(喜笑館)에서 영사중 기사가 필름을 바꿀때에 '샤터'를 잠그지를 아니하였기 때문에 필림에 인화하엿으므로.... 다행히 필림 한권을 태웠을뿐이오 큰일은 나지 아니하였는대 관람자 260명 중 아래칭에 있는 30명은 빨리 관외로 뛰어나왓으며 우칭 관람객은 몰려나오다가 대혼잡을 이루어 一時 위험하였으나 一명의 사망자도 내지않고 무사하엿다한다. 이 통보에 접한 경기도 보안과에서는 진해사건 당시에 발한 것과 같이 도내 각 영화관에 대하야 주의를 시키기 위하여 경고를 발할터이라고 한다."

64) 한국영상자료원 편, 2009, 앞의 책, 283쪽.

65) 「群山劇場에서 朝鮮常設官 兼營」, 『중앙일보』 1932년 11월 20일자(3면).

66) 식민지 전 기간에 걸쳐 군산 지역 조선인 소유 극장의 부재는 전남의 여타 도시와 비교하여 주목된다. 전남 개항도시 목포에 1920년대 개관한 목포극장과 행정도시 광주에 1930년대 초반 개관한 광주극장은 지역에서 경제력을 갖춘 유지(有志)에 의해 설립되었다. 1926년 개관한 목포부 목포극장은 약재상 류관오에 의해 설립되었으며, 1933년 영업을 시작하여 1935년 극장으로 등록한 주식회사 광주극장은 최선진에 의해 설립된 것이다. 최선진은 극장 영업을 시작하기 이전 여객운송 사업과 정미소를 운영하면서 광주보통학교를 설립하였다. 이에 대해 다음을 참조. 이호걸, 「식민지 조선의 문화사업, 극장업」, 성균관대학교 대동문화연구원 학술발표회 자료집 『근대 미디어로서의 극장과 식민지 문화 장의 동학』, 2009년 5월 16일, 35쪽 ; 정근식·김민영·김철홍·정호기, 1995, 『근현대의 형성과 지역 엘리트』, 새길, 202-208쪽.

1. 식민지 문화정치 실현 장(場)

식민지시기 경성 발행 신문의 지역 소식란에서 희소관에 대한 정보를 찾아보기 쉽지 않다.[67] 가능한 신문기사를 종합하면, 1920년대 개복동에 개관한 희소관은 일본인 대상 극장이었다. 1925년 7월 희소관에서 발생한 우발적 상해(傷害) 사건의 가해자 일본인 직업이 '해설자'(변사)이고 피해자는 조선인 악사(樂士) 조남월(趙南月)이라는 사실을 통해[68] 희소관의 관객 구성을 알 수 있다. 일본인 변사 연행은 조선인 관객 입장을 제한적으로 만들었기 때문이다.

하지만 희소관이 오로지 일본인을 위해서만 프로그램을 구성한 것은 아니었다. 희소관은 일본어 이해가 요구되지 않는 공연도 무대에 올려 조선인 입장을 가능하게 했고, 조선인 대상 프로그램 역시 기획하였다. 즉, 1928년 기독교 계열 학교인 영신여학원과 구암유치원(龜岩幼稚園)이 주최한 음악가극대회(音樂歌劇大會)가 희소관에서 열린 것이다. 영신여학원은 1920년대 지역 사회 운동을 이끌던 영신학원이 설립한 야학(夜

---

67) 식민지시기 지역 일간지 군산일보가 부분적으로 존재하긴 하지만, 영화와 극장 그리고 흥행에 관한 기사는 찾아보기 힘들다.

68) 「희소관이 혈장화(血場化) 일본인이 칼로 조선인을 찔러」, 『조선일보』 1925년 7월 29일자(조 2면). "지난 십육일 밤 열두시경에 군산 개복동 활동사진관에서는 사진을 영사하든 중 돌연히 관람석 한 구석에서 동관(同舘) 일본인선설자(日本人鮮說者) 탕본효파(湯本曉波) (26)라는 자가 조선인 악사(朝鮮人樂士) 조남월(趙南月)(22) 완* 가슴 아래를 단도로 몹시 찔러 피해자는 그 자리에 졸도하고 또 장내에는 붉은 피가 림리하야 참아 눈*로 볼수업는 참상을 이루엇는데 이제 그 자세한 사실을 듯건대 전긔 양인은 조고마* 일에 서로 말다툼이 나서 성긔게 지내오다가 그만 서로 잘 지내자고 선긔 피해자가 『사이다』를 권하매 탕본이는 무엇을 생각햇는지 『요시!』하고 자긔 침실에 드러가더니 옷을 가라입고 나오든 길로 손에 단도를 들고 벼락가티 조남월* 찔럿는데 그 때문에 왼편 가슴아래에 길이 륙분(長分) 김히 한치두분(梁一寸二分)가량 되는 증상을 내엇는데 마츰 피해자는 곳 군산병원(群山病院)에 입원시켜 응급치료(應急治療)를 밧게하는 중인바 전쾌되기 까지는 약 삼주일이 걸릴터이라는데 전긔 가해자 탕본은 원래부 성질이 패악한자이라는데 지금 군산서에 검속되야 취됴르밧는 중이라더라." 신문기사 가운데 '선설자'는 '해설자'의 오타로 보인다.

學)이었고,[69] 구암유치원은 1922년 조선인 아동을 대상으로 설립된 교육 기관이었다. 이들 모두 미국 남장로회 선교사가 세운 구암교회에 의해 운영되었다.[70] 당일 가극대회 입장료는 수익 창출이 아닌 기금 마련에 목적을 둔 사실에 비춰, 일본인 극장에서 열린 조선인 행사는 '민족'이 아닌 '교회공동체' 호명에 따른 것이었다. 당대 군산에서 '선교(宣敎)' 명목의 행사는 흥행 단체까지 동원할 수 있는 강력한 힘을 발휘했다. 1922년에 신파극(新派劇) 이기세 일행이 군산에서의 흥행 수익 대부분을 구암유치원에 기부한 일이 있었기 때문이다.[71]

'일본인 경영 상설활동극장(常設活寫劇場)인 희소관'[72]에서 조선인 대상 공연을 기획한 것은 3·1 운동 이후 조선총독부의 문화정치[73] 맥락에서 벌어진 일이었다. 조선인 '정신교육'을 통한 식민 지배 체제 안정 효과를 목적으로 벌어진 공연은 1920년대 후반까지 희소관에서 몇 차례 발견되었다. 하지만 희소관 조선인 관객 범주는 제한적이었는데, 희소관 행사가 서구 문화에 익숙한 소위 식자층(識者層)을 대상으로 했기 때문이다. 즉, 희소관에서 군산연예회(群山硏藝會)가 상금을 내건 전국 규모의 '신구독창대회(新舊獨唱大會)'[74]와 군산부인교육회가 주최한 성

---

69) 김중규, 2001, 앞의 책, 189-190쪽.

70) 기독교 선교사에 의해 설립된 구암교회는 군산 영명학교와 멜볼딘여학교(현 군산영광여자고등학교)까지 운영했다. 영명학교는 군산 최초 사설 조선인 중등 교육 기관이었다. 김중규, 위의 책, 189쪽.

71) 「新派劇 李基世一行, 龜岩里 幼稚園을 爲하야 興行」, 『동아일보』 1922년 6월 9일자 (4면). "6월 12일 양일 夜 신파극 이기세 일행은 구암리 유아원을 위하야 당지에서 흥행한 결과 다수의 입장료와 기부금을 得하야 其中 보*을 제한 외에는 전부 동 유아원에 기부하얏다더라."

72) 「희소관 火災 30분후 진화」, 『동아일보』 1929년 10월 28일자(3면). 상설활동사진관으로서의 희소관의 성격은 1927년 총독부 자료를 통해서도 확인된다. 여기서 상설관 호칭은 극장 운영상 판단에 따른 것이다. 상설관은 활동사진 상영 이외에, 신파극과 신극 등 무대 공연예술을 극장 프로그램으로 구성하면서 운영을 지속시켰다.

73) 마이클 신(Michael D. Shin), 2006, 「'문화정치' 시기의 문화정책, 1919~1925년」, 김동노 편, 『일제 식민지 시기의 통치체제 형성』, 혜안, 269-312쪽.

악가 차재일(車載鎰)의 독창회가 열린 것이다.[75] 차재일의 군산 독창회는 이보다 2년 앞서 경성에서 열렸다. 중앙기독교청년회 주최로 종로 기독교청년회관 대강당에서 열린 독창회를 관람하는 일군의 조선인 여학생 모습은 동아일보 4단 절반 크기의 사진에 실려 신문에 기사화되었다.[76] 희소관은 근대 개화의 '중심' 경성에서 열리는 공연을 '지방' 군산에서 재연(再演)하면서 경성의 문화를 전파하고 교육하는 장소로 기능한 것이다.

1920년대 희소관에서 드물게 열리던 조선인 대상 행사는 한동안 보이지 않다가 1930년대 중반 중일전쟁 발발 이전 한 차례 등장하였다. 즉, 1936년 조선일보, 매일신보, 동아일보를 포함한 4개 언론사 군산지국이 주최한 테너 김훈의 독창회가 열린 것이다.[77] 김훈은 일본과 유럽에서

---

74) 「군산研藝會 新舊獨唱大會 참가자 다수」, 『조선일보』 1928년 4월 9일자(석 4면). "보한 바와 가티 군산연예회(群山研藝會) 주최로 래 21, 22 양일간 부내 개복동에 잇는 희소 관에서 제1회 전조선현상신구독창대회(全朝鮮懸賞新舊獨唱大會)를 개최케된 바 본월 4일까지 신청자 씨명(氏名)은 알에와 갓다는데 참가하고저 하는 인사는 될수잇는 대로 기일이내에 신청하기를 바란다더라. 대구 *봉양씨, 경성 이인선씨, 익산 *기순씨, 옥구 박금자양, 부산 성명재양, 익산 김양*양, 군산 최*희 여사, 익산 손귀*양, 익산 손 기하씨, 군산 김대* 여사, 군산 이희 여사."

75) 「차재일씨 독창대회 군산 일경이 고대하던 중, 금야 희소관에서」, 『중외일보』 1928년 7월 27일자(2면). "본보 군산지국과 군산부인교육회의 주최로 차재일씨 독창음악대회를 열게된다함은..*보한바어니와 동 대회는 금 이십칠일 밤에 부내 희소관에서 열니게 된바 일반은 고대하고.. 만큼 대성황리에 긔한다더라" ; 「車載鎰氏 獨唱 盛況」, 『동아 일보』 1928년 7월 30일자(4면). "지난 27일 오후 9시부터 군산 희소관 내에서 차재일씨 독창음악대회를 중외일보 군산지국 주최로 열게되엇는 바 당일 우천임에도 불구하고 다수 청중 속에서 개막되어 『당신을 사랑하는 까닭』의 차재일씨의 독창과 崔聖斗氏 의 반주를 비롯하야 간간히 사현금독주(四絃琴獨奏), 하모니카 이중주, 합창이 잇섯스 며 차씨의 四五次 등단에 『牧丹峯歌』독창도 잇서서 성황을 정하고 동 11시경에 산회 하얏다더라."

76) 「再請 三請의 秋季音樂, 더욱 人氣集中된 車載鎰氏 獨唱」, 『동아일보』 1926년 10월 2 일자(5면).

77) 「군산지국 주최 김훈군 독창회 이십이일 군산 희소관서」, 『조선일보』 1936년 8월 19 일자(석 7면). "세계적 가극가수 중저음 김훈 군은 금번 가사정리 관계로 귀향한바 본 보 군산지국에서는 동군의 귀향을 긔회로 하야 본보지국 주최로 오는 이십이일 오후

성악을 공부한 자로서, 각 언론사들은 그가 조선을 포함하여 만주와 중국까지 순회공연을 계획 중이라며 선전했다. 그의 군산 독창회는 경성음악평론사(京城音樂評論社) 조선인 주필의 강의까지 포함하고 있었다. '군산부 귀암리' 출신을 강조한 김훈의 독창회는 1931년 만주사건 이후 대륙 진출에 앞서 '대동아공영'을 조장한 일본 제국의 문화정치 일환이었다. 군산 '출신'의 '세계적 가수'라는 강조는 이후 전개될 전시동원체제에 군산 지역민을 동원하기 위해 소환된 선전 문구였다.

2. 조선인 문화운동과 공론장(公論場)

군산좌는 개관 초반 일본 가무(歌舞) 중심의 공연과 활동사진 그리고 신파극과 국극 및 창극이 교대로 상연한 다기능 공연장이었다.[78] 군산좌가 조선인 상권과 생활 무대 중심인 죽성동에 있었던 사실은 1920년대 극장 프로그램을 조선인 계몽 및 교육과 오락으로 구성하는 배경이 되었다.

군산 지역에서 신파극과 신극(新劇) 공연이 열린 것은 1920년대 초반

8시 반부터 군산 희소관에서 독창회를 개최하기로 하얏다. 그런데 군은 군산부의 귀암리 출생으로 일즉 경성 배재고보를 마치고 즉시 동경에 건너가 만 칠년 동안을 관옥민자 삼포환 등의 스승인 이태리 악개의 거성... 군은 금번 독창회를 맛친 후에는 조선 내지 각지의 만주 함이빈 등지로 동포 위안 연주여행을 또나기로 되엿다는데 일반은 군의 독창회에 대하야 만흔 긔대를 갓는다하며 반주에는 금상첨화로 동군의 매씨인 김부녕양이 마터기로 하얏다 한다" ; 「본보 군산분국 주최 金壎씨 獨唱會 廿一日 喜笑舘서」, 『매일신보』 1936년 8월 20일자(4면). "본보 군산지국 외 삼(三) 신문지국에서는 래일 21일 오후 8시 군산 희소관에서 歌劇가수 테너- 김훈씨를 초청하여 독창대회를 개최케되엇다 한다. 씨는 일즉이 渡東하여 이태인인 바리통 가수 아베렛테이와 이태리악계의 거성인 가극가수 테너 아살코리씨..." ; 「金壎獨唱會, 金管氏의 音樂評論 講談도 本報支局主催」, 『동아일보』 1936년 8월 21일자(4). "본보 군산지국 외 三지국의 주최로 가극가수 김훈 독창회를 오는 이십일 밤에 개최하게 되엿는데 그날 밤에는 경성음악평론사(京城音樂評論社) 주필 김관(金管)씨의 강담도 잇게 되엇다 한다."

78) 김중규, 2001, 앞의 책, 246쪽.

의 일이었다. 1922년 이기세 일행과 1925년 취성좌(聚星座) 김소랑이 군산에서 흥행을 했으며, 토월회(土月會) 역시 군산좌에서 공연을 가졌다. 1925년 열린 토월회 공연은 언론에 의해 예제(藝題)까지 소개되었는데, 3일 동안 공연에 10여 개에 이르는 신작을 선보였다.[79] 당대 군산에서의 신파극과 신극 흥행 정도를 확인할 수는 없다. 다만, 이기세 일행이 군산 조선인 유아 교육을 위해 흥행의 대부분을 기부하고, 김소랑 일행이 수익금의 일부를 도시 빈민에게 기부하면서 조선인들의 동정(同情)과 인기를 얻은 것을 알 수 있다. 1928년 토월회가 군산좌에 들러 재공연을 했을 때 공연 기간이 이전에 비해 5일이나 늘었기 때문이다.[80] 무용가 배구자(裵龜子)의 공연 역시 1920년대 군산좌 프로그램을 차지했다. 배구자의 군산 공연은 동아일보와 조선일보 그리고 중외일보사 지국과 지역 일간지 군산일보까지 합세하여 후원할 정도로 세간의 주목을 끌었다.[81][82]

　　1920년대 군산좌는 식민지시기 조선인의 다양한 욕망을 표출하는 공

---

79) 「土月會 群山서 興行, 本報支局 後援으로 三日間」, 『동아일보』 1925년 12월 14일자 (3면). "그동안 남도지방 각지로 순회 중이던 토월회에서는 來15일부터 3일간 본보 군산지국 후원하에 당지 군산좌에서 흥행케 되엿는데 예제는 『사랑과 죽엄』, 『농속의 새』, 『犧牲하던 날 밤』 등을 비롯하야 십여 종 신 각본을 상*할터이라 하며 본보 지국에서는 독자를 우대코저 본보* 외에 할인권을 발행케되엿더라."

80) 「신극 토월회 來演」, 『조선일보』 1928년 12월 26일자(석 4면). "신극계 ***인 경성 토월회 일행이 지난 18일에 來群하야 19일부터 5일간 군산좌에서 공연한다고."

81) 「裵龜子 일행 군산서 공연. 각사 후원으로 대성황 일우워」, 『조선일보』 1926년 12월 16일자(2면). "지난 십이일 군산에 도착한 배구자(裵龜子) 일행은 군산에 잇는 동아, 중외, 조선 삼 지국(支局)과 군산일보의 후원하에 당지에 잇는 군산좌(群山座)에서 이 일간 예정으로 흥행하얏는데 첫날인 십삼일 밤부터 대만원의 상황을 일우엇다더라."

82) 1920년대 군산 지역 공연 단체의 흥행과 관련하여 흥미로운 사실은 언론사의 후원이다. 조선일보와 동아일보가 1920년 창간을 하고 중외일보 역시 1926년부터 발간한 사실에 비춰보면, 이들 언론사의 구독자 할인권 제공과 관람 독려는 신문 판매부수 증가에 주된 목적이 있었다. 그럼에도 불구하고, 동아일보의 활동이 두드러진 것은 동아일보가 당대 청년회 활동을 지도하고 후원한 언론사라는 사실에서도 찾아진다. 청년회 활동 사업 가운데 신문 잡지 구독도 포함되어 있었기 때문이다. 청년회 활동 관련 동아일보 위상은 다음을 참조. 마이클 신(Michael D. Shin), 2006, 앞의 논문, 226쪽.

간이었다. 개인 사업자의 약품 판매 증진을 위해 외화(外畵)를 상영하는[83] 한편으로, 식민지 민족주의 문화운동을 펼치는 공간으로 기능했다. 즉, 1922년 군산 지역 출신 동경재학생 모임인 친목금우회(親睦錦友會)가 문화선전을 표방하고 군산좌에서 소인극(素人劇)을 연출하였다.[84] 공연 목적은 '고학(苦學)'을 강조하는 동경 조선인 유학생 기숙사 건축 기금 마련이었다. 1920년대 초반 식민지 민족주의 우파의 문화운동 추진 주체는 외국 유학생 역시 포함하고 있었기 때문에[85] 동경유학생의 "부모와 형제자매를 상*(相*)할 겸 재동경금우(在東京錦友) 회원 기숙사 건축의 *무(*務)를 대(帶)한" 문예극(文藝劇) 공연에 지역 단체와 유지들의 기부금 400원이 모아졌다.[86] 군산청년회 역시 청년회 창립 취지 선전 및 대중의 이해를 구하기 위해 1923년 군산좌에서 영화 흥행을 했다.[87]

---

83) 「시민위안 映寫大會」, 『조선일보』 1928년 11월 19일자(석 4면). "今般 시내 *町에 잇는 徐藥房에서는 경성 삼성당 약방의 후원으로 오는 19, 20일 양일간 군산좌에서 시민위안영사대회를 개최한다는데 靈神丸이나 世傳보*라는 약을 40錢 어치를 사는 분에게는 무료 입장케한다 하며 寫眞은 전부 洋寫로 선택하여 상영키로 하엿다고."

84) 「동경재학생으로 조직된 친목금우회(親睦錦友會) 소인극단을 조직하여 군산좌에서 흥행」, 『동아일보』 1922년 7월 7일자(4면). "군산 옥구에 재적(在籍)한 동경재학생측 중으로부터 친목금우회(親睦錦友會)를 조직한 바 금 전반기 방학을 이용하야 문화선전의 취지로 소인**극단을 조직하야 7월 16, 17일 양일간 군산좌에서 흥행할터이라더라."

85) 민족주의 교육 및 공공사업 등을 포함한 문화운동의 수행 주체로 설정된 그룹은 "일찍이 관리 신분 가졌던 자, 외국유학생, 조선의 중소학교 졸업자, 면역소(面役所) 서기원(書記員)" 등 신지식층과 농촌 유지들이었다. 박찬승, 1992, 『한국근대정치사상사연구-민족주의 우파와 실력양성운동론』, 역사비평사, 222쪽.

86) 「東京苦學生 文藝劇, 群山座에서 「螢光」이라는 제목으로 開演」, 『동아일보』 1922년 8월 8일자(4면). "기보한 바와 如히 群山沃溝在住人으로서 현해탄을 渡하여 장래 원대한 희망을 抱하고 異域風土인 東京에서 螢雪의 苦를 嘗하는 우리 고학생 일동은 금번 하기휴가를 이용하야 부모와 형제자매를 相*할 겸 在東京錦友회원 기숙사 건축의 *務를 帶하고 고향인 군산에 歸省한 同時文藝團이라는 극단을 조직하고 去 7월 초순에 群山座에서 개연코자하얏던 바 불의의 사정으로 인하야 중지하얏더니 便히 7월 28, 9 양일에 비로소 행연하얏는대 제 1일의 演題는 『螢光』이얏고 제 2일은 『太陽』인 바 일반 관객에게 兩* 共히 호감을 與하얏스며 當地 13 단체는 一致後援하얏고 인하야 有志諸氏의 열렬한 동정금이 4백여원에 달하얏다더라."

　이와 같이, 1920년대 초반 청년회 주도 영화 상영은 3·1운동 이후 식민 제국의 문화 정치에 부응하거나[88] 이에 경합하면서 이뤄진 조선인 우파 민족주의 문화운동의 일환이었다.[89] 즉, 당대 '조선신문화' 건설을 위한 청년회 사업은 영화 상영 이외에 강연회, 토론회, 야학회, 운동회 등을 포함하고 있었다. 청년회는 준(準) 학교 교육운동으로 주·야학 강습소와 노동자와 농민 대상 야학 활동을 펼치며 '정신수양'과 '교육'을 목표로 하였다. 농장 지대가 넓게 펼쳐진 군산 지역의 특성상, 노동조직 야학 주최 순회 영화 상영은 대상 지역도 넓었고 지역 단체로부터 광범위한 호응도 불러일으켰다. 구체적으로, 군산의 정미(精米)공장 미선(米撰)노동조합이 결성한 야학 단체가 '순회활동사진대'를 조직, 노동자 아동을 대상으로 교육 장려 목적 활동사진을 상영한 것이다.[90] 동 야학은 군산의 '교육후원회'와 '진남구락부(鎭南俱樂部)' 그리고 동아일보의 후원도 받아 전라남북도 일대 순회 흥행도 계획하였다.[91]

---

87) 「활동사진흥행」, 『조선일보』 1923년 3월 27일자(석 4면). "군산청년회 창립하얏다함은 기보한 바어니와 *회에서는 창립 취지를 일반사회에 선전하며 동정을 구하야 유지코 져 한단활동사진순업부와 교*한 결과 당지 군산좌에서 흥행중이라더라."

88) 식민지의 잠재적 저항을 약화시키기 위한 문화정치는 조선인의 '사회교화'와 '정신의 대상화' 작업이었다. 마이클 신(Michael D. Shin), 2006, 앞의 논문, 269-312쪽.

89) 박찬승의 연구는 1920년대 우파 민족주의의 문화운동과 청년회 활동을 보여주고 있다. 박찬승, 1992, 앞의 책, 217-260쪽.

90) 「群山各精米工場米撰勞動組合夜學 巡回活動寫眞隊組織」, 『동아일보』 1922년 7월 31일자(4면). "群山 各 精米工場 米撰勞動組合에서 赤誠야학을 설립한지 2개년간 米撰 노동자 아동 3백여 명을 교육하든바 금번 하기휴학을 이용하야 사립 계화여학당과 연합하야 수일후에 洋樂及敎育活動寫眞隊를 조직하야 가지고 전남북 각 지방을 순회할 터이라더라."

91) 「군산 敎育獎勵순회활동사진대 조직」, 『동아일보』 1922년 8월 1일자(4면). "기보한바와 여히 군산미선조합에서는 該조합의 운영하는 적성야학교와 군산계화여학교생을 합동하야 교육장려순회활동사진대를 조직하고 호남선 방면을 일일이 순회코저하는대 當地 敎育後援會, 鎭南俱樂部, 동아일보지국, **조합 4개 단체의 후원을 득하야 7월 31일 군산을 출발하야 左記와 如히 순회흥행한다더라. 김제, 부안, *포, 정읍, 고창, 영광, 나주, 목포, 제주, 해남, 강진, 영암, 장흥, 보성, 흥양, 여수, 광양, 순천, 구례, 곡성, 담양, 광주, 남원, 운봉, 장수, 진안, 무주, 금산, 대전, 논산, 강경, 익산, 전주."

　　각지 청년회와 군산 기독교 단체 및 노동조직이 문화운동 차원에서
실시한 영화 상영은 극장 밖에서도 이뤄졌다. 그 과정은 연극 등 공연
예술과 협동으로 진행되었다. 1921년 '통영청년활동사진대'가 군산에서
'교육'을 목적으로 활동사진을 상영했고,[92] 광주의 기독교청년회 소인극
단이 군산공회당에서 상연했으며,[93] 군산 동광청년회 연예부가 충청도
와 대구 경북 지역을 아우르며 순극(巡劇) 활동을 펼쳤다.[94] 또한 이리
(현 전북 익산)의 이리기독교회 단체는 군산에서 '소녀가극회'를 개최하
여 기부금을 마련하기도 했다.[95] 청년회 활동은 상업 극단의 협조를 얻
어 이뤄지기도 했다. 신파 극단 '취성좌' 김소랑 일행이 군산 공연 마지
막 날 벌어들인 금액을 군산 걸인(乞人) 구제를 명목으로 지역 청년회
에 헌금한 것이다.[96] 군산좌가 조선인 교육장으로 이용되는 일은 1930
년대 초반까지 드물게나마 지속되었다. 1930년대 군산의 '유일한 수양기
관이자 교양기관'으로 소개된 '백조회'가 군산극장 무대 공연을 기획하

---

92) 「統營靑年會活動寫眞隊에 群山에서 同情金」, 『동아일보』 1921년 10월 1일자(4면). "통
　　영청년활동사진대 일행이 9월 24일 군산에 도착하여 동지 교육계를 위하야 有志諸氏
　　의 대환영리에 영사하는 동시 참석인사의 동정금이 삼백육십여원인바 씨명 及 금액
　　은 여좌."

93) 「光州基督靑年會巡劇團來群興行」, 『동아일보』 1922년 8월 27일자(4면). "광주기독교청
　　년회소인극단의 來群은 본보에 旣報한 바어니와 8월 21일, 22일 양일을 공회당에서
　　군산 각 단체의 후원으로 오후 8시 황**씨의 사회로 개막되야 *場 인사의 갈채를 득하
　　얏는대 동정금은 좌와 여하다더라."

94) 「働光演藝巡劇團소식」, 『조선일보』 1923년 6월 30일자(석 4면). "군산 동광청년회연예
　　부 일행은 인솔자 김종부 김정우가 공주 지방에서 실패를 당하고 귀군하엿슴으로 *회
　　연예부장 송춘식씨가 단원을 다시 정비하고 조치원 청주를 것치여 영동 방면에서 흥
　　행하고 대구방면을 향할터인데 단원 일동은 소기의 목적을 관철코져 열심과 기예로
　　써 각 지방에 순극(巡劇)하는 중이라더라."

95) 「군산군(益山郡) 이리(裡里)基督敎會經營인 光熙女塾維持費充用을 爲한 少女歌劇會
　　興行」, 『동아일보』 1923년 10월 6일자(4면). "군산군 이리기독교회의 경영인 광희여숙
　　에서든 유지비에 충용키 위하야 9월 28일 군산에 도착하야 當地 영신여학원 내에서
　　소녀가극회를 개하고 草蕗人生이라는 藝題를 흥행하얏는대 동정금이 여좌하엿더라."

96) 「聚星座의 美擧, 最終一日의 興行을 乞人救濟에 提供」, 『동아일보』 1925년 11월 23일자
　　(4면).

고,[97] 1931년 조선인 아동 대상 사립 교육기관 영신유치원 역시 동 극장에서 음악대회를 개최했다.[98]

1920년대 군산좌는 식민권력의 문화정치 전략에 부응 또는 경합하며 문화운동 실천 장소로 기능하는 한편으로, 조선인 공론장 역할을 수행했다. 식민지 상황에서 피식민 조선인 대중은 자신들의 의견을 결집할 공간을 절대적으로 필요로 했다. 특히, 군산과 같이 종족 간 거주지 분할이 명확하고 일본인과 조선인 간 정치경제적 위계가 뚜렷한 지역에서 그것은 더욱 절박했다. 조일신문(朝日新聞)에 실린 1930년생 익명(匿名)의 군산 지역민 구술은 식민 제국의 절대적인 조선인 배타 정책을 말하고 있다.

> "일본 놈들은 바다 쪽, 우리들은 산 쪽에 살았다. 일종의 격리정책으로 일본인가에 근접할 수도 없었다. 일본인은 한국인을 절대로 수용하지 않았다."[99]

위의 증언은 식민 질서 아래 주체적 권리 박탈에 대한 조선인의 분노와 소외를 보여주고 있다. 따라서 조선인 상업 중심지 죽성동 군산좌/조선인 거주지 인근에 설립된 개복동 군산극장은 조선인 의견 결집과 의제를 조직화하는 공론장으로 기능할 가능성이 충분하였다. 즉, 1926년

---

97) 「白鳥會 試演」, 『조선일보』 1930년 3월 12일자(석 3면). "군산 청년의 유일한 수양긔관이며 교양긔관인 백조회에서는 근일 제 삼회 시연을 군산극장에서 공개하려고 준비에 분망중인 바 남녀 이십여 명의 출연 연습의 맹열히 향상된 기술로 군산 극 팬의 갈채를 독점하고야 말이라는 바 예데는 다음과 갓더라. 1. 일편단심 전 3막 2. 카페의 일야 전 1막 3. 눈물겨운 사랑 전 2막."

98) 「영신유원에서 음악회 개최, 본보지국 후원」, 『중앙일보』 1932년 11월 10일자(3면). "군산에 하나 밧게 업는 영신유치원(永信幼稚園)은 그간 빈약한 가운대에서 진행하여 오든 바 十八일 본보 군산지국 후원으로 군산극장에서 음악대회(音樂大會)를 개최하엿는데 대성황이엇다고 잇다 한다" ; 김중규, 2001, 앞의 책, 189-190쪽. 영신유치원은 1922년 9월 1일 설립된 영신학원에 의해 운영되었는데, 영신학원은 야학인 영신여학원과 여자청년조직 역시 결성했다.

99) 「백년의 기억 4: 한국에 남아있는 일본가옥」, 『朝日新聞』 2009년 7월 3일자(석간).

군산부민대회는 군산좌에서 열렸는데, 군산부민대회 개최를 앞두고 구복동에 모인 준비회의는 조선인의 공론을 결집하는 작업이었다. 조선인들이 논의한 군산부민대회 안건은 조선인 학교 증설과 도평의원 선출 문제에서부터 도로개선, 하수(下水) 처리와 공동변소 및 공동묘지 증설 등 일상생활 위생과 편의에 관련된 문제였다.[100] 1928년 열린 '운송합동(運送合同)반대시민대회' 역시 군산좌에서 개최되는 등[101] 조선인 공론장으로서의 극장의 역할은 군산극장으로 전환된 1930년까지 계속되었다. 1930년 군산극장에서 열린 군산시민대회는 조선인 대상 교육 기관인 군산 제2보통학교 기부금 문제와 기성위원 책임 문제를 다루고 있었기 때문이다.[102]

군산좌/군산극장이 조선인 집결 장소로 기능한 사실은 식민 통치자로 하여금 극장을 사상적으로 불온한 장소로 인식하기에 충분했다. 그와 같은 시선은 극장에서의 조선인 집회의 성격뿐만 아니라 집회를 주도한 인물의 정치적 성향에 의해서 강화되었다. 1926년 군산부민대회 준비회의 사회(司會)를 맡은 차주상(車周相)이라는 인물의 이력을 살펴보면 이

---

100) 「군산부민대회 8일 군산좌에서」, 『조선일보』 1926년 8월 8일자(1면). "지난 4일 오후 9시에 군산부 九福洞 金洪斗氏 댁에서 車周相씨의 사회로 군산부민대회준비회를 開하고 임시의장 김홍두씨가 피선되야 즉석에서 준비위원을 아래와 가티 선거한 후 좌와 如한 대회에 제안할 議案과 時日 及 場所를 정하고 同 11시 30분에 散會를 하엿다는데 府民들은 누구를 물론하고 다수 참석과 조흔 考案이 잇기를 바란다더라. * 준비위원 조선인 이상 15인. * 議案 1. 下水*修*의 건 2. 第二公普校 증설의 건 3. 도로개선의 건 4. 갑종상업학교 설치의 건 5. 군산중학교를 道立으로 移管하야 日鮮人 共同 通學의 건 6. 道評議員 二人中 一人을 鮮人으로 官選의 건 * 附外 1. 공동묘지 증설의 건 2. 街燈 증설의 건 3. 공동변소의 건 * 시일 及 장소 來八日(일요일) 오후 7시부터 군산좌에서."

101) 「운송합동반대 群山시민대회, 群山座에서 개최」, 『동아일보』 1928년 2월 22일자.

102) 「群友會 주최 群山시민대회, 제이보교 기부금과 기성위원 책임문제로, 來 십이일 군산 극장에서」, 『중외일보』 1930년 4월 6일자(4면). "지난 삼일 오후 칠시 삼십분부터 군산부 강호명 박영희(朴永熙)씨 집에서 군산시민대회 준비위원회(群山市民大會 準備委員會)를 개최하고 군산제이보통학교 긔부금(群山第二普通學校寄附金) 문제와 동교 긔성위원(期成委員) 책임에 대하아 시민대회(市民大會)를 개회하기로 결의를 하얏든바 시일은 오는 십이일 오후 칠시라 하며 장소는 군산극장(群山劇場)이라더라."

와 같은 해석이 타당해진다. 차주상은 1923년 동아일보 군산지국 총무로 활동했는데,[103] 이로 인해 그가 조선인 청년회 활동에 적극 참여했을 것으로 짐작된다. 게다가 군산부민대회 이후 차주상의 행적은 그의 정치적 성향을 직접적으로 보여주고 있다. 즉, 1929년 4월 4일 중외일보 기사는 경기경찰부 중대 사건으로서 전북을 중심으로 조직된 공산주의 비밀결사 활동 인물 검거를 발표하였다. 서울로 호송되는 총 24명의 피검자 가운데 차주상 이름의 발견되면서,[104] 그가 군산 지역에서의 수행한 활동의 성격을 짐작하게 한다.

이와 같이, 조선인 공론과 대중을 결집시키는 종족 공간으로서 군산좌/군산극장은 식민권력에 대한 저항 발생, 적어도 식민통치를 불편하게 만드는 정치적 장소였던 것이다. 따라서 식민 제국의 감시의 시선은 극장으로 향할 수밖에 없었는데, 극장 인근 송방 골목에 자리한 군산경찰서의 존재가 그것을 증거하고 있다.

V. 극장가기 경험과 조선인 타자화(他者化)

죽성동과 개복동의 군산좌/군산극장은 식민지 질서 아래 조선인을 계몽, 교육하고 공론을 결집하면서 억압된 조선인의 목소리를 한시적이나마 분출하는 장소가 되었다. 이러한 이유로 식민지 조선인은 조선인 전용 극장을 필요로 하였는데, 이러한 소망은 1932년 군산극장의 "조선상설관" 전환으로[105] 이뤄지는 듯 보였다. 하지만 '조선'을 강조한 극장 개

---

103) 「本社群山支局職員變更, 總務 車周相氏 記者 崔東合氏 辭免으로 朴之喆氏를 總務兼記者로 任用」, 『동아일보』 1923년 6월 13일자(4면).

104) 『중외일보』 1929년 4월 5일자 기사는 다음과 같은 제목의 기사를 실었다. 「전북 중심으로 조직된 공산주의 비밀결사, 이미 검거된 자 文仲賢 외 24명, 금후엔 전라남도로 검거의 손이 미칠 듯, 경기경찰부 중대 사건」. 김봉우 편, 1991, 『일제하 사회운동사 자료집－지방별 기사모음』 10 전라북도, 도서출판 한울, 46쪽.

관은 조선인 욕망의 달성이라기보다 당대 지역의 식민 도시화 과정 심화와 영화산업 이해가 맞물린 결과였다. 아래의 두 기사를 읽어보기로 한다.

> "군산에 잇서서는 일본인 본위로 상설관(常設舘)이 잇슬뿐이고 그 외에는 군산극장이 잇서 신극 혹은 영화 등을 간혹 개연하야 왓는데 지난 12일부터는 동 군산극장을 조선상설관(朝鮮常設官)으로 하야 금후로는 개연치안는 날이 엄게되며 사진은 경성에 있는 긔신양행(紀信洋行)의 배급을 밧기로 하얏다 한다."[106]

> "오래동안 일반 유지들이 기다리든 조선인측(朝鮮人側) 상설관이 금번 군산극장을 경영하는 송미인평(松尾仁平)씨가 인수하야 (休舘)치 아니하고 상설하기로 하였다 한다."[107]

1920년대에 걸쳐 조선인을 결집시키고 조선인을 대상으로 영업한 군산좌가 1930년대 초반에 들어 조선상설관으로 명명한 배경은 무엇일까? 1930년대 중반에 들어, '전국적인 극장업 시장이 확대되면서 이윤 창출의 경제적 사업으로서 극장 성격이 강해지고 민족적 성격이 약화'되었다는 지적을[108] 고려했을 때, 군산극장이 굳이 '조선'을 호명한 이유가 궁금해진다. 군산극장의 조선인 대상 행사가 그리 많지 않았고, 조선인의 희소관 영화 관람이 불가능한 것도 아니었던 사실에 비춰보면[109] 궁금증은 더욱 커진다. 이에 대한 답변은 우선 식민지 조선인이 부여한

---

105) 1932년 이전까지 비상설관이었던 군신극장은 1927년 10월 활동사진상설관 기록에도 발견되지 않는다. 한국영상자료원 편, 2009, 앞의 책, 283쪽.

106) 「군산에 상설관」, 『동아일보』 1932년 11월 16일자(4면).

107) 「群山劇場에서 朝鮮常設官 兼營」, 『중앙일보』 1932년 11월 20일자(3면).

108) 이호걸, 2009, 앞의 논문, 19-43쪽.

109) 시인 고은은 「나운리 방앗간집 마누라」라는 시를 통해 희소관 일본 활동사진을 보고 집으로 돌아오는 조선인 여성을 이야기하면서 그녀를 '기생'에 빗대고 있다. 고은, 2010, 「나운리 방앗간집 마누라」, 『만인보』 4·5·6, 창비, 439-440쪽.

극장의 의미에서 찾아질 것이다. 종족 간 접점, 즉 조선인 빈민 거주지 초입의 군산극장의 조선상설관 전환은 적어도 조선인 유지에게 있어서 정치적이고 상징적인 의미로 다가왔을 것이다. 종족 간 정치와 경제는 물론 문화적 위계가 뚜렷하고 절대 다수 조선인이 빈곤에 처한 상황에서 조선상설관 등장은 게토(ghetto)화된 영역이나마 조선인에게 '자유로운' 공간을 의미하기 때문이다.

하지만 군산극장의 조선상설관 전환과 함께 경성의 기신양행 영화 배급 결정은 1920년대 후반 조선 최초 외화 전문 배급사 기신양행의 등장과 영화산업 시장의 전국적 확대를 상기해야 할 대목이다. 즉, 1927년 이미 전남 목포의 목포극장은 기신양행과 협약을 체결하고 전국적인 배급라인에 포함되어 외화를 상영하고 있었다. 이에 비해, 조선인 소비 시장 규모가 상대적으로 작았던 군산극장은 전국적인 외화 배급망으로 포섭되는데 여타 지역과 달리 상대적으로 많은 시간이 필요했던 것이다.

무엇보다도, 군산극장의 조선상설관 전환은 1930년대 조선인 인구 증가와 조선인 문화 소비 시장의 변화에서 찾을 수 있다. 1932년 10월 1일 군산부(群山府)의 구역 확장으로 조선인 인구수는 더욱 늘어났는데, 극장의 입장에서 보아 이들은 잠재적인 영화 관객이었다. 더불어 동 시기 군산 일본인과 조선인 모두 문화 향유 및 취향의 다양화를 경험하는 과정에 놓여 있었다. 1930년대 중반 경성의 미나카이(三中井) 백화점 지점이 군산 명치통(현 중앙로 1가)에 문을 열었고, 조선인 거리 송방골목에 조선인이 세운 동아백화점이 등장했다. 이곳에서 일하는 조선인 여점원은 유곽의 기생과 마찬가지로 극장 관객의 일부가 되었을 것이다. 조선인 문화 시장 역시 이전과 다른 모습을 보였는데, 1932년 군산 극예술 동호인(同好人)이 창작 무대를 조직하여 군산극장에서 회동한 것은[110]

---

110) 『매일신보』 1932년 5월 14일자 다음과 같은 기사를 싣고 있다. "극예술을 연구하고자 在鄕 동호자가 창작무대를 조직하고 군산극장에서 지난 9, 10일 양일간 모임을 가짐." 김태웅, 2004, 앞의 책, 242쪽.

이들 활동이 상시적 극장 운영을 위한 자원으로 동원될 수 있음을 의미했다. 게다가 한글로 쓰인 '군산춘추(群山春秋)'가 발간되는 등[111] 1930년대 군산은 조선인 문화 향유 계층 범위가 넓어지고 취향의 분화가 전개되고 있었다.

하지만 '군산극장에서 조선상설관 겸영(兼營)'이라는 소식은 조선인 관객 입장만으로 극장을 운영할 수 없음을 말해주었다. 1929년 이미 군산의 미곡 이출은 여타 개항장 인천과 부산 등과 비교하여 최고조에 달하여[112] 조선인 빈곤은 한층 심화되었다. 1932년 군산의 조선인 숫자는 전년보다 200명이 늘어나 인구수 16,900명에 가구 3,286호에 이르렀지만, 조선인 공과호(公課戶) 숫자는 600호 감소하였다.[113] 빈곤으로 인해 조선인의 토지 소유 면적은 일본인 소유의 10분의 2에 그쳤고, 토지 가격은 단지 20분의 1에 불과했다.[114] 게다가 인근 농촌 유민들의 군산 시내 유입과 부랑(浮浪) 그리고 때마침 여름철 가뭄과 식수난으로[115] 조선인의 경제적 빈곤은 절대적인 상황에 이르렀다. 조선인 가계(家計)의 곤란은 1930년대 중반까지 계속되어 경제적 여유가 있는 조선인 가정의 아동조차도 영양 부족과 위생 문제에 노출되었다.[116] 따라서 극장 운영

---

111) 「조선글자로 된 군산춘추(群山春秋) 발간」, 『매일신보』 1932년 6월 6일자. 김태웅, 위의 책, 244쪽.

112) 『매일신보』 1930년 1월 17일자. "소화 4년도 각 항의 이출미량을 살펴보면 군산항이 총 250,963石으로 인천, 부산 등 다른 항구에 비하여 최고의 성적을 나타냄." 김태웅, 위의 책, 185쪽.

113) 「군산조선인 萬六千九百 호수는 三천二백八十六호 작년보다 二百名 증가」, 「인구는 증가하나 公課戶數 격감. 작년보다 근 六백이 주러드러 생활몰락 여실 증명」, 『동아일보』 1932년 6월 28일자. 김봉우 편, 1991, 앞의 책, 91쪽.

114) 『동아일보』 1933년 4월 15일자. "群山府 朝鮮人 富力 일본인 소유와 비교하지 못할 현상. 土地價格은 廿分一 所有面積은 十分二." 김봉우 편, 위의 책, 91쪽.

115) 『매일신보』 1932년 6월 4일자. "최근 군산의 시가에는 먹을 것이 없는 부근의 농촌 유난민이 모여들어 룸펜으로 홍수를 이루고 있어 사회적인 문제로 대두됨." 김태웅, 2004, 앞의 책, 244쪽 ; 『매일신보』 1932년 7월 6일자. "군산 지방에 가뭄으로 인해 마실 물이 고갈되어 시내의 우물마다 음수 쟁탈이 일어남." 김태웅, 2004, 위의 책, 247쪽.

을 위해 일본인 관객을 불가피하게 입장시킬 수밖에 없었던 군산극장에게 '조선상설관' 명명은 단지 수사(修辭)에 불과한 것이었다. 절대 다수 조선인에게 극장가기 경험은 여전히 일상 밖의 일이었다. 1930년대 후반 극장 영화 관람에 대한 다음의 구술은 '조선상설관' 군산극장 관객 및 관객성 그리고 극장의 장소성을 보여준다.

"여기가 일종의 품위 있는 사회여, 전북 군산이. 여기는 주로 일본사람들이 살았으니까. 우리들은 변두리에서 살고 있고, 생활이 어려우니까. 광주나 이런 데는 한국 사람들이 많이 살고 엉켜있으니까 여러 가지가 있지만. 이런 데는 왜정시대 함부로 시내에 누가 와서 놀고 그러지를 못하더란 말이여, 품위 있는 도시라. 일본 사람들이 사는 도시들 전부가."[117]

"(극장이 조선인들의 입장을) 일부러 안 시키지는 않지. 왜냐면(그런데—필자 주) 그때 한국 사람들 오면 떠들고 추잡하다고 그러는 게 있으니까. 거기 갈라면 조심스럽게 가야지, 창피 안 당할라면. 지금 생각하면 그럴 수 있는 시대였지만, 그때만 해도 기가 죽어서 한국 사람들이 조용히 떠들지 않고 가서 보고 그랬지. 그때는 '옐로깽'(서부영화—필자 주)이라던가 '잔잠바라'(일본 칼싸움 영화—필자 주)던가 영화 보고 말이여."[118]

---

116) 「普校兒童 四割이 蟲齒 영양부족과 회충류도 만허 兒童保健上 大問題」, 『동아일보』 1935년 11월 24일자(3면). "금년 4월에 군산 보통학교 아동 680명에 대하야 조사한 바에 의하면 그들은 대체로 군산부내 조선인으로서는 유족(有足)한 생활을 하는 아동들인데 불구하고 영양불량으로 발육불량이 2활 이상이고 회충 보유자도 근 3활가량 되는 현상인데 특히 놀랄 것은 충치 보유자가 680명 중 279명으로 4활 이상이 되는 현상이라고 하야 아동위생상 경홀히 할 수 없는 중대한 문제라고 한다."

117) 군산 鄕土史家 김양규의 구술. 김양규는 1927년 군산에서 출생하여 1939년 군산 신풍공립보통학교와 1944년 교육 중등과정에 해당하는 이리농림학교 임업과를 졸업했다. 이후, 군산 고려제지에서 취직하여 몇 달 동안 일했다. 일본인과의 월급 차이에 불만을 품고 퇴사한 지 얼마 있지 않아 해방을 맞이했다. 김양규의 선친은 식민지시기 군산의 米作 지대인 沃溝郡 米面 면장으로 일했다. 선친 덕분에 "생활에 여유가 있었다"고 술회하는 김양규는 보통학교 졸업 이후 농림학교 입학하기 이전 친형과 함께 군산극장에서 영화를 관람했다. 영화 관람 횟수는 많지 않았다. 김양규는 오랜 동안 교직 생활 이후 군산시 군산문화원장을 역임했고 현재 향토사가로 활동 중이다(인터뷰 일자 2010년 5월 4일).

　구술자가 일본인 도시 군산을 '품위 있는' 도시로 인식한 것은 농림학교까지 진학할 수 있었던 극히 일부의 조선인, 그 가운데 식민 논리에 포획된 지역 엘리트의 생각일 뿐이다. 그럼에도 불구하고, 위의 증언은 조선인 일반인에게 영화 관람은 물론 극장에 가는 것조차 요원(遼遠)한 일이었음을 솔직하게 전하고 있다. "여유가 없는 가난한 조선인이 가뭄에 콩 나듯" 했던 극장은 조선인에게 영화 관람을 "일종의 귀족들의 생활"로 인식하기에 충분했다. 조선상설관이었지만 경제력이 취약한 조선인 대중에게 극장 출입은 제한적이었고, 조선인을 열등한 존재로 바라보는 일본인의 시선은 조선인의 심리를 위축시켜 영화 관람마저도 자기 검열을 수행하도록 만들었다. 위계화 된 질서의 일본인 중심 도시 군산의 극장가기 경험은 타자화 된 존재로서 조선인 정체성을 환기시키는 경험을 제공했다. 1930년대 초반 호명된 '조선상설관'은 시간이 지날수록 의미를 상실해 갔으며, 그와 같은 사정은 1930년대 후반 조선사회 전체가 전시동원체제로 돌입하면서 더욱 가속화되었다.

Ⅵ. 맺음말

　이 글은 식민지 개항도시 군산의 공간 특성과 극장 프로그램 그리고 관객성을 검토하여 극장의 장소성을 밝히고 있다. 군산은 식민 제국을 위한 절대적인 미곡 수탈 도시로 기획되면서 일본인이 조선인보다 정치·경제·문화에 있어서 우세한 헤게모니를 장악하였다. 전형적인 이중적 도시 공간 성격을 보인 군산은 도시 주변에 조선인 거주지를 형성시켰다. 조선인 빈민 거주지와 유곽이 인접한 장소에서 문을 연 극장은 언제든

---

118) 김양규 구술(인터뷰 일자 2010년 5월 4일). 京城興行協會가 1940년 11월 1일 이후 양화 상영 금지를 실시한 사실에 비춰, 김양규의 '옐로깽' 관람은 양화 금지 조치 직전의 일이었다.

지 사회적 범죄 및 도덕적 타락이 발생할 수 있는 잠재적 불온의 공간이었다. 종족 간 위계와 주거지 분리가 명확한 도시의 특성은 극장 프로그램에 반영되었다. 식민지시기 군산좌/군산극장은 조선인 대상 영화 상영과 공연 그리고 공적 행사를 펼치면서 조선인의 공론장 역할을 수행하였다.

무엇보다도 식민지시기 군산의 극장은 식민 제국 문화정치와 조선인 민족주의 문화운동이 펼쳐진 문화실천의 경합 장소였다. 식민지시기 조선인 관주(館主)를 찾아볼 수 없었던 군산에 1930년대 들어 군산극장이 조선상설관으로 전환되었다. 조선상설관 등장은 조선인 유지에게 정치적·상징적인 의미를 지녔지만 조선인 절대 다수의 경제적 빈곤으로 인해 조선상설관의 의미는 무색해졌다. 조선인 대중에게 극장은 일상생활 세계 경험의 일부가 되기에 너무나 멀리 있는 존재였다. 경제적으로 여유로운 일부 조선인에게도 사정은 마찬가지였다. 일본인 중심 도시 군산의 조선인은 열등한 존재로 평가되었기에 그들의 영화 관람은 식민 질서의 타자라는 사실을 환기시킬 뿐이었다.

도시 구조와 특성을 전제로 한 생활문화사 측면에서 극장의 장소성 의미를 규명하는 작업은 지역민의 일상사에 대한 치밀한 파악과 함께 이뤄져야 한다. 따라서 자료의 한계로 본 연구가 경성의 일간지에 주로 의존한 것은 지역 사회 극장의 장소성을 구명하는데 어려움으로 작용하였다. 더불어 도시 빈민 및 유곽과 관련된 극장의 장소성과 식민지 문화 실천 경합장으로서 극장 의미를 파악한 시기가 1920년대에 주로 집중된 것에 비해, 극장가기 경험과 관객성 연구는 1930년대에 주목한 점 역시 한계로 지적된다. 다만 식민지시기 지역 도시 대중문화 연구를 위한 문헌 자료는 물론 생활경험으로서의 극장 문화를 살필 수 있는 구술 증언 채록 역시 쉽지 않다는 사실을 밝혀둔다. 식민지시기 전 기간을 아우르는 군산 지역 대중문화사에 대한 심층적인 분석과 풍요로운 해석은 향후 과제로 남겨둔다.

◆참고문헌◆

1. 자료

『동아일보』, 『매일신보』, 『조선일보』, 『朝日新聞』, 『중앙일보』, 『중외일보』 『황
　　　성신문』

국사편찬위원회 한국사데이터베이스 http://db.history.go.kr/url.jsp?ID=im_215_13304.

군산부, 1935, 『군산부사』.

군산사랑 http://www.gunsansi.co.kr/treatise/history_data_6_1.html.

서울대학교 전자도서관 http://sdl.snu.ac.kr/index.jsp.

영화진흥공사, 1977, 『영화연감』, 커뮤니케이션북스.

전 군산시 군산문화원장, 향토사가 김양규 구술(인터뷰 일자 2010년 5월 4일).

조선총독부철도국 편, 2000, 『군산 · 군산안내 · 호남선 · 목포대관』, 경인문화사.

2. 저서

고　은, 1994, 『나, 고은(高銀): 고은 자전(自傳)소설』 1, 민음사.

＿＿＿, 2010, 『만인보』 4 · 5 · 6, 창비.

고석규, 2004, 『근대도시 목포의 역사, 공간, 문화』, 서울대학교출판부.

김경일, 2004, 『한국 근대 노동사와 노동운동』, 문학과 지성사.

김봉우 편, 1991, 『일제하 사회운동사 자료집－지방별 기사모음』 10 전라북도,
　　　도서출판 한울.

김영정 · 소순열 · 이정덕 · 이성호, 2006, 『근대 항구도시 군산의 형성과 변화:
　　　공간, 경제, 문화』.

김중규, 2001, 『군산역사이야기: 고지도와 옛 사진으로 풀어본 군산역사』, 나인.

김태웅, 2004, 『군산근현대기사색인집 I (1898~1945)』, 군산대 인문과학연구소.

박선홍, 1994, 『광주 1백년』 2, 금호문화.

박찬승, 1992, 『한국근대정치사상사 연구－민족주의 우파와 실력양성운동론』,

역사비평사.

保高正記 編, 2000, 『群山開港史·全南海岸竝島礒状況·全南道勢一班』, 경인문화사.

에드워드 렐프(Edward Relph) 저(김덕현·김현주·심승희 역), 2005, 『장소와 장소상실』, 논형.

이-푸 투안 저(구동회·심승희 역), 1995, 『공간과 장소』, 대윤.

정근식·김민영·김철홍·정호기, 1995, 『근현대의 형성과 지역 엘리트』, 새길.

채만식, 1994, 『탁류』, 문학과현실사.

한국영상자료원 편, 2009, 『1910 식민지시대의 영화검열 1934』, 한국영상자료원.

홍성철, 2007, 『유곽의 역사』, 페이퍼로드.

3. 논문

구희진, 2009, 「근대기 군산사람들의 삶과 도시공간의 이해」, 김종수·김민영 외, 『해륙의 도시, 군산의 과거와 미래』, 선인.

김태웅, 2009, 「근현대 군산을 둘러싼 기억과 역사의 충돌」, 김종수·김민영 외, 『해륙의 도시, 군산의 과거와 미래』, 선인.

_____, 2009, 「일제하 군산부에서 주민의 이동사정과 계층분화의 양상」, 『한국민족문화』 35, 부산대학교 한국민족문화연구소.

마이클 신(Michael D. Shin), 2006, 「'문화정치' 시기의 문화정책, 1919~1925년」, 김동노 편, 『일제 식민지 시기의 통치체제 형성』, 혜안.

문재원, 2010, 「문화전략으로서 장소와 장소성-요산 문학에 나타난 장소성을 중심으로-」, 부산대학교 한국민족문화연구소 편, 『장소성의 형성과 재현』, 혜안.

박영정, 2008, 「가극 〈열세 집〉에 나타난 초기 가극의 한 양상」, 『한국극예술연구』 28, 한국극예술학회.

박종현·권영·이채성, 2006, 「일제강점기 신도시 공간구조 분석-군산시의 사례를 중심으로-」, 『계획계』 22, 대한건축학회.

변화영, 2004, 「소설 『탁류』에 나타난 군산의 식민지 근대성」, 『지방사와 지방문화』 7-1, 역사문화학회.

서지영, 2009, 「상실과 부재의 시공간: 1930년대 요리점과 기생」, 『정신문화연구』 32, 한국학중앙연구원.

윤정숙, 1985, 「개항장과 근대도시 형성에 관한 역사지리적 연구: 군산항을 중심으로」, 『지리학』 20, 대한지리학회.

이석환·황기원, 1997, 「장소와 장소성의 다의적 개념에 관한 연구」, 『국토계획』 91, 대한국토·도시계획학회.

이호걸, 「식민지 조선의 문화사업, 극장업」, 성균관대학교 대동문화연구원 학술발표회 자료집 『근대 미디어로서의 극장과 식민지 문화 장의 동학』, 2009년 5월 16일.

전북향토문화연구회, 2003, 「자료 전북언론연표(1904~1955)」, 『전라문화연구』 15.

한영숙, 2007, 「일제 강점기 예인들의 사회적 역할과 연주활동」, 『국악교육연구』 창간호, 한국국악교육연구학회.

/제8장/ 이즈모야 제과점: 빵의 유입과 수용*

오 세 미 나 전북대학교

Ⅰ. 머리말

서양의 음식으로 여겨졌던 빵이 우리들의 식생활에 깊이 침투되어 있고, 이를 증명이라도 하듯 우리 주변에는 제과점들이 나날이 많아지고 있다. 그런데 이러한 현상은 그리 오래된 것이 아니다. 한국에 제과점이 자리하게 된 것은 불과 1세기의 역사에 불과하다. 빵은 우리나라에 19세기말 선교사들에 의해 소개되었지만,[1] 제과 기술의 전래와 빵을 소비하는 문화의 확산은 일제시기와 깊은 관련이 있다.

빵이 한국사회에 뿌리내린 역사는 짧은데, 빵의 전래와 수용에 있어

---

* 이 글은 『지방사와 지방문화』(2012)에 게재된 필자의 논문 「일제시기 빵의 전래와 수용에 대한 연구－군산의 근대 제과점 이즈모야[出雲屋]를 중심으로－」를 수정·보완한 것임.

1) 우리나라에서의 빵의 전래는 구한말에 비밀리에 입국한 선교사에 의해 이루어졌으나 확실한 연대나 선교사의 이름은 알 수 없다. 당시에는 선교사들이 숯불을 피운 후에 떡시루를 엎고 그 위에 빵 반죽을 올려놓은 다음 오이 자배기(주 둥글납작하고 아가리가 쩍 벌어진 질그릇)로 덮어 화로를 만들어 빵을 구웠다. 제품의 모양이 마치 우랑과 같다고 하여 '우랑떡'이라고 불렀는데 이것이 최초로 소개된 빵 과자로 알려져 있다. 당시 빵은 면포라 불렀고, 카스텔라는 눈처럼 희다고 하여 설고라고 부르기도 했다(윤태원, 2008, 「한국 제과 제빵 상품의 변천과정에 관한 연구」, 경기대학교 관광전문대학원 석사학위논문, 12쪽).

일본의 식민지배는 매우 중요한 요인이다. 즉 일제시기를 통해서 한국에 들어온 빵과 관련된 문화는 일본의 빵 문화와도 직접 연관 지어서 생각해야 하는 이유가 여기에 있는 것이다. 예를 들어서 한국 사람들이 소비하는 빵, 특히 팥 앙금이 가득 들어간 단팥빵은 서구에서 볼 수 없는 동양만의 독특한 빵이다. 단팥빵은 서구의 빵이 일본으로 전해지는 과정에서 일본인의 입맛에 맞게 변형되어 탄생되었다. 그 후 일제시기 한국에 전해지면서 우리들의 입맛에 맞게 변형되어 한국의 대표적인 빵으로 자리 잡았던 것이다.

일제시기 이루어진 빵의 전래와 빵과 관련된 소비문화가 확산되었다는 것은 그리 새로운 사실은 아니다.[2] 그러나 구체적인 사례연구가 크게 부족해서 빵과 제과점이 한국사회에 들어오게 된 경위, 일제시기 형성된 빵 문화의 실체를 알 수는 없었다. 본 논문은 국내에서는 처음으로 일제시기 군산지역에서 유명했던 이즈모야제과점에 대한 자료를 발굴해서 지금까지 부족했던 한국의 빵 문화의 전래와 수용에 대한 역사를 추적해 보고자 한다. 이 과정에서 본문에서 다루게 될 내용은 크게 세 가지로 나누어 볼 수 있다. 첫째 일본으로부터 이민 온 히로세 야스타로[広瀬 安太郎]가 어떤 과정을 통해서 군산에 이즈모야 제과점을 세우게 되었는지 그 과정을 알아본다. 둘째 이즈모야가 선택한 운영방식이 구체적으로 어떤 방법들이었고 그것을 근대적인 경영이라고 할 수

---

2) 식민지시기 일본을 통해서 한국에 빵과 과자가 유입되었고, 1925년에는 빵 기술자와 빵집이 생겨났고 소비도 크게 늘었다고 밝히고 있다(노황, 1987, 「빵의 史的 考察과 우리나라 量産製빵業果의 發展」, 『최고경영자과정논문집』 6 ; 조승환, 1985, 「빵 양과자업계의 발전사」, 『식품과학과 산업』 18-2 ; 김정원, 2004a, 『잘먹고 잘사는 법 빵과 과자』, 김영사). 한편, 일제시기 유입된 음식에 관한 연구도 점차 활발해지고 있지만, 주로 왜간장, 아지노모토[味素]와 같이 새롭게 등장한 양념류의 전래 과정을 다룬 연구가 주이다(주영하, 2003, 「음식과 식민주의: 외래문화가 음식민속에 끼친 영향」, 『실천민속학 새책』 4, 실천민속학회, 113-129쪽 ; 장원정, 2008, 「화학조미료: 제국의 맛, '아지노모도' 소금도 설탕도 아닌 이 하얀가루가 뭘꼬?」, 『민족21』 84, ㈜민족21, 142-147쪽 ; 김영연·오창섭, 2008, 「조미료 광고를 통해 본 미각의 근대화 과정」, 『디자인학연구』 21-4).

있는 근거를 제시해 본다. 셋째, 이를 바탕으로 지역 사회에 새로운 맛과 문화를 소개하는 제과점의 탄생이 한국의 근대 문화 수용 과정과 어떠한 관련이 있는지에 대해서도 분석해 보고자 한다.

II. 기존 연구 검토 및 연구방법

1. 기존연구검토

본 연구는 일제시기 군산에 등장했던 제과점 이즈모야(出雲屋)를 통해서 새로운 맛인 빵과 근대화 된 공간인 제과점이 한국인들에게 알려지기 시작했다는 사실에 주목하면서부터 본격적으로 시작되었다. 제과점 이즈모야의 역사를 추적하는 과정에서 일제시기에 진행되었던 근대화 과정과 빵의 전래와 수용을 연결해서 살펴보았다. 기존의 많은 연구에서 식민지시대 진행된 서구화 내지는 근대화에 대한 논의를 충분히 해왔다. 이 논의들을 크게 세 가지 방향으로 정리하면서 필자의 연구시각도 밝혀보고자 한다.

첫째는 근대화가 식민지시기에 이루어졌다는 것을 전면적으로 부정하고 있는 식민지 수탈론이 있다. 이 이론은 근대 문물의 유입이 우리의 물질적·정신적·문화적 자원을 빼앗아갔다는 주장한다. 이는 식민 지배를 착취와 탄압으로 보고 일본으로부터 유입된 문물의 수용을 부정적으로 보는 견해이다. 식민지 수탈론을 주장하는 학자들은 조선시대부터 내면적인 근대화의 움직임을 보였다는 근거를 제시하며, 일제가 우리나라의 주체적인 근대화를 가로막았다고 보고 있다(배성준, 1995 ; 박현채, 1987 ; 안병태, 1982 ; 정연태, 1999 ; 김상훈, 2005 ; 허수열, 1999).

둘째는 식민지시기에 근대화가 이루어졌다는 점을 적극적으로 인정하는 근대화론을 들 수 있다. 다시 말해서 일본으로부터의 근대 문물의 유입이 우리나라 근대화에 기여했다고 보는 입장이다. 식민지 근대화론에서는 당시 일본의 제반 역할에 대해 주목했던 것이다. 일본이 조선을 식민화하면서 정치적인 압제와 경제적인 수탈을 한 점을 인정하면서도 이 시기에 이루어진 철도, 전기, 라디오, 의료와 같은 인적·물적 토대가 한국사회에 끼친 영향을 중시한다(안병직, 1997 ; 조석곤, 1998 ; 이영훈, 1996).

셋째는 식민지 수탈론과 식민지 근대화론의 두 입장이 가지는 한계를 극복하기 위해서 식민지 근대성을 보다 면밀히 관찰하고자 하는 입장을 들 수 있다. 특히 근대 주체들의 구체적인 활동에 초점을 맞추면서 당시에 한국사회 안에서 일어난 사회문화적 변화를 집중적으로 분석했다. 식민지 아래서 근대 문물의 유입은 어떤 사회문화적 영향을 미치고 있었는지를 주목한 것인데, 이때 피식민지들의 주체적인 움직임을 포착하는 것이 중요하다는 점을 역설했다(도면희, 2001 ; 허영란, 2008 ; 공제욱·정근식, 2006).

위의 세 논의들은 식민지시대를 이해하는데 많은 시사점을 주어 온 것은 사실이지만, 저마다 한계와 문제점을 지니고 있다. 기존의 식민지 수탈론과 근대화론은 식민지 시대상을 바라보는데 있어서 서로 상반된 입장을 취하고 있음이 분명하다. 전자는 일제가 자행한 억압과 착취를 강조했고, 후자는 일제가 제공한 개발과 성장을 강조하는 경향이 뚜렷하다. 한편 실천행위를 중시한 근대성 논의에서는 식민지 내부에서 일어난 근대적인 변화상을 포착했지만, 근대주체들의 행위를 실제 현장에서 포착하지 못하고 있다는 문제점이 제기되고 있다. 또한 허영란의 연구에서 지적된 바도 중요한 한계이다. 근대의 주체는 과연 단순히 구조적 모순 때문에 투쟁에 나설 수밖에 없는 동원된 주체이며 단일한 주체인지에 대해 의문이 바로 그것이다.[3] 이러한 한계점을 충분히 인식하면

---

3) 허영란, 2008, 「일제시기 생활사를 보는 과점과 민중」, 『역사문제연구』 20, 역사문제연

서 본 논문에서는 일제시기 이후 빵의 전래 과정과 제과 공간에서 움직이고 있었던 다양한 근대 주체들의 행위를 선험적인 이론의 틀에 맞추기보다는 구체적인 현장에서 드러난 실제 경험을 포착해 보는 방법으로 분석해 나가고자 한다.

2. 연구방법: 연구지역와 연구과정

필자는 해방 이후 한국에서 가장 오래된 제과점이 군산 지역에 있다는 사실을 알고 그곳을 방문하게 되었다. 그 제과점에서 뜻밖의 이야기를 듣게 되었다. 해방 이후가 아니라 일제시기 일본제과점이 있었던 곳이라는 사실을 현 제과점 주인으로부터 들을 수 있었다. 원래 필자는 빵의 전래에 대해서 호기심을 가지고 있던 터여서 일제 시기 그 자리에 있었던 제과점에 대한 자료를 구하기 시작하였다.

이 제과점은 군산 시내 중앙에 자리를 잡고 있으며, 현재 군산을 대표하는 제과점이라는 평도 듣고 있다. 지역민들이 많이 찾는 곳으로 이용객들은 빵맛이 좋다고 인정하고 있고 그 비결을 오래된 빵집이라는 데에서 찾기도 한다. 필자는 오랫동안 제과점을 지켜온 것에 대해 자부심이 강한 주인의 이야기를 듣고 당시 제과점의 역사를 거슬러 올라가다 보니 이즈모야를 만나게 된 것이다. 하지만 일제시기 제과점과 관련한 자료를 찾기란 매우 어려운 일이어서 한 동안 연구를 진척시키기 어려웠다. 어느 날 주인으로부터 이즈모야를 운영했던 초대 경영주의 손녀딸인 야마다 쯔루코[山田鶴子]와 8년 전 일본에서 만난 적이 있다는 사실을 듣게 되었다. 이후 그녀와 접촉을 시도하였고, 2011년 3월과 4월 두 차례 일본을 방문하여 야마다 쯔루코와 면담을 진행하였다. 면담을 통해 일제시기 군산지역의 생활상, 이즈모야의 운영에 관한 소중한 이

구소, 121-137쪽.

야기를 들을 수 있었다. 일제시기 제과 관련 기록 자료를 찾기 어려운 상황에서 구술자와의 면담에서 얻은 생생한 구술 자료는 중요한 사료로써 가치가 있었다.[4]

야마다 쯔루코는 기억뿐만 아니라 이즈모야와 관련된 사진 및 관련 자료들을 소장하고 있었다. 이즈모야 제과점이 시대별로 달라진 모습과 제과점을 배경으로 혹은 그 주변에서 찍은 사진, 가족사진 그리고 이즈모야를 운영하면서 처리했던 집문서, 증권, 이즈모야 운영 시 필요한 재료, 조리 기구 관련 주문서 등등을 지금까지 잘 보관하고 있다. 사진은 특정한 시간과 공간 그리고 그 시대가 공유하고 있는 문화를 담고 있기에 귀중한 자료가 되었다.[5] 야마다 쯔루코를 통한 면담 및 사진과 문서는 당시의 구체적이고 일상적인 생활 모습을 보여주는 중요한 자료가 아닐 수 없다.

III. 개항장 군산에 등장한 이즈모야[出雲屋]

조선시대 군산에는 조창(漕倉)이 설치되어 있었다. 즉 군산은 개항 이전부터 미곡집산지로서 유통의 중심 역할을 하고 있었다. 이는 군산이 바다와 근접해있고, 주변 지역에는 김제 및 만경평야가 펼쳐져 있는 우리나라 최고 미곡 생산지가 위치해 있기 때문이다. 개항 이후 군산항

---

4) 구술사는 말 그대로 '개인이 과거를 회상하면서 이야기하는 것'을 말한다. 이는 단순히 개인의 경험을 사료화 시킨다는 것을 넘어 과거로부터 현재로 이어지는 문화적인 배경을 복원시킬 수 있다는 점에서 그 의미가 크다. 이러한 연구는 실제 행위의 주체가 되는 사람들의 생각·의식과 의지·행동 따위에 주목한다. 특히 그들이 사회적·문화적 여건 속에서 어떤 행동을 선택 하는가 그리고 어떻게 자신들의 역사를 만들어 가는가 하는 과정을 주시하게 된다(함한희, 2000, 「구술사와 문화연구」, 『한국문화인류학』 33-1, 한국문화인류학회, 5~16쪽).

5) 조성실, 2005, 「사진을 통해 본 광활 마을의 생활사」, 전북대학교 대학원 석사학위논문.

은 새로운 근대 문물을 받아들일 수 있는 자연 지리적 여건을 갖추고
있어 곡물을 일본으로 유출할 수 있는 주요한 통로로 기능하였다. 이러
한 여건은 사람들로 하여금 군산을 기회의 땅으로 만들어 주었다. 이는
한국인과 일본인 모두에게 해당되었다.

　일제시기 일본 정부는 일본인을 식민지국에 정착시키고자 하였다. 일
본 정부는 한국으로의 이주를 권장했다. 경우에 따라서는 일정 금액을
보조해주기도 했다.[6] 이러한 까닭으로 1900년과 1910년 군산지역에는
일본인 인구가 증가하기 시작했다. 또한 한반도를 둘러싼 전시 상황이
일본에 유리해졌고, 특히 러일전쟁(1904)에서의 승리 이후 일본인의 진
출은 가속화되었다. 그 결과 군산의 인구는 〈표 1〉에서도 알 수 있듯이
해를 거듭할수록 급격히 증가했고, 군산은 새로운 도시의 모습을 형성
해 갔다. 군산 내 일본인 인구의 증가는 자연스럽게 일본인들의 삶과
밀접한 관련이 있는 제과 문화를 지역 사회에 등장하도록 했다.

〈표 1〉 일제하 군산지역의 인구동태

년도	한국인	일본인	기타외국인	계
1900	780	422	24	1,226
1910	3,830	3,448	95	7,373
1920	8,243	5,659	249	14,138
1930	16,541	8,781	580	25,960

*자료: 『우리고장의 항일운동사 옥구농민의 한일항쟁사』 2001년판, 306쪽.

---

6) 현재 '월명회(月明會)' 간부로 활동 중인 츠루[鶴]씨는 일본정부에서 지원해준 보조금
　으로 군산에 정착할 수 있었다고 한다. '월명회(月明會)'는 식민지시대 전라북도 군산
　에서 태어났거나 학창시절 등을 보낸 일본인들이 본국으로 귀환한 후 만든 자생적 모
　임으로 향우회이자 동창회라 할 수 있다(김민영, 2011, 「식민지 시대 개항장도시 일본
　인의 생활세계와 식민지인식에 대한 실증연구—동창회·향우회 명부, 사진첩, 추억록
　의 분석」, 『한국도서연구』 23-2, 한국도서(섬)학회, 11쪽).

　한편 이즈모야를 운영했던 히로세의 가족의 이주는 다른 유형의 이주라고 볼 수 있다. 이즈모야의 초대사업주인 히로세 야스타로[広瀬 安太郎]는 슬하에 4남 1녀를 두었다. 그는 자식들을 군대에 보내지 않기 위해 성을 '엔조'에서 '히로세'로 바꾼 후 한국으로 이주해왔다. 그리고 군산에서 이즈모야[出雲屋]라는 제과점을 시작하게 된다. 히로세 야스타로가 한국으로 이주해 오기 전에 상황을 정리하면 다음과 같다.

　히로세 야스타로는 1869년(메이지 2년) 시마네현[島根縣] 마쓰에시[松江市]에서 태어났다. 당시 도자기를 배로 운반하였는데, 그는 도자기 포장하는 일을 하였다. 이후 그는 마쓰에시에서 한 시간 정도 떨어진 이즈모시[出雲市]로 이사를 했다. 이곳에서 아내를 맞이하여 4남 1녀의 자녀를 두었다. 그리고 정확한 시기를 알 수 없으나 히로세 야스타로는 시마네현 마쓰에시와 이즈모시에 거주하면서 제분 기술, 면 만드는 기술, 아라레(あられ)[7]라는 찹쌀 과자 만드는 기술 등을 배웠다고 한다.[8]

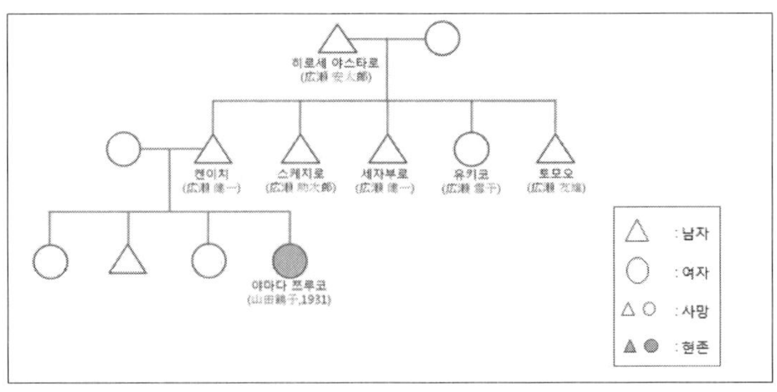

〈그림 1〉 구술을 바탕으로 그린 히로세[広瀬]의 가(家)의 가계도

---

7) 아라레(あられ)는 찹쌀을 잘게 썰어 약한 불에 살짝 데친 과자이다. 일반적으로 불에 데쳐서 만들기도 하지만 기름에 튀겨서 내는 것도 있다. 맛과 색을 풍부하게 하기 위해 쑥 같은 채소를 넣기도 하고, 새우를 넣기도 한다. '이즈모야'에서 팔았던 아라레는 새우를 넣어 만든 '에비 아라레(えびあられ)'였다고 한다.

8) 시마네현[島根縣]의 이즈모시[出雲市]와 마쓰에시[松江市]는 일본 내에서 전통화과자로 오랜 역사를 자랑하는 곳이다.

　처음 히로세 야스타로는 군산에서 이즈모야라는 조그마한 과자점을 열었다. 이즈모야는 일본 시마네현[島根縣]의 '이즈모시[出雲市]'의 지명을 붙인 것이다. 초대 사업주인 히로세 야스타로가 이즈모시에서 왔기 때문에 붙여진 이름이다. 이곳에서 주로 팔았던 제품은 아라레라는 과자였다. 아라레는 찹쌀로 만든 과자이다. 찹쌀을 절구에 넣고 찧은 다음 새우를 넣고 만든 과자인데, 만들어진 과자를 동그란 캔에 담아 손님들에게 판매하였다. 그리고 과자점에서는 아라레뿐만 아니라 모찌 과자, 화과자(和菓子) 등의 일본식 전통과자도 판매하였다.

　그의 첫째 아들인 히로세 켄이치[広瀬健一]는 제과점 일을 도우며 일본식 과자 만드는 법을 차츰 배워나갔다. 그는 사가현 출신의 아내와 군산에서 결혼한 후 제과점 일에 본격적으로 뛰어들었다. 1920년대 초반에는 제과기술을 전문적으로 배우기 위해 동경으로 건너갔다. 그는 동경에서 주로 양과자 기술을 배워 한국으로 돌아왔다. 전문적인 제과기술을 배워 온 그는 손재주가 뛰어난 그의 동생 히로세 스케지로[広瀬助次郎]와 함께 빵을 만들었고, 이즈모야를 운영하기 시작했다.

〈사진 1〉 1910년대 이즈모야의 모습, 야마다 쯔루코[山田鶴子] 소장

〈사진 2〉 1920년대 히로세 켄이치 부부의 사진, 야마다 쯔루코[山田鶴子] 소장

1920년대에는 아라레 과자점을 군산시 중앙로 1가로 확장하여 옮겼다. 이곳은 당시 군산의 중심 번화가였다. 히로세 야스타로는 두 아들과 함께 이즈모야를 본격적으로 운영하기 시작했다. 처음 아라레, 모찌와 같은 일본식 전통과자들을 주로 판매했던 것과 다르게 단팥빵, 크림빵, 케이크와 같은 다른 종류의 양과자들을 선보였다.

1930년대에는 군산 내에 일본인 거주자가 증가하였는데, 이에 따라 제과점을 찾는 이들도 많아졌다. 이때 히로세 켄이치는 아버지로부터 이즈모야를 물려받았다. 그리고 그의 동생 히로세 스케지로는 이즈모야 근처에 분점을 운영했다. 두 형제는 새로운 방식을 제과점에 도입했다. 그것은 바로 사람들이 제과점에서 빵이나 간단한 음식을 먹을 수 있도록 커피숍과 레스토랑을 함께 운영한 것이다. 이는 손님들에게 차를 낼 때 차만 내는 것이 아쉬워 생각해 낸 것에서 시작되었다. 그리고 자연스럽게 레스토랑 운영으로 이어졌던 것이다.

〈사진 3〉 1920년대 후반 이즈모야의 모습,
야마다 쯔루코[山田鶴子] 소장

〈사진 4〉 1930년대 이즈모야의 모습,
야마다 쯔루코[山田鶴子] 소장

1930년대 후반부터 일본은 전시상황으로 접어들게 된다. 일본정부는 전시 태세를 갖추면서 모든 물자를 통제하기 시작했다. 이러한 상황은 군산에 있는 거의 모든 일본 업자들에게 해당되었다. 제과점의 경우 제과 업자들도 빵을 만들 때 필요한 재료들을 통제받았다. 따라서 한 공장에서 빵을 만들어 군산 내의 여러 제과점에 일괄 배급해주는 시스템으로 전환하였다. 이때 히로세 켄이치는 공장의 임원을 맡아 이즈모야가 부족함 없이 빵을 배급받을 수 있었다고 한다. 또한 이 기간 동안 이즈모야는 군인들이 식사할 수 있는 식당으로 지정되기도 했다.[9]

〈사진 5〉 1930년대 후반 전시상황 속에서 제과 공장의 모습. 야마다 쯔루코[山田鶴子] 소장

히로세 켄이치는 제과점의 성공으로 군산에서 부유한 생활을 했다. 하지만 해방과 동시에 군산 내의 일본인들은 서둘러 본국으로 돌아가야만 했다. 히로세의 가족도 예외는 아니었다. 가족들은 서둘러서 짐을 꾸렸다. 하지만 히로세 켄이치는 일본으로 돌아가지 않고 군산에 남아 이즈모야를 지키고자 했다. 가족들은 너무나 완강했던 히로세 켄이치의 마음을 돌릴 수 없었다. 어쩔 수 없이 히로세 켄이치를 제외한 다른 가족들만 일본으로 떠나기 위해 배에 올랐다.

가족들은 군산에서 작은 배를 탔다. 배는 스무 명이 겨우 탈 수 있을 정도로 작았다. 그러나 얼마 가지 않아 배가 고장이 나서 여수에서 며칠을 머무르게 되었고, 이때 히로세 켄이치의 부인이 다시 군산으로 돌아갔다. 히로세 켄이치는 부인의 설득에 결국 일본으로 돌아가기로 결심했다. 이들은 부동산 문서와 증권 관련 서류들을 챙겼다. 또한 돈과 돈이 될 수 있는 옷, 신발, 음식 등을 챙겨 여수로 갔다. 그리고 히로세 가족은 부인의 고향인 일본 사가현으로 돌아가 정착하게 되었다.

---

9) 이즈모야의 레스토랑에는 연일 군인들로 가득 찼었다고 한다. 종업원들은 음식을 식판에 배급해줬는데, 어느 날은 음식 배급을 적게 해준다는 이유로 군인들끼리 몸싸움이 나기도 했었다고 한다(야마다 쯔루코 구술 중).

IV. 제과점 이즈모야(出雲屋)의 특징

1910년 이즈모야는 찹쌀과자 아라레를 파는 조그마한 상점이었다. 1920년대 제과점을 군산의 번화가 중앙로 1가로 확장했다. 그 규모는 군산에서 가장 컸다고 한다. 이때 이즈모야에서는 밀가루를 주재료로 한 양과자[10]들을 만들어 팔기 시작했다. 이는 기존에 만들던 한국·일본의 전통과자[11]와는 다른 것이었다. 군산에 거주하는 일본인이 점점 증가하면서 제과점을 찾는 사람들이 많아졌다. 사업주는 이즈모야 근처에 분점을 내었고, 제과점 한쪽에 공간을 마련하여 커피숍과 레스토랑을 함께 운영했다. 1930년대 후반 중일전쟁과 태평양전쟁이 발발하면서 일본정부는 이즈모야를 군인들이 식사할 수 있는 장소로

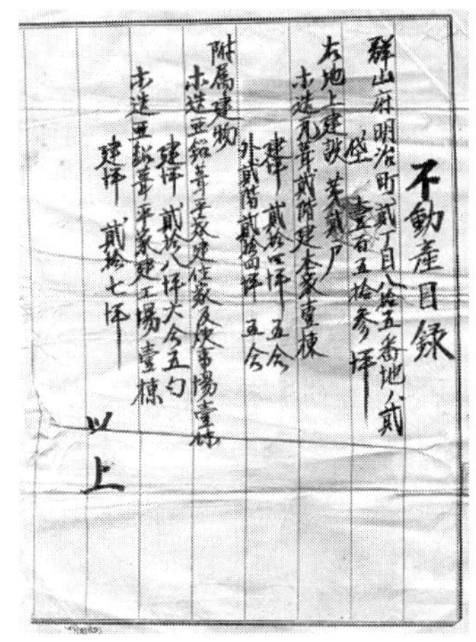

〈그림 2〉 1930년대 이즈모야의 부동산 문서, 야마다 쯔루코[山田鶴子] 소장

---

10) 양과자는 서양식으로 만든 과자로 서양과자라고도 말한다. 양과자는 밀가루를 주재료로 하여 달걀·우유·버터·치즈·크림·초콜릿·설탕·향료·과일·꿀·술 등이 쓰인다(신길만, 2003, 『이렇게 시작된 과자이야기』, 광문각, 35쪽).

11) 한국과자는 떡과 과정으로 나뉜다. 과정류란 곡물에 꿀을 섞어서 만드는 것으로 우리나라의 전통적인 과자를 말한다. 과정류는 모양, 재료, 만드는 방법 등에 따라 여러 가지 곡식의 가루를 반죽하여 기름에 지지거나 튀기는 유밀과, 가루 재료를 꿀이나 조청으로 반죽하여 다식판에 박아 낸 다식, 익힌 과일이나 뿌리 등의 재료를 조청이나 꿀에 조리는 정과, 과일을 삶아 걸러 굳힌 과편, 과일을 익혀서 다른 재료와 섞거나 조려서 만드는 숙실과, 그리고 견과류나 곡식을 중탕한 조청에 버무려 만든 엿강정 등이 있다. 일본과자는 유지가 들어있지 않아 담백하며 예술적인 감각이 두드러지고 화려한 것이 특징이다. 일본 과자의 재료 중에서 가장 중요한 것은 앙금류인데, 팥 앙금을 여러 가지 방법으로 만든다. 예컨대 앙금을 과자 안에 넣어 굽기도 하고 찌기도 하고 한천을 발라서 광택을 내기도 한다. 가장 대표적인 화과자로는 요깡, 만주, 센베이, 요코시, 모찌, 오코시, 모나카, 아라레, 엿과자, 생과자 등이 있다(김정원, 2004b, 『빵과 과자』, 김영사, 19쪽).

지정했다. 일본정부는 모든 물자를 통제했는데, 빵을 만들기 위해 필요한 재료들도 마찬가지였다. 이에 군산에 있던 일본 제과점은 운영 규모를 축소하였다. 재료 공급이 원활히 이루어지지 않아 각 제과점에서는 빵과 과자를 만들 수 없었던 것이다. 대신 한 공장에서 만들어진 빵을 일괄적으로 배급받아 운영하였다.

이 장에서는 제과점 이즈모야의 특징을 공간, 유통구조, 기술과 기구, 경영 네 부분으로 나누어 살펴본다.

1. 쇼윈도와 노렌[暖簾]을 통해 본 공간의 특징

이즈모야는 '군산부 메이지마치 2쵸메 85번지의 2'에 위치해 있었는데, 이곳은 당시 군산의 중심 번화가였다.[12] 이즈모야의 총 면적은 128평이었다. 이곳은 목조건물에 기왓장 지붕으로 지어진 2층짜리 건물, 목조아연지붕으로 된 주방 하나 딸린 1층짜리 주택, 목조건물에 아연지붕으로 된 1층짜리 공장 한 동이 있었다.

1층은 제과점이었고, 2층은 가족들이 생활하는 공간이었다. 목조아연지붕으로 된 1층짜리 주택은 한국 종업들이 숙식을 했던 곳이었다. 1층 제과점 한 쪽에는 자리한 공장에서는 빵과 과자를 구워냈다. 이즈모야의 1층 제과점의 경우 입구 앞에 쇼윈도[13]를 마련했다. 쇼윈도에는 빵

---

12) 일제시기 군산은 소비문화시설이 발달되어 있었다. 특히 군산의 번화가라 할 수 있는 명치통과 소화통 거리를 따라 술집, 고급요리 집, 가구점, 식료품점, 공공목욕탕, 양품점, 유곽과 같은 상가 건물들이 즐비하게 들어서 있었다. 이즈모야는 명치통이라는 번화가에 자리하고 있었다(문예은, 2010, 「근대문화유산을 둘러싼 담론의 변화: 군산시를 중심으로」, 전북대학교 대학원 석사학위논문, 41쪽).

13) 1930년 우리나라에 최초로 백화점이 등장하였다. 백화점에서는 유리 쇼케이스에 보기 좋게 진열하였다. 이는 공간 내부에서 판매하는 상품에 대한 정보를 주고, 고객에게 상품구매를 독려하는 역할을 담당하였다(이랑주 · 김순구 2008, 「한국 백화점 비주얼 머천다이징 패러다임에 관한 연구」, 『디자인학연구』 21-5, 한국디자인학회, 7쪽). 즉 투명한 쇼윈도는 사람들의 시선을 사로잡아 상품에 대한 욕망을 극대화 시킨 근대의

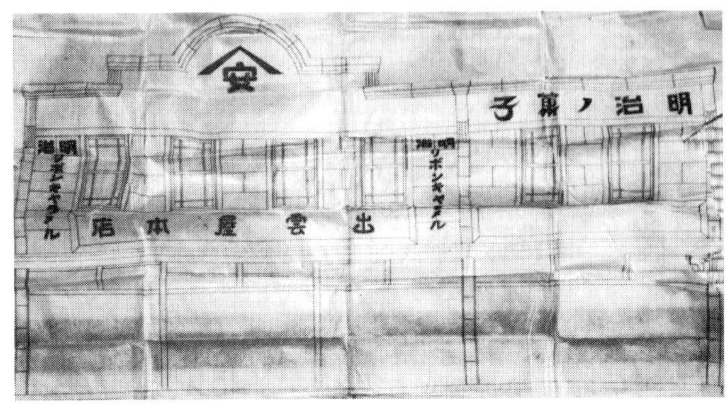

<그림 3> 1930년대 이즈모야의 설계도면, 야마다 쯔루코[山田鶴子] 소장

과 과자를 넣어 진열하여 근대적인 판매 모습을 갖추었다. 쇼윈도에 진열된 제과제품들은 사람들로 하여금 소비를 유혹하기에 충분했다. 이는 전통 재래시장에서 상품을 구입할 때 주인과 손님이 대면하는 방식과는 다른 것이었다. 쇼윈도는 시장과 달리 주인이 손님을 직접 대면하지 않기 때문에 손님에게 '자유스러움'을 주었다. 손님은 자유롭게 상품을 보고, 느끼고, 결정하여 물건을 구입할 수 있게 되었다.

또한 이즈모야의 간판과 이즈모야 입구 양쪽에 있는 노렌[14]은 사람들의 시선을 한눈에 사로잡았다. 이는 이즈모야를 알리기 위함이었다. 즉 간판과 노렌의 이미지와 문자는 사람들로 하여금 관심을 이끌어내었고, 이는 시각적인 홍보 효과를 가져왔다. 즉 쇼윈도와 간판 그리고 노렌으로 꾸며진 외관은 사람들에게 새로운 모습으로 다가왔고, 이는 사람들의 소비를 자극하는 근대의 소비 공간이라 할 수 있다.[15]

산물이라 볼 수 있다(김은정 · 윤태영 · 고수진 · 고애란, 2010, 「한국 근대 소비문화의 역사적 형성과정과 특성에 관한 연구—복식과 관련된 소비를 중심으로」, 『한국의류학회지』 34-11, 한국의류학회).

14) 일본 상점에서는 상호나 가문을 새겨놓은 천, 이를 노렌이라 부르는데 이것을 상점 입구에 걸어놓는다. 노렌은 햇빛을 가리고 바람막이 구실을 할 뿐만 아니라 동시에 그 상가를 표시하는 상징이 되기도 한다(이어령, 2003, 『축소지향의 일본인』, 문학사상사).

한편 1930년대부터 이즈모야에서는 제과점 옆에 공간을 마련하여 레스토랑과 커피숍을 함께 운영했다. 레스토랑과 커피숍은 서양의 외식문화를 받아들인 것이다. 레스토랑에서는 양식을 판매하였다. 커피숍에서는 커피와 함께 빵과 케이크를 판매하였다. 이즈모야의 레스토랑과 커피숍 테이블과 의자를 두었고, 제과점 앞에는 쇼윈도를 두었다.

〈사진 6〉 1930년대 이즈모야의 내부 모습,
야마다 쯔루코[山田鶴子] 소장

〈사진 7〉 1930년대 이즈모야 쇼윈도의 모습,
야마다 쯔루코[山田鶴子] 소장

2. 새로운 유통 구조를 통해 들여온 재료와 상품

한국 사람들은 '일본식 과자와 빵'과 '서양식 과자와 빵'을 구별하지 않고, 모두 서양 문화로써 소비하고 있다. 하지만 한국의 빵, 특히 팥 앙금이 들어간 단팥빵은 서양에서 볼 수 없는 독특한 빵이다. 앞에서 언급했듯이 팥 앙금이 가득한 단팥빵은 동양에서만 볼 수 있는 빵이라고 한다. 이는 서구의 빵이 일본에 전해지는 과정에서 일본인의 입맛에 맞게 변화되었기 때문이다. 특히 무로막치시대 후기 유럽과 무역이 시

---

15) 소비문화의 출현은 근대적 시·공간과 밀접한 관계가 있는데, 우리나라는 1876년 개항 이래 해방까지 항구를 중심으로 근대를 경험하게 되었다. 즉 조선인들을 과거와는 질적으로 다른 새로운 소비문화를 형성하였다(김은정·윤태영·고수진·고애란, 2010, 「한국 근대 소비문화의 역사적 형성과정과 특성에 관한 연구—복식과 관련된 소비를 중심으로」, 『한국의류학회지』 34-11, 한국의류학회).

작되면서 나가사키항(長崎港)을 중심으로 양과자가 전래되었다. 이때 조나마가시(上生菓子), 카스텔라, 금평당(金平糖) 등과 같은 '일본식 양과자'들이 등장했다. 일제시기 일본인은 이러한 '일본식 양과자' 기술을 군산 지역에 확산시켰다.

군산지역의 이즈모야의 경우 처음에는 아라레가 주요 상품이었다. 아라레는 찹쌀을 잘게 썰거나 절구에 넣고 빻아 곱게 만든 후 이것을 약한 불에 살짝 데친 과자이다. 일반적으로 불에 데쳐서 만들기도 하지만 기름에 튀겨서 내는 것도 있다. 이때만 해도 이즈모야에서는 버터와 치즈와 같은 유제품을 넣지 않았다. 오븐의 사용도 찾아 볼 수 없었다.

이후 이즈모야의 초대 사업주의 아들인 히로세 켄이치는 제과기술을 전문적으로 배우기 위해 동경으로 갔다. 이때 그는 크림빵, 단팥빵, 케이크와 같은 양과자 기술을 배웠다. 앞에서 말했듯이 양과자는 밀가루를 주재료하고 버터와 향료를 넣어 반죽한 뒤 오븐에 구워 만든다. 이는 일본 전통 과자를 만드는 방법과 다른 것이었다. 그는 얼마간 동경에서 양과자 만드는 기술을 배워 군산으로 돌아 왔다. 그리고 손재주가 좋았던 그의 동생 히로세 스케지로와 함께 양과자를 만들기 시작했다.

양과자를 만들기 위해서는 기존에는 없는 새로운 재료들이 필요했다. 즉 빵에 들어가는 버터와 치즈와 같은 재료들이 필요했는데, 항구도시인 군산은 재료를 쉽게 구할 수 있다는 지리적 이점을 갖고 있었다. 일본에 본사가 있었던 메이지 제과(明治 の 菓子)는 군산지역에 지점을 두고 있었다. 이곳에서는 빵에 들어가는 버터와 치즈와 같은 유제품을 비롯하여 캐러멜, 초콜릿, 사탕과 같은 완제품을 제과업자들에게 공급했다. 이모즈야는 메이지 제과의 일을 함께 했다. 다른 제과업자들을 대신해서 메이지 제과에 주문을 넣어주었고, 메이지 제과의 수익 중 일정 부분을 이즈모야에서 가졌다.

따라서 이모즈야에서는 빵의 주재료인 밀가루는 군산에서 구했고, 설탕, 향료, 버터, 치즈, 크림 등의 부재료는 일본에서 들여왔다. 이러한

〈사진 8〉 1930년대 메이지 제과의 모습, 야마다 쯔루코[山田鶴子] 소장

〈사진 9〉 1930년대 메이지 제과 군산지점의 모습, 야마다 쯔루코[山田鶴子] 소장

재료들로 만들어진 빵은 군산 지역에 소개되었다. 이때 군산 사람들은 빵을 통해 버터, 치즈, 크림 등의 유제품을 처음 접하였다. 이들이 꼭 직접 맛을 확인한 것은 아니지만, 이들은 당시 군산의 번화가를 오며 가며 간접적으로 경험하고 있었다. 그리고 군산 지역 사람들은 떡과 전통 과자류에서 느낄 수 있던 한국의 전통적인 맛과는 다른 맛을 경험하게 되었다.

3. 본국으로부터 수입한 기구와 기술

일제시기 군산 지역에는 빵을 만들 수 있는 오븐과 조리기구가 거의 없었다. 제과업자들은 빵을 굽는 데 필수적인 오븐을 일본에서 배로 가져 왔는데, 안전하게 운반하는 데에 한계가 있었다고 한다. 이에 일본제 과업자는 조선인 기술자에게 일본에서 보았던 오븐의 모습을 설명하거나 그림으로 그려주며 직접 만들어줄 것을 요구하였다. 그리고 필요한 조리 기구는 조직을 구성하여 오사카에서 단체로 주문했다. 필요에 따라서는 조리 기구를 구입하러 직접 오사카로 가기도 했다.

이즈모야는 일본에서 가져온 조리 기구와 신식 기계들을 이용하여 체계적으로 빵을 만들었다. 계량컵을 이용하여 재료의 양을 측정하였고, 오븐을 이용하여 빵을 구워냈다. 특히 일제시기 대부분의 제과점에서는 목탄오븐을 사용했지만, 이즈모야는 최고급 전기오븐을 사용했다.[16] 이 처럼 이즈모야에서는 전기오븐, 팥 앙금을 만드는 기계, 아이스크림 기 계, 얼음분쇄기, 계량컵 등의 근대적 조리 기구를 사용하였다. 또한 이 즈모야에서는 진열대를 이용하여 빵과 케이크를 정리하였고, 식당에는 테이블과 의자를 두어 손님들을 맞이한 것을 확인할 수 있다.

4. 경영상의 특징

1) 운영 조직

이후 초대 사업주인 히로세 야스타 로는 처음 첫째 아들과 둘째 아들과 함께 이즈모야를 운영했다. 이즈모야 는 군산 지역의 제과점 중에서 가장 규모가 큰 제과점이었다. 이후 빵을 찾는 이들이 증가하자 이즈모야 근처 에 분점을 내었다. 본점은 첫째 아들 인 히로세 켄이치, 분점은 둘째 아들 인 히로세 스케지로가 운영하였다. 이즈모야는 과자부, 영업부 또는 서 빙부, 차(茶)부, 식당부로 나누어 운

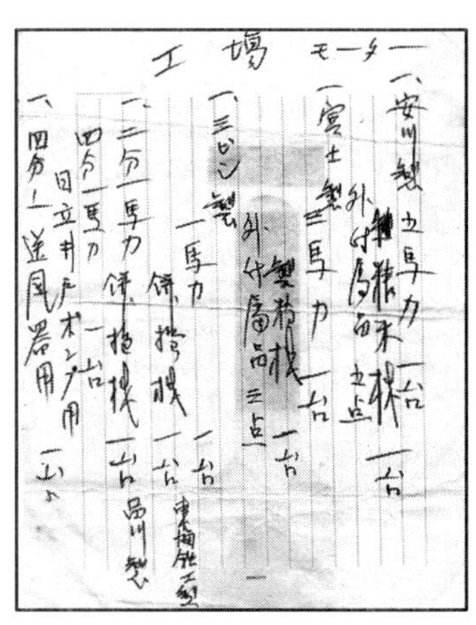

〈그림 4〉 1930년대 이즈모야의 주문서, 야마다 쯔루코[山田鶴子] 소장

---

16) 오븐이 처음 등장할 때는 장작을 연료로 한 장작오븐이었다. 이후 연탄오븐, 가스오 븐, 전기오븐의 순서로 발전해 갔다(조승환, 1985, 「빵 양과자업계의 발전사」, 『식품과 학과 산업』 18-2, 한국식품과학회). 따라서 이즈모야에서는 최신식 기구를 사용한 근 대적 공간이었음을 짐작할 수 있다.

영되었다. 과자부는 빵과 케이크를 만들었다. 차부에서는 차를 만들었다. 식당부는 레스토랑에서 주문한 양식을 담당했다. 영업부 또는 서빙부에서는 빵과 차를 손님들에게 나르고 판매하는 일을 했다. 이처럼 이즈모야는 내부 조직을 나누어 상당히 체계적으로 운영되었다.

　당시 지점, 단합회 등과 같이 제과점과 관계를 맺고 있었던 외부 조직도 주목할 만하다. 당시 군산에는 이즈모야뿐만 아니라 개성당(開城堂), 조화당(調和堂) 등의 여러 제과점이 있었다. 초기에는 일본인이 운영하는 제과점이 대부분이었지만, 이후 조선인이 운영하는 제과점이 한두 군데 생겼다.

　군산의 제과업자들은 고국을 멀리 떠나 의지할 곳이 없었다고 한다. 그리하여 이들은 친목과 이익추구를 위해 '군산과자상조합'를 조직했다. 이들은 함께 모여 제과점 운영과 관련하여 상의를 하기도 하고, 필요한 재료와 조리 기구를 단체로 본국에 주문하는가 하면, 단합을 위해 한자리에 모여 어울렸다. 이를 통해 과거 전통사회에서 가족, 친지, 이웃들과 모이는 것과는 다른 특정한 이익을 위한 모임의 형태를 알 수 있다.

〈사진 10〉 1930년대 히로세 가족과 이즈모야 본점의 종업원 모습, 야마다 쯔루코[山田鶴子] 소장

〈사진 11〉 1930년대 군산과자상조합의 모습, 야마다 쯔루코[山田鶴子] 소장

2) 종업원 관리

이즈모야의 종업원은 20명 가까이 있었는데, 모두 조선 사람이었다. 그리고 식당부에서 일했던 여성 한 명을 제외하고 모두 남자였다. 이들 중 몇 명은 이즈모야 뒤편 건물에서 숙식하며 지냈다. 이즈모야에서 조선인을 고용한 것은 인건비를 절약하기 위해서였다. 하지만 이들에게 제과 기술을 가르쳐주지는 않았다.[17] 빵과 과자는 철저하게 히로세의 가족들이 만들었다. 조선인 종업원은 단순히 이즈모야의 허드렛일을 도왔다.

〈표 2〉 이즈모야 부서별 종업원 수

부서	종업원수
과자부	10명
영업부	2명
차부	4~5명
조리부	3명

이즈모야의 종업원들은 부서에 따라서 제복(制服)을 다르게 입었다. 제복은 일본식 기모노를 활동에 편리하도록 개조한 형태였다. 영업부는 와이셔츠와 바지를 입었고, 판매하는 사람은 양복을 입었다. 배달하는 사람은 '出雲屋'이라고 쓰여진 제복을 입었다. '出雲屋'이라고 쓰여진 제복인 한텐[半纏][18]은 종업원을 관리하기 위한 목적뿐만 아니라 다른 목

---

17) 일본제과업자들은 철저하게 자신들의 기술을 비밀로 하였다. 그러나 1930년대 후반 전쟁으로 일본 기술자들이 징용되어 돌아가면서 인력이 부족하게 되었다. 이때부터 조선인 종업원들에게 기술을 조금씩 전해주기 시작했다(조승환, 1985, 앞의 책, 17쪽; 신길만, 2003, 앞의 책).

18) 이즈모야는 '出雲屋'이라고 쓰여 진 제복을 입었는데 이는 한텐[半纏]이라고 부른다. 한텐은 자신이 속한 상점의 이름이 쓰여 진 옷을 말한다. 이는 단순한 노동복이라기 보다는 자기가 소속해 있는 집단을 공중에게 보이는 표지이다. 따라서 한텐에서는 장인의 기술, 오랜 역사, 근성 그리고 책임감을 엿볼 수 있다(이어령, 2003, 앞의 책, 118-119쪽).

적도 있었다. '군산단합회'의 사진에서 확인할 수 있듯이 군산지역에는 여러 제과점이 있었다. 이들은 소비자의 구매를 부추기기 위해 또는 많은 제품을 팔기 위해 각자 제과점에 맞는 방법으로 홍보를 했다. 이즈모야의 경우 '出雲屋'이라고 쓰여진 한텐을 활용한 것이다. 즉 이들은 한텐을 입고 군산지역을 다니며 이즈모야를 자연스럽게 홍보하였다.

　이즈모야에서는 하루 두 번 간식시간이 있었다. 이즈모야에서는 10시와 3시 간식타임을 만들어 종업원들에게 간식을 주었다. 이는 근대권력의 특징으로 지적되었던 부분이다.[19] 즉 이즈모야에서는 복장과 시간을 통제하여 개인을 규율하고 훈육시키고자 했던 것이다. 즉 이러한 작업환경에서 개인을 감시하고 통제하여 유순한, 순종하는 개인 또는 근대 시민으로 만들어 갔다.

〈사진 12〉 1930년대 한텐을 입은 이즈모야 종업원의 모습, 야마다 쯔루코[山田鶴子] 소장

〈사진 13〉 1930년대 이즈모야 종업원들의 모습, 야마다 쯔루코[山田鶴子] 소장

---

19) 근대 주체에 관련된 연구로는 다음의 논의를 들 수 있다. 김진균·정근식(1997)은 『근대 주체와 식민지 규율권력』에서 규율권력의 문제를 다루었다. 이들은 푸코의 이론적 배경으로 하여 일제의 강압적인 규율권력을 통해 식민지 조선을 근대 주체로 만들었다고 주장한다. 즉 근대 주체는 보이지 않는 미세 권력으로 인해 스스로 규율하고 감시하도록 한다고 본다. 연세대학교국학연구원(2004)은 『일제의 식민지배와 일상생활』에서 규율권력의 문제와 주체의 문제를 다루고 있으며, 공제욱·정근식(2006)도 『식민지의 일상, 지배와 균열』에서 가족·학교·공장·군대·감옥·경찰 등 다양한 영역에서 근대 주체들의 규율권력 문제를 논의한다.

V. 조선인의 경험: 새로운 공간과 맛

여기에서는 조선인들의 다양한 이즈모야에 대한 경험을 알아보고자 한다. 즉 이즈모야의 종업원으로, 이용객으로, 그리고 관람자로서 빵과 빵문화를 어떻게 경험할 수 있었는가가 궁금해지지 않을 수 없기 때문이다. 당시 조선인들에게 이즈모야는 분명히 새롭고도 근대적(modern)이며 이국적(exotic)인 곳이었다. 새로운 맛을 만들어서 파는 제과점이라는 공간 역시도 조선인들에게는 낯선 곳이었다. 그러면서 선망의 대상이 된 곳이었다. 이 장에서는 조선인들의 경험을 다음과 같이 나누어서 살펴보고자 한다. 새로운 빵의 맛을 알게 된 소비자로서의 경험, 이즈모야라는 제과점 공간을 구경하는 행인 또는 관람객으로서의 경험 그리고 마지막으로는, 그 제과점에서 일했던 종업원으로서의 경험으로 나누어 보고자 한다.

조선 개항 이후 우리나라로 들어온 새로운 문화는 그 당시 사람들의 삶을 바꾸어 놓았다. 근대적인 문물이 소개되면서 의·식·주 생활이 전통과는 다른 모습으로 크게 변화하였다. 예컨대 은행, 역, 극장과 같은 웅장하고 호화스러운 서양식 건물이 들어섰다. 특히 역은 붉은 벽돌로 외관을 만들고, 지붕에는 네오비잔틴 양식의 장중한 원형 돔을 얹어 근대적인 분위기를 자아냈다.[20] 그리고 서양식 건물이 즐비한 거리에는 단발을 하고 양복을 입은 신사, 양장을 입은 숙녀들이 당당하게 거리를 활보했다.

이 거리에서 조선인들은 이국에서 들어온 카레, 호떡, 우동 등과 같은 새롭고 진기한 음식들을 접하게 되었다. 조선에 거주하는 일본 사람이 늘어나면서 일본과자, 우동, 단팥죽, 단무지, 어묵, 초밥 등이 들어와서 널리 퍼졌다.[21] 일본 음식은 새로운 맛으로 조선인들에게 다가왔다. 그

---

20) 노형석, 2004, 『모던의 유혹 모던의 눈물』, 생각의 나무.

들에게 새로운 맛으로 혀를 자극하는 일본 음식은 확실히 호기심의 대상이었다. 특히 일제시기 들어온 나마카시[生菓子]와 전병(煎餠, 센베이)와 같은 일본식 과자와 단팥빵, 크림빵, 케이크와 같은 양과자는 조선인의 미적 호기심을 자극했다.

군산 지역 일본 거주자가 증가하면서 여러 제과점이 생겨나기 시작했다. 처음에는 일본전통과자를 팔았던 제과점들이 차츰 양과자를 만들기 시작했다. 제과점에서는 밀가루, 버터, 설탕, 소금, 이스트를 넣어 반죽하고, 동그란 모양을 만들어 안에 팥 앙금을 넣어 구워냈다. 또는 빵을 구워낸 후 빵 사이에 크림이나 잼을 넣었다. 다양한 모양과 종류의 빵은 조선인들에게 신기한 모습으로 다가왔을 것이다. 이는 사람들의 호기심을 자극하는데 충분했다.

하지만 당시 빵과 과자는 일부 계층만이 사먹을 수 있는 고급음식에 속하였다. 대부분의 조선인들이 생활고에 시달리던 하층민이었지만, 돈을 번 조선인들도 적지 않게 있었다고 한다. 한 예로 군산 지역에 성행했던 ‘미두’는 몇몇 조선인들을 벼락부자로 만들어줬다. ‘미두’는 오늘날의 증권과 비슷한 것으로 쌀을 가지고 투기하는 것을 말한다. 조선인들은 ‘미두’를 하여 재산을 잃기도 했지만, 반대로 수익을 얻은 이들도 있었다. 이처럼 당시 군산지역 조선인들은 하루 생활이 어려웠던 노동자들로부터 벼락부자가 된 자본가들에 이르기까지 여러 계층이 있었다. 생활이 윤택했던 이들은 제과점을 자주 드나들 수 있었다고 한다.

> 제보자: 여기 조선인들도 [이즈모야에] 많이 가서 먹었어요?
> 구술자: 그럼. 많이 가. 왜 그러냐면 여기 미두가 있었어. 제일 처음에 여기가 지금으로 말하자면 증권[과 같은 것이지]. 여기 군산이 최초의 미두라는 것이 생겨서 이 주변이 전부, 영화동이 전부 증권 회사들이 있었고. 거기서 조금 더 가면 경찰서까지가 은행가야. 은행이 쭉 하니 [있었지]. 일본에서 은

---

21) 최규진, 2007, 『근대를 보는 창』, 서해문집.

행들이 와서 자리 잡은 게. 그날 그날 승패가 정해져. 조선 사람들도 미두를 해서 돈을 번 사람이 많아. 주식이지. 그냥 '쌀 미(米)자', 쌀금을 가지고 쌀이 올랐다 내렸다. 그날그날 시세가, 농사가 잘 돼서 시세가 떨어지면 망하는 사람이 많아. 주를 몽땅 샀다가. 그러고 쌀을 사서 농사가 잘 안됐다 그 말이야. 그럼 부자가 되는 사람이 많고. 우리 아는 사람 아버지가 미두해도 가난하게 살았는데, 개복동에 살았는데, 큰집을 짓고 살았어. 좌우간 군산은 부자가 하루사이에 망하고, 일본사람들도 그렇고 조선 사람들도 그렇고. 그런데 상가는 번영을 했어. 돈이 나간 게. 망했다가 성했고. 그래서 카페가 제일 많은 데가 군산이야.22)

―하○○옹의 구술 중(1918년 3월 1일 출생)―

둘째는 이즈모야라는 제과점 공간을 구경하는 구경꾼과 행인 또는 관람객으로서의 경험이다. 이는 당시 군산에 살고 있는 대다수의 조선인들에게 해당한다.

구술자: 나야 집을 거리 생활을 하는데, 빵을 먹도 못한 걸 한 게 참… 생각을 해봐. 나는 먹도 못한 빵을, 저 사람은 그림 그리다가 이어버리고 또 그리고 빵으로 이어야 잘 이거든. 지금은 빵 아니더라도 스펀지가 있은 게.

―하○○옹의 구술 중(1918년 3월 1일 출생)―

구술자는 어린 시절 집에서 나와 군산 시내에서 극장 종업원, 배달원 등을 하면서 살았다. 그는 이즈모야를 잘 기억하고 있었지만, 빵을 살 수는 없었다고 한다. 당시 이즈모야는 화과자, '사라다빵'23), 단팥빵이 유명했다고 한다. 이즈모야의 한국인 종업원과 친해지면서 어쩌다가 그 유명한 빵을 조금 맛볼 수도 있었다고 한다. 몇 년 후 그가 그림을 그리기 시작했을 때, 먹기도 힘든 빵을 도구로 이용하는 화가를 보고 놀란 적이 있었다고 한다.

---

22) 구술자와의 면담 내용은 가독성을 높이기 위해 필요한 경우 [ ] 안에 생략된 단어를 제시하여 약간의 편집을 하였으나 면담 내용에는 변함이 없음을 밝힌다.

23) 구술자 하○○ 옹에 의하면 당시 야채빵을 사라다빵이라 불렀다고 한다.

앞에서 언급했듯이 군산에는 대규모 농사를 짓거나 자본을 축적해서 부자가 된 사람에서부터 한 끼의 식량을 걱정할 정도로 생활고에 시달리던 사람들까지 다양한 계층의 사람들이 생활하고 있었다. 이러한 이국적인 먹거리는 평범한 사람들에게는 특별한 날에만 잠시 즐길 수 있는 호기심과 선망의 대상이었다고 볼 수 있다. 예컨대 '센베이'라고 불리던 전병은 명절, 소풍, 운동회과 같은 특별한 날 어쩌다가 먹을 수 있는 기회를 얻기도 했다.

셋째는 그 제과점에서 일했던 종업원으로서의 경험이다. 이즈모야 제과점은 일본인이 운영했지만 종업원은 거의 조선인이었다. 조선인 종업원은 제과점에서 직접 빵을 만들지는 않았다. 이들은 일본인들이 빵을 만들 때 허드렛일을 하며, 그들을 도우기만 했다. 이즈모야의 경우 제과점 옆에 공간을 마련하여 조선인 종업원들의 숙식을 제공해 주었다. 조선인들은 제과점에서 종업원으로서 일하며 빵과 빵 문화를 경험하게 되었다.

요컨대 조선인들 입장에서 일본인이 운영하는 제과점과 그 안에서 팔고 있는 빵과 과자들을 소비하는 일부 계층과 행인 또는 관람객으로 주변 사람들의 이야기나 혹은 상상으로 그 맛에 대한 간접 경험을 할 수 있었던 사람들이 더 많았다는 점이다. 다시 말해서 빵과 과자를 직접 소비하는 계층이 적었고, 소비할 수 있는 상황도 제한적이기는 했다. 하지만 행인이나 관람객으로 먼발치에서 또는 간접적으로 군산의 조선인들은 이국적인 맛을 호기심과 선망의 대상으로 두고 있었다는 점이다.

VI. 맺음말

본 논문에서 필자는 일제시기 군산에 자리하고 있었던 이즈모야[出雲屋] 제과점의 역사를 추적해 보았다. 이즈모야 사례는 일제시기 지역 사회에 빵과 빵 문화가 어떻게 전래되어 정착되었는지의 과정을 보여주었다는 점에서 중요하다. 이즈모야가 생산, 유통시킨 것은 새로운 맛을 지닌 빵과 과자만이 아니라, 근대적인 공간에서 흘러나오는 문화까지 포함된 것이었다. 유리로 만든 투명한 쇼윈도와 간판을 달고 소비자들을 유혹하는 공간과, 말끔하고 세련된 유니폼을 입고 훈육된 방법으로 서빙을 하는 종업원들, 근대적인 경영방법으로 이윤추구에 성공한 제과점이 풍기는 풍요로움 등이었다. 그러나 당시 이러한 문화를 즐기며 소비할 수 있었던 사람들 가운데 한국인들은 극소수였을 것이다. 대신 종업원으로, 행인이나 관람객으로 이즈모야가 보여주고 있는 근대적인 빵 문화를 간접적으로 경험하였을 뿐이라는 점을 지적했다. 궁극적으로 이즈모야에 대한 미시사적 연구가 지니는 의미는 근대가 우리에게 어떻게 다가왔는지를 말해 주는데 있다고 본다. 지금까지의 연구내용을 간략하게 정리하면서 이 연구의 의미를 다시 한 번 생각해보고자 한다.

첫째는 일본으로부터 건너온 빵이 군산에 자리 잡게 되는 과정을 추적하였다. 군산이 조계지역로 설정된 이후 군산에는 일본인 거주자가 점점 증가하였다. 1910년대 일본 시마네현 이즈모시에서 군산으로 이주해온 히로세 야스타로는 이즈모야라는 조그마한 과자점을 열었다. 이곳에서는 그는 아라레라는 일본 전통 과자를 팔기 시작했다. 그리고 1920년대 히로세 야스타로의 첫째 아들이 일본으로 직접 건너가 양과자 기술을 배워왔다. 그가 배워 온 양과자는 아라레와는 다른 새로운 맛을 지녔다. 왜냐하면 양과자에는 버터, 치즈, 이스트와 같은 서구에서 가져온 새로운 식재료들이 들어갔기 때문이다. 이 양과자의 맛과 모양은 당시 소비자들의 호기심을 자극하기에 충분했다.

　둘째는 일제시기 군산에 등장한 이즈모야를 근대 문화 공간이라고 보고 그 특성을 분석했다. 이즈모야 제과점 입구에는 쇼윈도가 설치되어 있었다. 빵과 과자가 진열되어 있는 쇼윈도는 구경꾼을 불러들이는 역할을 했으며, 관람하던 이들을 소비자로 전환시킬 수 있는 속성을 지닌 도구였다. 빵과 과자와 같은 음식이 구경과 관람의 대상이 될 수 있는 장치는 근대의 산물임에 분명했다. 이러한 장치는 군산 지역에는 없었던 것으로 당시 조선인들에게 새롭고 독특한 모습으로 다가왔을 것이다. 또한 간판과 노렌[暖簾] 역시도 사람들의 시선을 한 눈에 사로잡았다. 간판과 노렌은 제과점의 위치를 알리고, 홍보할 수 있는 매체였다. 쇼윈도와 마찬가지로 간판 그리고 노렌도 소비심리를 자극하기에 충분했다. 제과점의 운영에 있어서도 근대적인 특징을 가지고 있었다. 전문 유통업자를 통해서 재료를 공급받았으며, 제과협회를 만들어서 이익단체활동을 했다. 그리고 제과점 내부 조직을 체계적으로 만들고, 새로운 기구와 기술을 들여와서 새로운 빵을 제조하는 등의 노력을 기울였다. 마지막으로 조선인 종업원들을 훈육시키는 방법의 하나로 통일된 복장과 근무 시간을 철저하게 통제해서 효율적인 운영을 한다는 인상을 심어주기도 했다.

　셋째는 근대 문화의 수용에 있어서 다양한 행위 주체가 존재하기 때문에 복잡한 양상이 전개되었음을 시사했다. 당시 군산에는 거주하던 일본인 집단과 조선인 집단의 구성이 단순하지 않았을 것이다. 민족적, 경제적 차이에 따라서 음식소비에서도 차이가 났을 것이고, 특히 빵과 과자는 대중적인 음식이 아니어서 특정한 계층만이 소비할 수 있었을 것이다. 간혹 경제적인 여유가 없는 사람들은 특별한 날에만 즐길 수 있는 음식이었다고 한다. 당시 직접 맛본 사람들만이 소비의 주체는 아니었다. 이즈모야의 빵과 과자를 간접적으로 경험한 사람들이 더 많았다고 보여 진다. 제과점 앞을 오가는 행인으로 눈, 코를 통해서 맛을 느낄 수 있었고, 귀를 통해서 빵과 빵 문화에 대한 이야기를 들을 수도 있었을 것이다. 즉 그 맛을 간접적으로 경험하는 집단의 사람들은 '행인' 또는 '관람객'에 불과했지만, 이들이 지역의 제과점이 자리하는 과정에서 새로운 맛을 수용하고 소비하는 토양을 만드는데 일조를 하고 있었다.

◆참고문헌◆

1. 저서

공제욱·정근식, 2006, 『식민지의 일상 지배와 균열』, 문화과학사.

김도형 외, 2009, 『일제하 한국사회의 전통과 근대인식』, 혜안.

김민영·김양규, 2005, 『철도, 지역의 근대성 수용과 사회경제적 변용』, 선인.

김양규, 2001, 『우리고장의 항일운동사 옥구농민의 한일항쟁사』, 군산문화원.

김영정·소순열·이정덕·이성호, 2006, 『근대 항구도시 군산의 형성과 변화─
      공간, 경제, 문화』, 한울아카데미.

김인호, 2006, 『백화점의 문화사 근대의 탄생과 욕망의 시공간』, (주)살림출판사.

김정원, 2004a, 『잘먹고 잘사는 법 빵과 과자』, 김영사.

_____, 2004b, 『빵과 과자』, 김영사.

김진균·정근식 편저, 1997, 『근대주체와 식민지 규율권력』, 문화과학사.

노형석, 2004, 『모던의 유혹 모던의 눈물』, 생각의 나무.

도면희, 2006, 『한국의 식민지 근대성─"탈민족주의 관점에서 바라본 식민지
      시기 역사"』, 삼인출판사.

돈 슬레이터, 2000, 『소비문화와 현대성』, 문예출판사.

박현채, 1983, 『한국 경제와 농업』, 까치사.

서울사회과학연구소 편, 1997, 『근대성의 경계를 찾아서』, 새길.

신기욱, 1997, 『식민지 조선 연구의 동향: 미국학계의 동향을 중심으로』, 일조각.

신기욱·마이클 로빈슨 엮음, 2006, 『한국의 식민지 근대성』, 삼인.

신길만, 2003, 『이렇게 시작된 과자이야기』, 광문각.

_____, 2008, 『세계음식빵문화기행』, 효일출판사.

안병태, 1982, 『한국근대경제와 일본제국주의』, 백산서당.

역사문제연구소, 1996, 『한국의 '근대'와 '근대성' 비판』, 역사비평사.

___________, 2001, 『전통과 서구의 충돌─'한국의 근대성'은 어떻게 형성

되었는가』, 역사비평사.

연세대학교 국학연구원 편, 2004, 『일제의 식민지배와 일상생활』, 혜안.

오카다 데쓰, 2006, 『돈가스의 탄생』, 뿌리와이파리.

유모토 고이치, 2004, 『일본 근대의 풍경』, 그린비.

윤해동 · 천정환 · 허수 · 황병주 · 이용기 · 윤대석 엮음, 2006, 『근대를 다시 읽
는다』, 역사비평사.

이승일 · 김대호 · 정병욱 · 문영주 · 정태헌 · 허영란 · 김민영, 2009, 『일본의 식
민지 지배와 식민지적 근대』, 동북아역사재단.

이어령, 2003, 『축소지향의 일본인』, 문학사상사.

이이화, 2004, 『한국사 이야기 22권－빼앗긴 들에 부는 근대화 바람』, 한길사.

정용화 · 김영희, 2008, 『일제하 서구문화의 수용과 근대성』, 혜안.

조석곤, 2003, 『한국 근대 토지제도의 형성』, 해남출판사.

조한욱, 2000, 『문화로 보면 역사가 달라진다』, 책세상.

최규진, 2007, 『근대를 보는 창』, 서해문집.

2. 연구논문

강헌순, 2002, 「제과제빵 유입시기 및 이용 실태 조사」, 숙명여자대학교 전통
문화예술대학원 석사학위논문.

고석규, 2002, 「다시 생각하는 한국의 식민지 근대성과 민족주의」, 『문화과학』
31, 문화과학사.

권혁희, 2003, 「일제시대 사진엽서에 나타난 '재현의 정치학'」, 『한국문화인류
학』 36-1, 한국문화인류학회.

김광억, 1994, 「음식의 생산과 문화의 소비」, 『한국문화인류학』 26, 한국문화
인류학회.

김민영, 2011, 「식민지 시대 개항장도시 일본인의 생활세계와 식민지인식에
대한 실증연구-동창회 · 향우회 명부, 사진첩, 추억록의 분석」, 『한국
도서연구』 23-2, 한국도서(섬)학회.

김상훈, 2005, 「토지조사사업에 관한 두 가지 인식: 식민지 근대화론과 내재적
발전론에 대한 검토」, 서강대학교 교육대학원 석사학위논문.

김영연·오창섭, 2008, 「조미료 광고를 통해 본 미각의 근대화 과정」, 『디자인학연구』 21-4, 한국디자인학회.

김영정, 1995, 「일제시대의 도시성장」, 『한국사회학회 사회학대회 논문집』, 한국사회학회.

김은정·윤태영·고수진·고애란, 2010, 「한국 근대 소비문화의 역사적 형성 과정과 특성에 관한 연구-복식과 관련된 소비를 중심으로」, 『한국의류학회지』 34-11, 한국의류학회.

노　황, 1987, 「빵의 史的 考察과 우리나라 量産製빵業果의 發展」, 『최고경영자과정논문집』 6, 경북대학교 경영대학원.

도면희, 2001, 「식민주의가 누락된 식민지 근대성」, 『역사문제연구』 7, 역사문제연구소.

문예은, 2010, 「근대문화유산을 둘러싼 담론의 변화: 군산시를 중심으로」, 전북대학교 대학원 석사학위논문.

배성준, 1995, 「1930년대 일제의 '조선공업화'론 비판」, 『역사비평』 28, 역사문제연구소.

송석기, 2004, 「근대도시 군산의 일제시기 건축유산 현황과 건축적 특성」, 『역사문화학회 학술대회 발표집』, 역사문화학회.

안병직, 1997, 「한국근현대사 연구의 새로운 패러다임-경제사를 중심으로」, 『창작과 비평』 98.

윤태원, 2008, 「한국 제과 제빵 상품의 변천과정에 관한 연구」, 경기대학교 관광문대학원 석사학위논문.

이랑주·김순구, 2008, 「한국 백화점 비주얼머천다이징 패러다임에 관한 연구」, 『디자인학연구』 21-5, 한국디자인학회.

이송순, 2006, 「일상을 통해 본 식민지근대성, '균열의 식민지'」, 『역사비평』 76, 역사문제연구소.

이영훈, 1996, 「한국사에 있어서 근대로의 이행과 특질」, 『경제사학』 21-1, 경제사학회.

이윤상, 1993, 「한국근대사에서 개항의 역사적 위치」, 『역사와 현실』 9, 한국역사연구회.

장원정, 2008, 「화학조미료: 제국의 맛, '아지노모도' 소금도 설탕도 아닌 이 하얀가루가 뭘꼬?」, 『민족21』 84, ㈜민족21.

정연태, 1999, 「식민지근대화론 논쟁의 비판과 신근대사론의 모색」, 『창작과 비평』 103, 창작과 비평.

조석곤, 1998, 「식민지근대화론과 내재적발전론 재검토」, 『동향과 전망』 38, 한국사회과학연구소.

조성실, 2005, 「사진을 통해 본 광활 마을의 생활사」, 전북대학교 대학원 석사 학위논문.

조승환, 1985, 「빵 양과자업계의 발전사」, 『식품과학과 산업』 18-2, 한국식품 과학회.

주영하, 2003, 「음식과 식민주의: 외래문화가 음식민속에 끼친 영향」, 『실천민 속학 새책 』 4, 실천민속학회.

함한희, 2000, 「구술사와 문화연구」, 『한국문화인류학』 33-1, 한국문화인류학회.

함한희 · 조성실 · 박진영 · 문예은, 2010, 「식민지 경관의 형성과 그 사회문화 적 의미: 전라북도 화호리를 중심으로」, 『한국문화인류학』 43-1, 한 국문화인류학회.

허수열, 1999, 「'개발과 수탈'론 비판」, 『역사비평』 48, 역사문제연구소.

허영란, 2008, 「일제시기 생활사를 보는 과점과 민중」, 『역사문제연구』 20, 역 사문제연구소.

[사진편]

구분	내용	연대	소장자	수집일시/장소
사진1	히로세 야스타로가 군산으로 이주한 후 처음 문을 열었던 제과점 이즈모야의 모습이다. 그곳의 정확한 위치는 알 수 없다. 이곳에서는 '에비 아라레(えびあられ)'라는 새우를 넣어 만든 찹쌀과자를 판매했다고 한다.	1910년대	야마다 쯔루코[山田鶴子]	2011년 3월 2일 / 일본 사가현[佐賀縣]
사진2	이즈모야의 초대사업주인 히로세 야스타로는 4남 1녀를 슬하에 두었다. 그는 첫째 아들인 히로세 켄이치에게 이즈모야를 물려준다. 히로세 켄이치는 사가현[佐賀縣] 출신의 아내와 군산에서 결혼했다.	1920년대	야마다 쯔루코[山田鶴子]	2011년 3월 2일 / 일본 사가현[佐賀縣]
사진3	1920년대 후반 제과점 이즈모야를 찾는 사람들이 많아지자 제과점을 보다 넓은 곳으로 확장하게 된다. 군산시 중앙로 1가로 옮긴 후 이즈모야의 모습을 담은 사진이다.	1920년대 후반	야마다 쯔루코[山田鶴子]	2011년 3월 2일 / 일본 사가현[佐賀縣]
사진4	이즈모야를 운영했던 히로세 가족들이 본 점 앞에서 찍은 사진이다. 당시 이즈모야에는 트럭 1대와 자전거 2대가 있었다고 한다.	1930년대	야마다 쯔루코[山田鶴子]	2011년 3월 2일 / 일본 사가현[佐賀縣]
사진5	1930년대 후반 일본정부가 전시 태세를 갖추면서 군산의 제과업자들도 물자를 통제받기 시작했다. 당시 제과업자들은 자신이 운영하는 제과점에서 빵을 만들지 못했다. 한 공장에서 일괄적으로 빵을 만들면 그곳에서 군산지역의 각 제과점에 배급했다고 한다.	1930년대 후반	야마다 쯔루코[山田鶴子]	2011년 3월 2일 / 일본 사가현[佐賀縣]
사진6	이즈모야의 내부 모습이다. 이즈모야의 내부에는 탁자, 의자, 쇼윈도, 선풍기 등의 최신식 시설들로 꾸며져 있었다고 한다.	1930년대	야마다 쯔루코[山田鶴子]	2011년 3월 2일 / 일본 사가현[佐賀縣]
사진7	이즈모야 쇼윈도의 모습이다. 유리로 된 쇼윈도에는 빵과 케이크를 진열하였다. 사람들은 이즈모야 앞을 지나가며 쇼윈도를 통해 상품을 경험하였다.	1930년대	야마다 쯔루코[山田鶴子]	2011년 3월 2일 / 일본 사가현[佐賀縣]
사진8	메이지 제과는 군산 지역에 있는 제과업자들에게 우유, 치즈, 캐러멜, 초콜릿 등의 재료를 조달해줬다. 이즈모야에서는 지역 제과업자들	1930년대	야마다 쯔루코[山田鶴子]	2011년 3월 2일 / 일본 사가현[佐

	을 대신하여 메이지 제과에 주문을 해줬다고 한다. 메이지 제과의 직원들과 함께 찍은 사진이다.			賀縣]
사진9	메이지 제과 군산지점의 모습니다. 메이지 제과 제품은 화장품 상점, 기타 상회와 같은 조그마한 상점에서도 판매하였는데, 그만큼 제과의 인기가 대단했다고 볼 수 있다.	1930년대	야마다 쯔루코[山田鶴子]	2011년 3월 2 일 / 일 본 사 가 현[佐賀縣]
사진10	히로세 가족들과 이즈모야에서 일했던 종업원들이 본점 앞에서 함께 찍은 사진이다. 당시 이즈모야는 본점과 분점이 있었다.	1930년대	야마다 쯔루코[山田鶴子]	2011년 3월 2 일 / 일 본 사 가 현[佐賀縣]
사진11	군산과자상조합의 모습을 담은 사진이다. 당시 군산에는 여러 제과점이 있었는데, 이들은 함께 모여 친목을 도모하고, 제과점 운영을 서로 상의하기도 했다. 군산제과업자들이 게이샤들과 함께 즐거운 한때를 보내고 있다.	1930년대	야마다 쯔루코[山田鶴子]	2011년 3월 2 일 / 일 본 사 가 현[佐賀縣]
사진12	이즈모야의 종업원들이 함께 찍은 사진이다. 이곳에서는 부서에 따라 다른 제복을 입었다고 한다.	1930년대	야마다 쯔루코[山田鶴子]	2011년 3월 2 일 / 일 본 사 가 현[佐賀縣]
사진13	이즈모야에서 배달을 담당했던 종업원의 모습이다. 이들은 '出雲屋'이라고 쓰여 진 한텐을 입고 군산지역을 다니며 이즈모야를 자연스럽게 홍보하였다.	1930년대	야마다 쯔루코[山田鶴子]	2011년 3월 2 일 / 일 본 사 가 현[佐賀縣]

[그림편]

구분	내용	연대	소장자	수집일시/장소
그림2	이즈모야의 부동산 문서이다. 부동산 문서에는 '군산부 메이지마치 2쵸메 85번지의 2에 위치, 펼친 면적 153평, 목조건물에 기왓장으로 지어진 2층짜리 건물 1동, 본채 건평 24평 5합, 이층 건평 24평 5합, 목조아연지붕으로 된 주방 하나 딸린 1층짜리 주택 건평 28평 6합 5작, 목조건물에 아연지붕으로 된 1층짜리 공장1동 건평 27평'이라고 쓰여 있다.	1930년대	야 마 다 쯔루코[山田鶴子]	2011년 3월 2일/일본 사가현[佐賀縣]
그림3	이즈모야의 설계도면의 모습이다.	1930년대	야 마 다 쯔루코[山田鶴子]	2011년 3월 2일/일본 사가현[佐賀縣]
그림4	공장에서 주문한 것이다. 주문서에는 '야스카와社제품-5마력짜리 1대, 정미기 1대 외 부속품 5점, 후지社제품-3마력짜리 1대, 제분기 1대 외 부속품 3점, 미쯔비시社제품-1마력짜리 1대, 동해철공社제품-떡제조기 1대, 시나가와社제품-$\frac{1}{2}$마력/$\frac{1}{4}$마력짜리 떡제조기 각1대, 히타치社제품-우물펌프용 1대, $\frac{1}{4}$마력짜리 송풍기용 1대'라고 적여 있다.	1930년대	야 마 다 쯔루코[山田鶴子]	2011년 3월 2일/일본 사가현[佐賀縣]